Zu diesem Buch

Nicht zu Unrecht sagte Warren Farrell, Autor des Buches «Mythos Männermacht» und ehemaliger Vorzeigefeminist der amerikanischen Frauenbewegung: «Es verlangt heutzutage viel mehr Standfestigkeit, für die Sache der Männer als für die Sache der Frauen zu sprechen.» Für Männer zu sprechen ist obsolet, ist politisch inkorrekt.

Matthias Matussek tut es.

Sein leidenschaftlicher Essay zieht die Katastrophenbilanz der vaterlosen Gesellschaft: Er beschreibt den Aufstand gegen die Väter in den sechziger Jahren; das Stranden linker Theorie in den biologistischen Dogmen der Frauenbewegung; die elterliche Verantwortungsscheu der Selbstverwirklichungsgeneration; die Ratlosigkeit von Kindern in einer Scheidungsgesellschaft.

Er untersucht die Männerbilder der neunziger Jahre und das weibliche Selbstgespräch zwischen Medea-Mythos, Feminismus und Girlie-Mode. Er polemisiert gegen den bizarren Kult um die Alleinerziehende und den Wohlfahrtsstaat als Gesamtehemann. Und er nimmt sich die Architekturen eines männerfeindlichen Systems vor: den väterfeindlichen Terror der Behörden, die Blindheit der Gerichte, die Erpressungen des Unterhaltsrechts.

Sein Fazit zu einem Diskurs, der Männer stets als Täter und Frauen stets als Opfer sieht: Es reicht!

Der Autor Matthias Matussek, *Spiegel*-Kolumnist und Kisch-Preisträger, lebt mit Frau und Sohn in Berlin. Seine letzten Bücher sind die Kurzgeschichtssammlung «Fifth Avenue» und der Roman «Rupert», beide bei Diogenes erschienen.

Matthias Matussek

Die vaterlose Gesellschaft

**Überfällige Anmerkungen
zum Geschlechterkampf**

Rowohlt

Zum Schutz des Persönlichkeitsrechts sind in einigen
Passagen dieses Buches Namen und Orte anonymisiert.
In diesen Fällen sind die wirklichen Namen
und Orte dem Verlag bekannt.

Originalausgabe
Veröffentlicht im Rowohlt Taschenbuch Verlag GmbH,
Reinbek bei Hamburg, Mai 1998
Copyright © 1998 by Rowohlt Taschenbuch Verlag GmbH,
Reinbek bei Hamburg
Umschlaggestaltung Beate Becker
(Foto: Andreas Sterzing)
Satz Sabon und GillSans (PageOne)
Gesamtherstellung Clausen & Bosse, Leck
Printed in Germany
ISBN 3 499 60597 X

Inhalt

Vorbemerkung für
die politisch korrekte Zensur

Ich bin der Überzeugung, daß es unter Männern genauso viele Böse und Tugendhafte, Schwache und Starke, Dumme und Schlaue gibt wie unter Frauen. Ich bin darüber hinaus der Meinung, daß Menschen anfällig für Dummheiten und Bösartigkeiten sind, daß sie dazu neigen, Gesetzeslücken zu nutzen und Gesetze zu mißbrauchen, wo ihnen die Möglichkeit dazu gegeben wird, und daß Egoismus so alt ist wie die Menschheit selber.

Wenn ich über egoistische oder unverantwortliche Frauen rede, dann rede ich über egoistische und unverantwortliche Frauen und NICHT über die FRAU SCHLECHTHIN. Ich liebe Frauen, besonders die emanzipierten – und ganz besonders meine.

Darüber hinaus bin ich gegen Unterdrückung und Krieg. Und ich finde, daß Hitler und Stalin die furchtbarsten Verbrecher der Menschheitsgeschichte waren. Großes Ehrenwort. Ich bin auch gegen Rassismus und andere Ismen sowie gegen Schlamperei bei Post und Müllabfuhr.

I. Die vaterlose Gesellschaft

Es reicht!

«Irgendwann Ende September 1977 fand sich vor dem Familiengericht Kreuzberg-Tempelhof ein paar Tage lang in schöner Regelmäßigkeit ein kleiner Trupp frustrierter Frauen ein. Sie seien in den Hungerstreik getreten, verkündeten die nicht mehr ganz jungen und etwas struppig wirkenden Damen, damit sie endlich ihre Kinder wiedersehen könnten. Die Väter, so greinten die – mit Unterbrechungen – Hungerstreikenden, würden sie, die Mütter, nicht mehr zu dem gemeinsamen Nachwuchs lassen.»

Wahrscheinlich kann man über die Notlage von Frauen, die gegen ihren Willen von ihren Kindern getrennt wurden, nicht widerlicher hinwegtrampeln: Die dort leiden, werden verächtlich gemacht als «frustriert», «nicht mehr ganz jung und etwas struppig» und «greinend».

Doch erstaunlich: Hier zürnte kein betrunkener Macho, sondern eine Frau. Und sie schrieb nicht etwa in einem frauenhassenden Pamphlet Fraktur, sondern im linksliberalen Berliner Szene-Magazin *tip*. Mehr noch: Ihr Amoklauf blieb ohne Beanstandungen durch den Presserat, selbst ohne Proteste durch die Leserschaft. Ein Beitrag, der eher mit müder Routine beim Durchblättern hin zu den Kleinanzeigen wahrgenommen wurde, dorthin, wo eine Lesbierin zwecks Befruchtung einen Samenspender suchte – «darf auch schwul sein».

Erstaunlich? Vielleicht doch nicht; denn daß die Kolumnistin so drauflosschwadronieren durfte, verdankt sich einer einzigen, winzigen Tatsache: Ich habe in der oben zitierten Kolumne die Geschlechter vertauscht. Es waren nicht Mütter, sondern Väter, die dort vor dem Berliner Familiengericht in den Hungerstreik getreten waren – nicht Frauen, sondern Männer, die «struppig» und «greinend» unter dem Entzug ihrer Kinder litten.

Der kleine Unterschied ist in Wahrheit ein gewaltiger, wenn es um den öffentlichen Diskurs geht. Wenn über Mütter so geschrieben würde, ginge – mit Recht – ein empörter Aufschrei durch die Öffentlichkeit. Doch wenn Väter verhandelt werden, gilt offenbar das Prinzip «Feuer frei!» wie eine Selbstverständlichkeit.

Während für jede nistende Schlupfdohle der Verkehr umgeleitet wird und Bürgerinitiativen aktiv werden, wo immer auch zwischen Papua und Nigeria Unrecht auf der Welt geschieht – gelten Väter, sofern sie nicht gerade als Indianer den Regenwald retten, ganz offensichtlich als abgehaktes Kulturgut.

Bei den Berliner Hungerstreikenden handelte es sich um sanfte Männer aus dem Souterrain. Keine, sagen wir, Bauunternehmer, sondern: ein Sozialarbeiter, ein Kellner, kleine Leute. Nicht gerade typische Feindklischees der linken Presse. Doch ein einziges Merkmal genügte, um sie in ihrer Ohnmacht zu verhöhnen: Sie sind Männer.

Man kann die *tip*-Kolumne nicht mehr als Ausrutscher einer jugendlichen Soziopathin abtun. Ihr rüder Ton blieb einspruchsfrei, weil er zur Routine geworden ist, ganz nach dem Motto des Frauenbuch-Bestsellers «Nur ein toter Mann ist ein guter Mann». Das alles kommt auf Gleisen daher, die bereits eine Generation früher verlegt wurden – willkommen in den territories der Frauenbewegung, wo andere Regeln gelten.

Territorien, in denen Männer Schießbudenfiguren sind und Frauen naturhaft gut. Und wenn sie es nicht sind, dann handeln sie aus Notwehr, weshalb sie wiederum besonders gut sind. Es sind Territorien, in denen die weibliche Ohnmachtsbehauptung das mächtigste Totem ist, ein bemurmeltes und beweihräuchertes weibliches Opfertum, das keine Konkurrenz duldet, das aber jede Beschimpfung, jeden Gewaltakt, jede Erpressung, jede Kriegslist rechtfertigt.

Territorien, die mittlerweile Justiz, Behörden und Politik fest im Griff haben, die Scheidungsrecht und Kindschaftsrecht usurpiert haben und alle übrigen Bereiche beeinflussen, die für die Familie relevant sind und damit die Zukunft der Gesellschaft. Territorien im übrigen, in denen eine relativ kleine Gruppe von Journalistinnen, Bürokratinnen und Sozialpädagoginnen die Definitionsmacht übernommen haben, weit entfernt von der Mehrheit der Frauen, die in Männern nicht Monster, sondern Partner sehen. Mitmenschen auf Augenhöhe.

Es sind die Territorien einer Frauenbewegung, die einst Gleichheit beschwor, aber zugleich mit Muttermacht und Naturrecht jenen Sonderstatus, mit dem wir es heute zu tun haben. Wo dieser bedroht ist, wo tatsächliche Gleichheit und Fairneß eingeklagt werden – etwa die Gleichstellung von Vätern mit Müttern und ein Einschreiten gegen Frauen, die ihre Kinder daran hindern, die Väter zu sehen –, hilft das Kriegsgeschrei.

Die Territorien sind Ausnahmezonen mitten in der Gesellschaft, rechtsfreie Räume, die bisweilen an die atavistische Unschuld von Kinderparadiesen erinnern – weibliche Reservate, die wie mit Zauberspiegeln umstellt sind und jede Kämpferin mit ausschließlich schmeichelhaften Selbstporträts versorgen.

Es gehört ja nicht besonders viel soziale Intelligenz und menschliches Mitgefühl dazu, festzustellen, daß es in aller Regel ein Skandal ist, wenn Väter daran gehindert werden, ihre Kinder zu sehen. Es wäre eine natürliche Reaktion gewesen: gegen die Gefühlslosigkeit der betreffenden Frauen zu protestieren, zu überlegen, wie sich der Mißbrauch von Muttermacht gesetzlich abstellen läßt.

Statt dessen ging ein Aufschrei durchs Land – nicht über die Verhältnisse, sondern über einen Artikel im *Spiegel*, der den Skandal benannte. Der Artikel, der im nachfolgenden in seiner ausführlichen Version übernommen wurde, hätte von Wortführerinnen der Frauenbewegung dazu genutzt werden können, selbstkritisch Mißbräuche zu diskutieren und eine neue Glaubwürdigkeit zu erreichen, um den Kern der feministischen Errungenschaften nicht zu gefährden.

Doch sie ließen die Chance ungenutzt. Mehr noch: Die Tatsache, daß diese Mißbräuche nicht nur verharmlost, sondern mit Feuereifer verteidigt wurden, läßt nur einen Schluß zu: Sie *sind* der Kern. Aber Schwestern, wer alles – selbst noch das Sonderrecht auf Mißbrauch – behalten möchte, wird alles verlieren.

Wenn es noch eines Beweises über die Existenz der Territorien bedurft hätte, dann hat ihn diese Reaktion geliefert. Nicht nur der *tip* antwortete. *Emma* nannte den Bericht über die hungerstreikenden Väter «Schmiere» und präsentierte den Autor als «Pascha des Monats». FDP-Leutheusser-Schnarrenberger, bezeichnenderweise einst Justizministerin, mokierte sich in der *Woche* über den Autor genauso wie die *taz*, und sie tat es mit dem gleichen, merkwürdigen Argument: Der Bericht sei wohl von einem Betroffenen geschrieben und daher nicht ernst zu nehmen.

Es dürfte allerdings schwer sein, einen Nichtbetroffenen zu finden, der über Scheidungsfolgen und Familienrecht schreibt – in einer Gesellschaft, in der jede zweite Großstadtehe geschieden wird. Das wäre so, als wolle man einem Nichtraucher, der sich über Raucher beschwert, kein Gehör schenken, weil er Betroffener ist. (Ich im übrigen bin bekennender Raucher, verheiratet und Vater eines kleinen Jungen, und ich weiß, was es für mich bedeuten würde, ihn nicht mehr sehen zu können.)

Daß nun an dem *Spiegel*-Bericht vorbei so wütend auf den Autor und die von ihm geschilderten rechtlosen Väter eingedroschen wurde, bestätigte doch wohl nur dessen Befund – daß das feministische Meinungskartell läuft wie geschmiert. Ein Kartell, das sich nicht über Absprachen formiert, sondern eher in der Ähnlichkeit ihrer Feindbilder organisiert ist, in Futterneid und Männerhaß. Gleichzeitig aber wurde offenbar, daß sich viele Frauen von diesem Kartell nicht mehr repräsentiert fühlen.

Ich erhielt Hunderte von Briefen, mehr noch: Lebensgeschichten, Tagebüchern, Gerichtsprotokollen. Weniger Briefe als Schreie in der Nacht. Dazu Faxe und Anrufe. Es meldeten sich Männer, aber auch viele Frauen, in enthusiastischen, resignierten, ergreifenden Briefen mit dem Tenor: endlich! Endlich schreibt einer darüber.

Das machte mir zweierlei klar: Es gibt einen gravierenden familienpolitischen Skandal, und er wird selten zur Kenntnis genommen. Obwohl es zur gleichen Sache bereits glänzende Artikel von Christine Brinck im *Focus* sowie einen Film im WDR gegeben hatte, hatte ich ein Problem berührt, das offenbar immer wieder schnell im Faltenwurf gesellschaftlicher Amnesie verschwindet. Diesmal scheint sich die Verstörung zu halten. Die Zeit ist reif für eine Änderung der Verhältnisse.

Daß die Territorien so aggressiv auf die Bloßlegung eines ihrer Skandale reagieren, muß wohl an die Taktik von Sekten erinnern, einer hermetischen Welt der Ausgrenzungen und Freund/Feind-Schemata. Wie die Scientologen lenken sie ab. Sie vernebeln. Sie verhöhnen die Gegner. Sie machen sie mundtot. Jede Kritik an unsauberen Vorgängen wird mit Geschrei beantwortet. Jede Kritik an den Scientologen gilt als faschistisch, jede Kritik an Frauen als frauenfeindlich.

So schaffen die Wortführerinnen des Feminats eine fiktive geschlechtsspezifische Geschlossenheit. Sie beanspruchen, im Namen «der Frauen» zu reden wie die *tip*-Kolumnistin. Natürlich würde sich die Mehrzahl der Frauen dagegen verwahren, für eine derartige Polemik an «den Männern» haftbar gemacht zu werden. Natürlich lehnt es die Mehrzahl der Frauen ab, Männer aus der Erziehung auszugrenzen, sie zu beschimpfen, zu verhöhnen. Doch für das Feminat gilt: Angriff ist die beste Verteidigung.

Es lohnt sich, die *tip*-Kolumne ausführlicher zu dekonstruieren, nicht weil sie besonders brillant oder polemisch wäre, sondern eben weil sie so durchschnittlich ist: An ihr läßt sich prototypisch der ganze Karneval an Komplexen und Verdrängungen, an feministischer Rollenprosa und Anmaßung studieren, läßt sich ein Allmachtsgefühl darstellen, das die sozialstaatlichen und medialen Hilfstruppen sicher auf seiner Seite weiß. Journalistische Salven, die aus sicherer Deckung abgefeuert werden –

aus der Immunitätsgarantie durch den Staat und einen männerfeindlichen gesellschaftlichen Diskurs.

Der Verächtlichmachung der Männer läßt die Kolumnistin die feministische Selbstvergrößerung folgen – grandios beschwört sie die eigene Erstrangigkeit in der allgemeineren «der Frauen»: «Während die Frauen sich (in den letzten dreißig Jahren) zielstrebig weiterentwickelten, sich auch beruflich immer höher qualifizierten, zeigt der Weg der Männer auf fast gespenstische Art einen gegenläufigen Trend.»

Die Männer – der Mann. Offenbar eine unheilbare Fixierung, die durch die Frauenmagazine schwappt. Es gibt scheinbar keine anderen Probleme. Während sich die meisten Erwachsenen mit den alltäglichen Dingen des Lebens abmühen müssen, denken viele dieser sich progressiv gebenden Frauen an nichts anderes als an «den Mann», weil er ihnen vielleicht im Daumenlutsch-Alter als Prinz versprochen wurde; eine Bastelpuppe, an der sie herumzuppeln und herumfluschen, den sie mal als Verführer umschmachten, mal als bösen Onkel verfratzen. Schwestern, nehmt den Daumen aus dem Mund und werdet erwachsen. Für eure Probleme seid ihr selber verantwortlich und nicht der Mann.

Zurück zur Kolumne, zurück auf die Wippschaukel, auf der der Aufstieg der Frauen und der Abstieg der Männer verhandelt wird: Zunächst verwundert die argumentative Biegsamkeit. Bisher galt der Karrieremann als Feind. Nun ist es der Karrierelose, der die Verachtung zu spüren bekommt.

Daneben aber ist jene Passage in Wahrheit eine kecke Beschimpfung des eigenen Geschlechts, ein trotziges Auftrumpfen gegen die eigene Müttergeneration. Es gab also eine Weiterentwicklung der Frau erst in den letzten dreißig Jahren? Erst mit Gründung des weiblichen Aktionsrats des «Sozialistischen Deutschen Studentenbundes» von 1968 betritt die selbstbewußte Frau die geschichtliche Arena? Die früh geschiedene Szenebraut von heute – ein Quantensprung der menschlichen Evolution?

Tatsächlich: Für die *tip*-Kolumnistin, diese Spätzüchtung aus

Bafög und Kaufrausch, sind die Mütter und Großmütter, die durch Kriege und Hungersnöte und Wiederaufbau gingen, die Familien durchbrachten und Ehemänner stützten, die Feiglinge und Heldinnen erzogen, Mitläuferinnen und Kämpfer, die Romane schrieben und Socken wuschen, die liebten oder haßten, die kommandierten und sich aufopferten – unwirtliche Schöpfungsfrühe.

Natürlich verrät sich in diesen auftrumpfenden Sentenzen eine wesenhafte Schwäche. In dreißig Jahren männlicher Schuldzerknirschung und weiblichem Lobbyismus ist eine Quarantänesituation für Frauen entstanden, in der es Charakterstärke schwer hat zu gedeihen. Verwöhnte Wohlstandskinder, die sich, nach einem Frauenbestseller, «böse Mädchen» nennen, haben das Erbe angetreten. Ihnen haben Staat und Männer jeden Wunsch von den Augen abzulesen. Tun sie es nicht, sind sie Frauenfeinde.

So sind sie, die Bewohnerinnen des Treibhauses Sozialstaat, die Angehörigen dieser zweiten feministischen Generation. Sie haben – Bewußtseinsrevolten sind nur noch als Modeschübe zu haben – den Feminismus der ersten Stunde girliemäßig in die Dielenritzen gefegt, wo er hart, schmutzig und böse wurde, aber auch für Trittsicherheit auf dem frauenrechtlernden Dancefloor sorgt.

Wie verzogene Kinder treten sie auf Schwache ein und sinken vor sich selbst bewundernd in die Knie. Jeder berufliche Erfolg wird zum Manifest, wird als Triumph über Männer gefeiert.

Grotesk etwa der Kult um die sogenannte «Alleinerziehende», der die staatlichen Helferschwadronen mittlerweile zur Seite springen wie einer Schwerverletzten, als sei das Kinderkriegen allein eine nobelpreisreife Leistung und als stünde fortan jeder bindungsschwachen Bafög-Empfängerin, die ihren Freund nicht halten konnte oder wollte, eine Kriegerwitwenrente in Form von Unterhalt und staatlichen Vergünstigungen als eine lebenslange Selbstverständlichkeit zu.

Man sollte immer bedenken, daß die meisten Scheidungen von Frauen eingereicht werden, daß also mittlerweile die «Alleinerziehende» unter Frauen ein durchaus angestrebtes Karriereziel sein kann – kein Wunder bei all den Vergünstigungen.

Aufwendig forschen diese Frauen, offenbar in Ermangelung anderer wichtigerer Probleme, unter Anleitung der Frauenmagazine in ihren Seelen nach «Frustrationen» in einer Beziehung. Hat er Zeit genug? Verehrt er mich genug? Ist er wirklich Supermann? Warum raucht er auf dem Klo? Die moderne Frau, die sich der «alten» so überlegen fühlt, ist eine Karikatur, die postfeministische Ratgeberbücher und Modejournale im Wechsel verschlingt und stets genau weiß, wer schuld an ihrer Malaise ist: der Mann.

Auf vertrackte Art hat sie sogar recht. Es waren Männer, die weitgehend jene Gesetze verabschiedet und Strukturen geschaffen haben, in denen Frauen auf abenteuerliche Art bevorzugt werden – und manche unter ihnen über kurz oder lang zu greinenden Wohlstandsnuckelchen verkommen ließen.

Es waren jene altmodischen, verhöhnten Beschützer-Männer, die tatsächlich meinten, mit der Privilegierung von Frauen Unrecht abzuschaffen.

Womöglich waren auch einfach Männer darunter, die ihren Muttis gefallen wollten. Und andere, die gelegentlich die eigene Frau schlecht behandelten und nun Abbuße taten. Warum aber büßten sie nicht privat, sondern machten ihr eigenes Versagen zur Kollektivschuld, die nun von allen Männern abgetragen werden muß?

Die Leier über weibliche Benachteiligung ist mittlerweile eine Lachnummer. Vielleicht besteht sie noch in einem gewissen Männermangel der Altersgruppe zwischen 18 und 20, also in einem Handicap beim Discobesuch – junge Männer nämlich müssen, anders als Frauen, zur Bundeswehr, und die, die es nicht tun, leisten soziale Ersatzdienste, pflegen Alte, waschen Behinderte, versorgen Gebrechliche oder Hortkinder.

Die Forderung nach weiblicher Gleichstellung bleibt in diesem Punkt, sagen wir, eher verhalten. Mit einem enormen Zeitvorsprung kommen junge Frauen heutzutage zur Uni und können, dank der Quotenregel, mit sicherer Bevorzugung rechnen, wenn sie sich irgendwann um einen Arbeitsplatz bemühen.

Sie werden sich ganz sicher nicht bei der Müllabfuhr bewerben oder in einer Gießerei, ganz einfach, weil hier nur Männer beschäftigt sind. Nach einer amerikanischen Untersuchung, in denen Berufe nach den Faktoren Bezahlung, Gesundheitsgefahr, Dreck und Streß qualifiziert wurden, sind 24 der 25 «miesesten» Berufe reine Männersache. Nach dem deutschen Berufsschutzgesetz darf Frauen noch nicht einmal zugemutet werden, Lasten anzuheben, die schwerer als 15 Kilogramm sind – ihnen, die wie jeder andere Erwachsene manchmal zwei Kinder gleichzeitig auf den Armen tragen.

Selbst gegen das Lebensrisiko «Liebe» sind Frauen heutzutage schadensversichert, eine Vollkasko gegen die Gefahr, irgendwann verlassen zu werden. Das Familien- und Scheidungsrecht garantiert ihnen Unterhalt und Kindersorge, also immerhin ein sozialdemokratisches Happy-End für jede Liebestragödie. Nicht nur das. Sogar wenn sie es sind, die sich in einen nächsten Prinzen verlieben und gehen, dürfen sie meistens abräumen. Und sie haben den fortdauernden Zugriff auf das seelische und finanzielle Konto des Mannes. Sie haben ihn am Wickel.

Das gleiche Risiko hingegen wird bei Männern nicht abgefedert, sondern multipliziert: Sie erleiden nicht nur den Verlust des geliebten Partners, sondern verlieren auch noch die Kinder und müssen draufzahlen, manchmal bis zur Verarmung. Mit jedem neuen Versuch zur Familiengründung vergrößert sich für den Mann diese Falle, während der Frau – theoretisch – die Möglichkeit bleibt, stets neu hinzuzugewinnen. In der Tat, da ist einiges «zielstrebig weiterentwickelt» worden in den letzten dreißig Jahren.

Männer sterben wesentlich häufiger an Überarbeitung, sterben überhaupt früher. Frauen leben im Schnitt sieben Jahre länger. Todesberufe wie Uranbergwerker oder Gerüstebauer sind Männersache, Frauen dagegen belegen beim Fernsehkonsum Spitzenplätze in sämtlichen Zeitkategorien. Daß Kaufhäuser ihnen ein Vielfaches der Fläche reservieren, die sie Männern bereithalten, hat einen einfachen Grund – es sind die «zielstrebig weiterentwickelten» Frauen, die das meiste Geld ausgeben.

Kurz: Frauen werden in unserer Gesellschaft verhätschelt wie schwache Kinder. Viele Frauen nutzen diesen Vorteil ohne Kriegsgeheul. Sie beeindrucken am Arbeitsplatz durch nichts als ihre Leistung – wie es Männern ganz selbstverständlich abverlangt wird – und sind loyale Partner in der Beziehung. Sie haben es nicht nötig, hinter den Rockzipfeln des Staats oder der «Frauenbewegung» hervorzujammern. Sie machen Karriere oder gründen Familien, wählen und arbeiten und nehmen all die Bürgerrechte wahr, die ihnen die so verachtete, bewußtseinsmäßig unterentwickelte Urgroßmüttergeneration einst erkämpft hatte.

Andere aber wählen fortdauernde Wehklagen über Benachteiligungen. Womit wir wieder bei unserer Kolumnistin wären: Erst in den letzten dreißig Jahren also entwickelten sich die Frauen, bis sie die Schöpfungskrönung in Gestalt der *tip*-Redakteurin erlebten.

Nun mag diese tatsächlich der Ansicht sein, daß die Redakteursanstellung bei einem Stadtmagazin eine «zielstrebige Weiterentwicklung» der Menschheit bedeutet, die die «beruflichen Leistungen» eines Sozialarbeiters oder eines Kellners weit in den Schatten stellt. Bleibt immer noch die Frage: Was hat das mit dem Leiden von Vätern zu tun?

Haben karrierelose Männer keinen Anspruch darauf, mit ihren Kindern zusammenzusein? Hätten sie als Ohnmächtige nicht im Gegenteil besonderen Anspruch auf Schutz durch den Gesetzgeber, den gleichen, den er bisher exklusiv für Frauen propagierte: auf Kindergelder, Quotenbevorzugung, automatische Sorgerechtsvergabe?

Muß die Schreiberin den Altar der Selbstanbetung ausgerechnet auf der Niederlage von Vätern errichten, die ihre Töchter nicht sehen dürfen? Muß sie, sobald sie ein Karriereziel erreicht hat, sofort in trotzige Siegesmeldungen gegen die Männerwelt ausbrechen? Welche zivilisatorische Barriere, welche persönliche, ist hier eingerissen worden?

Die rechtliche Ohnmacht der Männer vor dem Kreuzberger Familiengericht muß die *tip*-Schreiberin unendlich provoziert haben – ein Monopol ist bedroht. Doch die Exklusivität weiblicher Elendsrhetorik wird von der Wirklichkeit als Bluff widerlegt. Es gibt tatsächlich auch Männer, die leiden – und denen diese Leiden von Frauen zugefügt werden, die die bestehenden Gesetze mißbrauchen.

Das allerdings ist vermintes Gelände, wie schon Filmemacher Hartmut Schwenk und Redakteurin Juliane Endres erfahren mußten, als sie ihren beachtenswerten Film «Vom Verschwinden der Väter» drehten. Sie zeigten Männer wie den Künstler Orfeu Adler, dessen Fall am Schluß dieses Buches erzählt wird («Sofias Welt»). Ein Vater, der jahrelang durch die Mühlen von Justiz und Jugendämtern gedreht wurde, nur weil er versuchte, Kontakt mit seinem Kind zu halten. Adler weinte irgendwann vor laufender Kamera, als die Rede auf seine Tochter kam.

Die «Teilnehmerinnen des 19. Herbsttreffens der Frauen in den Medien» reagierten prompt. Sie verliehen dem Film die traditionelle «Saure Gurke», weil er «die Frauen denunziert» und «in rührseliger Manier Mitleid mit den verlassenen Vätern» weckt. Insgesamt sei dieser Film getragen «von Frauenverachtung und Frauenhaß».

Daß derart reflexartig das Messer in der Handtasche aufschnappt, sobald von drangsalierten Vätern die Rede ist, muß mißtrauisch machen. Warum läßt sich der Blick auf den Skandal nicht aushalten? Vielleicht, weil die Notwendigkeit anderer Gesetze klar würde – Gesetze, die eine zunehmend mißbrauchte Frauenallmacht beschneiden, Erpressungsmöglichkeiten reduzieren würden?

Tatsächlich gibt es bei Fachleuten und Betroffenen kaum noch Zweifel an der Reformnotwendigkeit des Familienrechts dessen Lügenarchitekturen (Justiz, Jugendämter, Mißbrauchspropaganda, Unterhaltsrecht) in Teil III dieses Buches beschrieben werden.

Doch im öffentlichen Gerede wird dieser Makel mit den immergleichen Varianten überlagert: Angriff und Verdrängung. Meistens kommen sie als Zwillingspaar, wie im Fall der zitierten Kolumnistin. Ganze Waggons von Klischees werden in Bewegung gesetzt, um von dem Anlaß – der Rechtlosigkeit hungerstreikender Väter – wegzuführen.

Klischees, wie sie in jedem Mainstream-Magazin tausendfach reproduziert werden. Männer, so die Kolumnistin, versagen beim «schlichten Windeln nicht nur genauso wie längst beim Reifenwechseln», nein, sie lassen die «Frau mit ihren eigenen beruflichen Wünschen in Bergen schmutziger Wäsche auflaufen» und sind insgesamt «jämmerliche Gestalten», die nur noch gelegentlich zur «Sperma-Abgabe» auftauchen. Für etwas anderes taugen sie – siehe Kleinanzeige, in der eine Lesbierin einen Samenspender sucht – ohnehin nicht.

Für die moderne Frau, die sich der *tip*-Kolumnistin zufolge hier ausspricht, muß das Windelwechseln ein Greuel sein, dabei erleichtert der Klettverschluß den Job doch erheblich. Daß sich Männer gemeinhin weniger für die Schicksalsfrage interessieren, ob Dash oder Persil für den Vollwaschgang taugt, sondern eher bemüht sind, Familien zu ernähren, gilt für sie als Desertion. Hier, so war von Redakteurinnen auch aus anderen Magazinen zu lesen, läge das gesellschaftlich brennende Problem und nicht bei ein paar dämlichen Vätern, die ihre Kinder nicht sehen dürfen.

Nun steht sie also dort vor der Waschmaschine, die fassungslose moderne Frau, und läßt sich für jede ihrer hausfraulichen oder mütterlichen Handreichungen applaudieren, die früheren Generationen selbstverständlich gewesen sind. Aber die Menschwerdung der Frau liegt ja erst dreißig Jahre zurück.

Doch davon abgesehen: Daß vor dem Kreuzberger Amtsgericht Väter ausgerechnet um das Recht kämpfen, unter anderem ihren Kindern die Windeln zu wechseln, ist der Kolumnistin längst aus den Augen geraten.

All das könnten Männer, in gewohnter Manier, als übliche,

dümmliche Geschlechterkampf-Rhetorik abbuchen, ein auf der Stelle tretender Diskurs, der mittlerweile weit hinter dem amerikanischen zurückhängt. In deutschen Redaktionen jedoch gibt es Planstellen-Feministinnen, die aus Gründen des Debatten-Entertainments periodisch aufgefordert werden, «mal wieder was Scharfes gegen Männer zu schreiben». So werden immer wieder die gleichen Runden gedreht.

Doch während sich dieses leere Karussell feministischer Sottisen immer schneller dreht, brechen die Fundamente weg. Denn wirklich ernst zu nehmen ist die heimliche Stoßrichtung dieser Attacke: die Familie.

Und hier hört der Spaß auf. Hier geht es um die Zukunft jeder Gesellschaft. Die Vernichtungswut der Autorin richtet sich schließlich nicht nur gegen Männer, sondern logischerweise gegen Väter und damit gegen die Institution Familie schlechthin.

Aufgemacht ist ihr Artikel mit dem Foto einer Kleinfamilie, aus der der Mann entfernt wurde – ein Riß verläuft zwischen dem Vater auf der einen sowie Mutter und Tochter auf der anderen Seite. Überschrift: «Verpiß dich!»

Welch ein Aufschrei würde durch den Blätterwald gehen, wenn der Riß anders verlaufen würde. Wenn die Mutter als Restschnipsel in den Papierkorb wandern würde mit dem Ruf: «Verpiß dich!» Doch die Abdankung der Männer scheint als dumpf hingenommene Gegebenheit festzustehen.

Das Erlösungsziel: die vaterlose Gesellschaft. Das Erlösungsziel: die zertrümmerte Restfamilie, in der der Staat als ideeller Gesamtehemann für Versorgung, Begünstigung und Hilfe sorgt – in Amerika ist dieser Weg längst als Sackgasse erkannt (siehe Kapitel: «Familien ohne Väter»).

Es ist ein Mythos, daß es die Männer sind, die den Familien den Rücken kehren – heute sind es meistens die Frauen der progressiven Selbstfindungsindustrie, die die Familien auflösen, sodann verdrossen zu Hause oder in Büros herumsitzen, das alles für Emanzipation halten und für ihre innere Unzufriedenheit wiederum Männer verantwortlich machen.

Die Katastrophe ist doch, daß die feministische Raserei der Kolumnistin nicht nur Routinerhetorik, sondern längst institutionell erstarrt ist – sozusagen Beton geworden, zur materiellen Gewalt geworden. Längst sind Gesetze geschaffen und Institutionen etabliert, Behörden ausgestattet und Büros eingerichtet, die mit Hilfe der genannten Klischees Väter entrechten, Familien zerstören, Biographien vernichten.

Ziel dieses Buches ist zu sagen: Es reicht.

Der Feminismus, dem großer Kredit eingeräumt wurde, hat diesen überzogen und verspielt. Es reicht wirklich.

Jahrzehntelang haben Männer (und Frauen) zugesehen, wie aus der in einigen Ansätzen wichtigen Frauenbewegung ein Punk-Zirkus von Girlies und verbiesterten Männerhasserinnen wurden. Es reicht!

Jahrzehnte haben sie zugesehen, wie hart arbeitende Männer und liebende Familienväter als Gewalttäter oder Sexprotze im öffentlichen Diskurs verhandelt wurden und werden. Es reicht.

Sie haben geduldet, daß Männer mit Falschbeschuldigungen wegen sexueller Belästigung oder Mißbrauchs besudelt, als Vergewaltiger oder eheliche Gewalttäter vor Gericht gezogen und sozial ruiniert wurden. Trotz Freispruch wie im Fall des Pädagogen Herbort wurden diese Männer vernichtet – doch die Urheberinnen dieser zynischen Hexenjagden sind nie zur Verantwortung gezogen worden. Es reicht.

Jahrzehnte haben Männer Gesetze verabschiedet, die Frauen förderten und bevorzugten und ihnen im Familienbereich eine schier grenzenlose Macht über Kind und Geld einräumten – und erleben nun ihren Mißbrauch. Es reicht.

Sie haben einer radikalisierten Minderheit die Hoheit über die Familie eingeräumt und erleben nun deren Zerfall. Es reicht.

Männer haben in Selbsterfahrungsgruppen herumgesessen und schuldhaft ihr männliches Selbst bejammert, während Frauen Politik gemacht und Tatsachen geschaffen haben. Es ist Zeit, in die Arena zurückzusteigen, denn: es reicht.

Männer haben in Kauf genommen, daß unter den Feministinnen eine orientierungslose, vaterlose, gewalttätige Generation heranwuchs. Sie haben durch ihre Untätigkeit deren Chancen verdüstert.

Teenager, die mit alleinerziehenden Müttern aufwachsen, sind 5mal mehr suizidgefährdet, 14mal mehr potentielle Vergewaltiger, 10mal mehr drogensüchtig, 20mal mehr gefährdet, im Gefängnis zu landen. Das Gerede über die angeblich sanftere Frauenmacht hat sich katastrophal widerlegt, auch politisch: Wie viele im rechtsradikalen Jugendmilieu sind auch die Lübecker Synagogen-Brandstifter vaterlos großgeworden, und diese Generation, allein gelassen, wird sich gefährliche politische Ersatzväter suchen. ES REICHT!

Ein Abgrund trennt die feministische Meinungsnomenklatura in den Redaktionshäusern von der großen schweigenden Mehrheit. Diese Art der Frauenbewegung – eine kleine, aber marktbeherrschende Clique – verflucht den Mann in immer neuen Variationen und träumt mal von seiner Entsorgung, mal von seiner Haltung als Haustier.

Ein Partyspiel, ein Tratschthema unter der Trockenhaube: Wie soll er sein, hart oder weich? Die einen beklagen, daß Männer Triebtäter seien; die anderen, daß sie überhaupt keine Lust mehr hätten. Für die einen haben sie zuviel, für die anderen zuwenig Testosteron. All das Projektionen weiblicher Identitätskrisen, die an Tanzstundenprobleme von Mädchen erinnern, die sich ihrer Attraktivität nicht sicher sind. Mit Männern hat das nichts zu tun (wie im Kapitel «Das weibliche Selbstgespräch» ausführlicher dargelegt wird), aber mit diesem Kram werden Magazine vollgeschrieben.

Da reden die jungen Feministinnen der zweiten Generation den sensiblen Mann herbei; dann wieder wünschen sie sich nichts mehr als den «alten Mann», den unempfindlichen Ochsen, den abwesenden Vater. Der nämlich erlaubt eine bequeme Rollenzuweisung. Ihr seid alle Machos, sagen sie, und deshalb dürft ihr nun nicht zimperlich sein, und vor allem: Laßt die Kreditkarte auf dem Tisch, bevor ihr verschwindet.

Man sollte diesem weiblichen Stimmenreigen helfen, sich selber zu verstehen, und ihm, vom Terror politischer Korrektheit unbeeindruckt, mit Logik und Konsequenz entgegentreten. Wir sind es zumindest den Kindern schuldig.

Es geht darum, Grenzen zu ziehen. Frauen wie die *tip*-Kolumnistin «beanspruchen einen Sonderstatus als Frau und verewigen damit das Klischee von der Frau als Kind», wie Camilla Paglia, eine der scharfsinnigsten Feminismus-Kritikerinnen, schrieb. Sie rechnen mit dem Mann als dummen August, der alles wegsteckt, und natürlich ist darin der infantile Wunsch von tobenden Kindern nach einem endlos strapazierfähigen Daddy enthalten. Sie werden sich darauf einstellen müssen, daß diese Rechnung nicht länger aufgeht.

Wie es unter den Bedingungen des narrenfreien feministischen Diskurses um das reale Machtgefüge in vielen Beziehungen heute bestellt ist, illustriert eine aktuelle Reuters-Meldung: «Der Frau gehorchen, hilft die Ehe sichern.» Das ist der Befund, den John Gottman und andere Psychologen der Universität Washington als Ergebnis einer Langzeitstudie präsentierten. Das «aktive Zuhören», das Partnertherapeuten früher empfahlen, wird als «völlig unnatürliche emotionale Gymnastik» und obendrein als erfolglos erkannt. Widerspruchsfreie Gefolgschaft auch der launischsten Frau gegenüber, darauf käme es an.

So ist die Lage: Der «herrschaftsfreie Diskurs», den die Linke einst propagierte – in vielen Beziehungen ist er nicht mehr erwünscht, seit «Gleichstellungsbeauftragte» absolutistische Vollmachten in Frauenhand gegeben haben. Frauen können bei der geringsten Frustration ungefährdet Ehen preisgeben, Familien zerstören, Männer als Sexualstraftäter diffamieren, ihnen die Kinder rauben und sie zu rechtlosen Arbeitsdrohnen machen. Und sie tun es, denn Gesetze und Ämter helfen ihnen dabei. «Die Dimension solchen staatlich verordneten Leidens erreicht tragisches Ausmaß», resümiert kritisch Familienrichter Harald Schütz.

Natürlich wird diese Machtfülle immer aufwendiger mit

Ohnmachtspropaganda vernebelt. Jedes neue Frauenparkhaus ist eine monumentale Behauptung über den «Mann als Bestie» und wenn die Argumentationsnot zu groß wird, hilft immer noch der Verweis auf Klitoris-Beschneidungen im Süd-Sudan. So rotiert die Propaganda (siehe Kapitel: «Die Gewaltlüge») immer wirklichkeitsfremder um sich selber.

Aus vielen der schrillen, männerfeindlichen Attacken läßt sich unschwer mangelndes Selbstwertgefühl der Autorinnen herauslesen, nach dem Motto: Nimm du mich ernst, ich selber schaff es nicht mehr. Es ist die Ratlosigkeit der totalen Mediengesellschaft, in der sich das männerfeindliche Wüten überdreht und nur noch auf Achselzucken stößt, weshalb das Geschrei in der nächsten Runde noch schriller, noch unlogischer wird. Erweisen wir diesen Frauen immerhin dadurch Respekt, daß wir auf ihre Beleidigungen reagieren.

Die Territories und ihre Politik verletzen nicht nur das Gerechtigkeitsgefühl, sondern sie kränken auch die Intelligenz. Nehmen wir den Diskurs der sexuellen Belästigung. Da folgt die sich unabhängig nennende Frau von heute dem Modediktat der sexuellen Anmache und ruft «huch», sobald diese Anmache erwidert wird. Da stöckelt sie, ganz Frauenpower, hinternschwenkend an der Bauarbeiterkolonne vorbei – und stöhnt über sexuelle Belästigung, sobald gepfiffen wird. Sollten die Pfiffe allerdings ausbleiben, schimpft sie über den «schlaffen Mann».

Wer diesen Unsinn kritisiert, muß mit geharnischten Reaktionen rechnen. In ihrem Buch «Wenn Frauen nicht mehr lieben» (Patmos-Verlag, Düsseldorf, 1998) beschrieb eine Psychotherapeutin unter dem Pseudonym Fischkurt ebenjenen Mechanismus der «sexuellen Belästigung des Mannes durch die Frau» und der profitablen Geschäfte damit. Sie schützte sich nicht ohne Grund mit einem Decknamen, denn die Territories machen nicht viel Federlesens mit Verräterinnen. Die Verrisse, die sie von weiblichen Rezensentinnen kassierte, beschäftigten sich denn auch nicht etwa mit ihren Argumenten – sie versuchten lediglich herauszufinden, welche abtrünnige Geschlechtsgenossin sich hinter dem Pseudonym verberge.

Die Territories legen die Debatten lahm. Sie sind der intellektuelle Reformstau. Die politische Korrektheit des Feminismus ist Ideologie in der reaktionären Erstarrungsphase, und ihr Dogmatismus verfügt nicht mehr über das schlagende Argument, sondern nur noch über die schlagende Macht, wie die puritanischen Hexenjagden in den USA belegen.

Wie es der Feminismus besonders in den USA geschafft hat, weibliche Rachsucht als Notwehr und die politische Intrige als feminine Selbstbehauptung zu vermarkten, läßt sich in dem Eiertanz verfolgen, den Präsident Clinton derzeit vorzuführen hat, weil er möglicherweise den romantischen Avancen einer Praktikantin nachgegeben hat. Ausgangspunkt der reaktionären Intrigen war eine Klage wegen «sexueller Belästigung» (mehr dazu im Kapitel «Hexenjagden»).

Neben all den beklemmenden Fallbeispielen aus dem sozialen Dschungelkampf wird es in diesem Buch auch um Dummheiten gehen. Um das Erfrieren des gesellschaftlichen Dialogs in Doppelmoral und politisch korrekten Schablonen; um den neuen Puritanismus und die neuen Hexenjagden.

Immer wieder zeigt sich eines: Ob es sich um den Mißbrauch mit den Mißbrauchsvorwürfen handelt, ob es um die feministische Beratungsindustrie oder den weiblichen Parlamentslobbyismus geht, stets bezieht Frauenmacht ihre Stärke aus dem Monopolanspruch auf weibliche Ohnmacht. Auch deshalb waren die Reaktionen auf den *Spiegel*-Artikel so wütend. Ich hatte ein Tabu verletzt. Ich hatte männliche Ohnmacht gezeigt – und damit paradoxerweise feministische Macht erschüttert.

Selbst die Gemäßigten verfuhren nach dem Motto: Es gibt aber auch andere Fälle – und bitte, bitte laß uns ganz schnell über diese anderen Fälle reden, wo die Welt wieder in Ordnung ist und der Mann ein Schwein und die Frau das Opfer.

Zunächst gibt es da ein offenkundiges logisches Problem. Wie kann die Frauenbewegung glaubwürdig Väter verfluchen, die den Nachwuchs vernachlässigen – und auf jene eindreschen, die sich kümmern wollen? Wie kann sie Beteiligung bei der Erziehung fordern und gleichzeitig die Ausgrenzung propagieren? Wer sich einbildet, Wölfe damit zu bekämpfen, daß er die Schafe schlachtet, ist entweder töricht – oder heimlich verliebt in die Wölfe.

Tatsächlich scheint die moderne Feministin den tränenlosen Macho insgeheim anzuhimmeln und den leidenden Mann zu verachten. Für die Autorinnen des Buches «Mutter, Lust und Sexualität» (Rowohlt, Reinbek, 1997) sind die von mir geschilderten Männer schlicht «looser». Erbarmungslos und unlogisch? Sicher. Aber was ist schon logisch in den Territories, wo Tabus und Neurosen, Kontrolle, Konkurrenz und Anpassungsdruck herrschen und wo Frauen, die gegen die feministischen Nötigungen protestieren, mit rigider «Ausgrenzung bestraft» werden, wie es die Schriftstellerin Dorothea Dieckmann in ihrem eindrucksvollen Erlebnisbericht «Unter Müttern» beschreibt.

Dabei hatten längst nicht nur Frauen damit Schwierigkeiten, den Blick auf männliche Ohnmacht auszuhalten. Wie verstörend mein Artikel auch auf Männer gewesen sein mußte, entnahm ich der Bemerkung eines Kollegen, die in der *taz* zitiert wurde. Der Kollege hatte behauptet, mit meiner «Polemik» habe sich der *Spiegel* als «Herrenmagazin» offenbart.

Zunächst hatte ich Mühe, die Bemerkung zu verstehen. Ein Herrenmagazin, etwa der *Playboy*, zeigt Männer als Abenteurer, starke Typen, zumeist kinderlose Singles, erfolgreiche Potenzkerle mit Rolex und Porsche und Trophäen-Frauen mit oder ohne Bikini. Mein Artikel jedoch hatte die Gegenwelt ausgeleuchtet: einen Sozialarbeiter, einen Kellner, die hungerstreiken, weil sie ihre Kinder nicht sehen dürfen.

Der Artikel hatte nicht den mächtigen, sondern den ohnmächtigen Mann gezeigt, nicht den Sieger, sondern den besiegten, wehrlosen Vater. Wie unangenehm mußte diese Tabuverletzung auf den männlichen Kollegen gewirkt haben, daß er sich in diese Umdeutungsanstrengung stürzte.

Während ich diese Zeilen schreibe, erhalte ich zwei Faxe. Das
erste ist eine Anzeige aus der *FAZ* vom 29. 11. 97, mittelgroß und
fettschwarz umrandet wie eine Traueranzeige:

Hilfe!

Meinen Kindern Larissa, Amelia und Raffaele
wird seit über einem Jahr der Umgang mit mir verweigert. Jetzt
ist auch noch der Telefonkontakt für das nächste halbe Jahr untersagt worden.
Jugendamt und Gericht können auch nicht helfen. Wer hilft
mir?? Väter in ähnlicher Situation, bitte meldet euch!!

Dr. med. Christian Hellweg, Tel. 069 / 28 28 32.

Das zweite Fax stammt vom Oberlandesgericht Frankfurt am
Main. Es ist eine Mitteilung an die Presse:

«Ein vom persönlichen Kontakt mit seinem nichtehelichen
Kind ausgeschlossener Vater hat einen durchsetzbaren
Rechtsanspruch gegen die Mutter, ihm halbjährlich ein
Bild des gemeinsamen Kindes zu überlassen.»

Nach Auskunft des Leiters des Pressereferats am Frankfurter
Oberlandesgericht, Wolfgang Frank, sind solche Fälle, in denen
Väter selbst um ein Foto ihrer Kinder klagen müssen, «überhaupt keine Seltenheit». Die antiquierte Vorstellung, daß «Väter
nur zum Zahlen da sind, ist weit verbreitet».

Zwei Mitteilungen aus den Territories: der Hilfeschrei eines Opfers und ein Urteil, mit dem ein Vater sich das Recht erstreiten
muß, ein Foto als Lebensbeweis seiner Kinder zu bekommen.
Das ist die Rechtswirklichkeit, in der wir leben. Eine, die den
Vätern zuruft: Verpißt euch!

Für diese beiden Väter ist dieses Buch geschrieben und für die vielen anderen Männer, die mit ihren Schicksalen daran mitgewirkt haben. Orfeu Adler etwa (Kapitel: «Sofias Welt») oder Herrmann Tronk und seine Odyssee durch die Justiz (Kapitel: «Kohlhaas heute») – alle sind sie Co-Autoren, mit ihren Briefen, ihren Erfahrungsberichten und Leidensgeschichten, ihren Analysen und ihrer Wut.

Es ist aber auch ein Buch für die vielen Frauen, die mich mit ihren Arbeiten beeindruckt haben, für unabhängige Autorinnen wie Karin Jäckel und Wissenschaftlerinnen wie Dr. Ursula O. Kodjoe, deren Untersuchungen einen wesentlichen Beitrag zur Zerstörung feministischer Diskurslügen leisten; auch für solidarische Frauen, die mich ermuntert haben, und andere, die mir ihre Berichte zur Verfügung gestellt haben. Denn auch Frauen gehören in vielen Fällen zu den Leidtragenden der Territories.

Etwa jene «Zweitfrau», deren Mann als Familienversorger seit Beginn ihrer Beziehung so gut wie ausfällt. Er wird noch fünfzehn Jahre, nachdem ihn seine erste Frau verlassen hat, von ihr ausgeplündert.

Was die Briefeschreiberin erbittert – sie wird doppelt bestohlen. Denn die Erstfrau, die «Abzockerin», stiehlt ihr, der Zweitfrau, nicht nur den Familienernährer, indem sie dessen Einkünfte abkassiert, sondern sie stiehlt ihr offensichtlich auch die Sprache für ihre Wut. Sie bedient sich eines geklonten Set jener Argumente, die die Briefeschreiberin für sich beanspruchen könnte: Sie braucht den Mann als Versorger, er hat finanzielle Verantwortung für sie und die Kinder. All das, was die Erstfrau fordert, sieht echt aus und frauenbewegt und wird doch nur als rhetorisches Präparat genutzt, um ihre Abzockerei zu bemänteln.

Es reicht.

Ein letzter Hinweis: Dieses Buch ist eine Paradoxie. Es ist parteiisch und genau darin ein Beitrag zur Überparteilichkeit. Es ergreift Partei für Männer als Versuch, Ausgewogenheit herzustellen in einem Geschlechterdiskurs, der bisher fast ausschließlich von Frauen für Frauen dominiert wird.

Vielleicht können diese Frauen, die ihre Fönwellen in Lokstedter Fernsehstudios oder Kreuzberger Feuilletons schwenken und über die mangelnde Beteiligung von Männern an der Hausarbeit klugreden – vielleicht können sie tatsächlich nicht begreifen, was hier verhandelt wird. Vielleicht müssen sie es erst erleben.

Vielleicht müßten sie einmal traumatisiert werden durch den Verlust ihrer Kinder und durch die Demütigung, ihre Partner um Umgang mit diesen Kindern anzuflehen und ihnen für diese Gnade auch noch monatlich Geld zu überweisen.

Vielleicht müssen sie selber erleben, was es bedeutet, wenn sich graue Bürokraten zwischen sie und ihre Kinder stellen, wenn sie als Kinderschänderinnen denunziert werden und wenn sie überlegen müssen, ob es sich lohnt, diese Qual noch einen einzigen Tag fortzusetzen. Vielleicht werden sie dann erkennen, daß es wichtigere Probleme gibt als das, ob ihr Männe mal den Mülleimer runtergetragen hat.

Dann, vielleicht, wird sich auch bei ihnen der Mund öffnen zu einem großen Schrei: ES REICHT.

Die Reportage: Der entsorgte Vater

Am vierten Tag des Hungerstreiks vor dem Kreuzberger Familiengericht kommt der erwartete Zusammenbruch. Dem Mann mit der Glatze wird schwarz vor den Augen, sein Blutdruck sackt ab, auf seiner Haut bilden sich Ausschläge, eine Welle der Verzweiflung schlägt über ihm zusammen. Der Notarzt stabilisiert und beruhigt ihn. So ist das, wenn der Körper zum Schlachtfeld wird.

Am nächsten Tag sitzt Günter Gempp wieder vor dem Justizgebäude mit der stählernen Würfelskulptur, die so gradlinig und normensicher in der Sonne liegt wie ein unerschütterliches Versprechen auf Gerechtigkeit.

Der hungernde Sozialarbeiter ist kein Fanatiker. Er will den Staat nicht ausheblen, will keine neue Weltordnung. Er will nur eines: seine Kinder Sarah und Fabian wiedersehen. Das verwehrt ihm die Mutter, seit sie sich von ihm getrennt hat. Daß sie das kann, verdankt sie Gerichten wie jenem, vor dem Gempp seine Mahnwache hält.

Ein Mann, der unter der Trennung von seinen Kleinen leidet? Krumme Nummer, hart am Rand des Versagertums, kein Handlungsbedarf ... «Was sollen wir machen», sagt ein Richter, der an ihm vorbei zum Dienst schreitet, mit demütigender Lässigkeit. «Sollen wir ihm die Kinder polizeilich zuführen lassen?»

Mehr noch – ein Mulch aus feministischen Diskursbrocken und bequemen Vorurteilen macht es Gempps Partnerin leicht, ihre Ranküne sozial ungeächtet auszuleben: Frauenpower. Also streikt Gempp doch: gegen den Staat, gegen das Recht, gegen Gott und die Welt, ein düsterer Freak wie Michael Kohlhaas, allein gegen alle.

Erstaunlich, denn Gempp steht für viele. Es gibt rund eine Million Trennungsväter in Deutschland. Jährlich kommen 100 000 hinzu. Knapp 60 Prozent von ihnen werden nach der Trennung ihre Kinder nicht wiedersehen.

Sicher, es sind verantwortungslose Männer darunter, die sich nicht kümmern wollen. Doch daneben wächst, unbemerkt, ein Heer von verzweifelten Vätern, die als abgeliebter und ausgemusterter Beziehungs-Restmüll allenfalls alimentieren dürfen und ansonsten aus dem

Leben ihrer Kinder gelöscht werden wie Unpersonen. Entsorgt von Müttern, die die Kinderliebe der Väter, laut einer Umfrage des «Deutschen Jugend-Instituts», als Einmischung in die Erziehung mehrheitlich ablehnen. Die vaterlose Gesellschaft – eine radikalfeministische Utopie wird leise und allmählich Wirklichkeit.

Die Öffentlichkeit nimmt davon kaum Notiz. Mutterliebe ist kinoträchtig, Vaterliebe nicht. Millionen weinen in die Taschentücher, wenn Mutterlöwin Sally Field in dem Rührschocker «Nicht ohne meine Tochter» ihr Kind aus der Obhut eines iranischen Vaters entführt. Gempp, dem die Kinder aus dem Leben gerissen wurden, lockt zunächst allenfalls ein paar verwehte Spaziergänger an seinen Klapptisch.

Obwohl seine Kinder in derselben Stadt wohnen, sind sie weit weg für ihn, weiter als Teheran, unerreichbar. Keine Entführung war dazu nötig. Nur eine leichthändig feudale Geste der Mutter, ein genervtes «Keinen Bock».

Wütende Telefonanrufe, ein Streit vor Gericht? Ganz schlecht, denn damit hätte er sich «feindselig» verhalten. Jugendämter schalten sich ein. Therapeuten werden hinzugezogen, die die «Eignung» des Vaters auf Umgang beurteilen, ergraute Frauenbeauftragte in Birkenstocksandalen schütteln sorgenvoll die Köpfe.

Am besten, so raten Veteranen, blutet man leise und zeigt sich gleichgültig. Das, eventuell, könnte der Mutter den Spaß an der Quälerei nehmen, und sie würde lässig einige Nachmittage einräumen, froh, die Kinder für eine Weile vom Hals zu haben. Verquere Welt: Nur derjenige, der die Frau nach der Trennung mit dem Klischee des gleichgültigen Vaters besänftigt, hat überhaupt noch die Chance, einer zu sein.

Gempp gelang die Scharade nicht, paradoxerweise weil er genau der Mann ist, den sich die Frauenbewegung mit großem Tamtam herbeigestikuliert hat: verantwortungsvoll, mitfühlend, männergruppenerfahren. Ein Vater, der Anteil nimmt, anstatt sich davonzustehlen.

Was ist da los? War es nicht zunächst die kämpferische Frauenbewegung, die die vaterlose Gesellschaft beklagte und das Desinteresse der Männer an Erziehung? Und nun sind es zunehmend die Frauen, die Väter entsorgen und sie ihren Kindern entfremden? Zeit für eine neue Bestandsaufnahme, für eine Bilanz der Opfer. «Jede Mutter hat Anspruch auf den Schutz und die Fürsorge der Gemeinschaft», heißt es in Artikel 6 des Grundgesetzes. Nun wird es höchste Zeit, die Väter zu schützen.

Gempp durchlebt die Nachtseite einer Gesellschaft, die das langfristige Projekt Familie durch die kurzfristige Spaßbeziehung abgelöst hat. Die Leidtragenden dieses amourösen Schichtwechsels sind die Kinder. Immer öfter wird auch von ihnen verlangt, den abgeliebten Elternteil als Null zu vergessen.

Doch als ihm seine Partnerin am Heiligabend vor drei Jahren den Schlüssel zur Wohnung wegnahm – das Szene-Äquivalent zur Scheidung –, war keine beliebige Szene-Liebe geplatzt, aus der man einfach so hinausschlendert. Gempp war Vater, da war plötzlich etwas überraschend Archaisches im Spiel, da ist das Herz altmodischer. Und er wußte, daß seine Kinder ihn vermissen würden, wie er sie vermißte.

Gempp suchte den Kontakt zu seinen Kindern auf Spielplätzen, wo sie ihn als bettelnden Clown erlebten, der alle Demütigungen durch die Mutter hinzunehmen hatte, denn nur als solcher wurde er noch eine Zeitlang geduldet. Andere «entsorgte» Väter wählen noch bizarrere Formen wie Plakate in der Nachbarschaft, um ihren Kindern an der von Müttern verhängten Kontaktsperre vorbei die Botschaft zukommen zu lassen: Papa liebt euch.

Jetzt sitzt Gempp hinter Bergen von hilflos-zornigen Pamphleten und Flugblättern der Selbsthilfeorganisation «Väteraufbruch für Kinder e. V.», der er vor zwei Jahren beigetreten ist. Viel zu spät, sagt er heute. «Jeder Stadtteil hat mittlerweile Frauenbüros, Frauenhäuser, Frauenbeauftragte, alle mit staatlicher Unterstützung, und für Männer gibt es so gut wie nichts.»

Ganz bestimmt keine Lobby in Bonn. Während Gempp in Berlin hungert, wird im Bonner Parlament eine Reform zum Kindschaftsrecht verabschiedet, die im Kern eine Verhöhnung von Trennungsvätern ist.

Zwar ist nun das Recht der Kinder auf beide Elternteile formuliert und die gemeinsame Sorge formal auch für unverheiratete Männer wie Gempp vorgesehen – doch die kann jederzeit einseitig aufgekündigt werden. «Ein falsches Wort», sagt Gempp, «und ich sehe meine Kinder nicht wieder.»

Seine Exfreundin lebt ihre Allmacht übers Kind, die ihr das geltende Familienrecht praktisch in die Hand drückt, als kindischen Machtrausch aus. Ja, Gempp sieht sie sogar als Opfer, als Verführte einer Freiheit ohne Grenzen, die ihre Versöhnungsbereitschaft verkümmern läßt und ihre Beziehung zu Gempp bereits zu einem Zeitpunkt kontaminiert hat, an dem sie wahrscheinlich noch zu retten gewesen wäre.

Sie verlangt ihrem Expartner Demut ab und verachtet ihn dann dafür und nimmt ihn mit auf ihre Höllenfahrt aus Rache und Gutwetterlaune, in irrationale Loopings, aus denen es keinen Ausstieg gibt, solange er an seinen Kindern hängt. Gempps Grundgefühl: komplette Ohnmacht.

Die Benachteiligung von unverheirateten Vätern im Familienrecht ist mittlerweile unbestritten. Doch selbst verheiratete Männer haben im Einzelfall keine guten Karten. Mit Gempp zusammen hungert Zmeyko, ein älterer, müder, schlechtrasierter Kellner, von dem sich die Frau vor acht Jahren scheiden ließ.

Auf den Flugblättern, die er verteilt, ist ein Bild seiner Töchter, eine schlechte Kopie. Es sieht aus wie das Foto von Vermißten, von vermutlich Toten. Seit sechs Jahren hat er seine Zwillingstöchter nicht mehr gesehen – nur einmal, für ein paar Stunden vor Gericht, in Anwesenheit eines Jugendamtvertreters.

Den Grund dafür lieferte die Mutter. Um ihn auf Distanz auch von den Kindern zu halten, behauptete sie, daß ihr Mann, der vor gut zwanzig Jahren aus Mazedonien eingewandert war, versuchen könnte, mit ihnen in die alte Heimat zu verschwinden.

Eine Strategie von paranoider Plausibilität: Sie manövriert ihn in eine Situation, in der sich eine Entführung als letzter Ausweg tatsächlich aufdrängen könnte, so wie es rund 1000 verzweifelte Väter jährlich tun. Und treibt ihn möglicherweise immer weiter einem Kurzschluß entgegen, den sie mit der Kontaktsperre vorwegnehmend verhindern will – und verstärkt dadurch den Druck. Eine Endlosdrehung an der Schraube, unter der mancher zerbricht.

Zmeykos Beteuerungen, daß er doch seine Töchter nur gelegentlich sehen möchte, helfen ihm in dieser Verdächtigungsspirale nichts. Und seit er in einem Telefongespräch mit der Lehrerin seiner Töchter explodierte – sie weigerte sich, ihm über ihre schulischen Leistungen Auskunft zu geben –, ist er als potentiell gewalttätig aktenkundig.

Zmeyko reagiert mit Schriftsätzen, die immer schriller werden. «Faschistoid» nennt er das Vorgehen der deutschen Justiz. «Jede Buschgesellschaft geht menschlicher mit Vätern um.»

Beide, Glempp und Zmeyko, können sich ihr Recht nicht erkämpfen, sondern nur mit ihrer Schwäche punkten. Sie wehren sich, indem sie ihre Niederlage verdoppeln, denn «schlimmer kann es ohnehin nicht mehr werden».

Die Männer, die sich nach und nach um die Hungerstreikenden vor dem Kreuzberger Familiengericht sammeln, wirken wie eine düstere Sekte im Untergrund sozialen Dschungelkampfes. Gestandene Kerle, Männer in Lederjacken, Studenten in Anzügen, Alternative in Latzhosen. Sie verheddern sich im gewundenen Deutsch von Schriftsätzen, ziehen Behördenbescheide aus der Tasche und zerknitterte Fotos von ihren Kindern, und sie sind vor allem eines: von einer merkwürdigen Sprachlosigkeit.

Sie brechen aus in lächerliche misogyne Tiraden, brechen ab, zweifeln. Merkwürdige Stadtwüstenprediger vor dem akkurat gestutzten Rasen, zwischen pünktlich ratternden U-Bahnen und bepflanzten Betonkübeln, stammelnd, als gebe es jenseits der sichtbaren Ordnung eine verhüllte Wahrheit und als könnten sie immer nur den Zipfel davon erwischen. Sie stemmen sich gegen einen öffentlichen Diskurs, in dem sie chancenlos sind. Fest steht nur eines: Sie lieben ihre Kinder und dürfen sie nicht sehen.

Sie sind schrill, und sie sind sanft. Einer, ein Schrank von Kerl, betreibt aus einem Neuköllner Hinterzimmer den Internet-Info-Service «paPPa.com», der sich um Gegenöffentlichkeit bemüht. Ein anderer, schmaler Diplomchemiker mit Nickelbrille, wirbt für die Zeitschrift

Verfügungsrecht über Kinder

Paps, wo sich sanfte Väter in Naturgestricktem als bessere Mütter beweisen wollen. Doch über all den Versuchen steht dick und fett: NIEDERLAGE.

Sie haben gegen ein Klischee zu kämpfen, das die realen Machtverhältnisse im Familienrecht auf den Kopf stellt. Männer gelten vorzugsweise als rücksichtslose Egoisten, Frauen als Opfer. So verschwinden ihre Geschichten, die von männlicher Ohnmacht erzählen, in einem schwarzen Loch kompletter Resonanzlosigkeit.

Im Grunde ist eines klar: Das geltende Familienrecht, vor gut zwanzig Jahren als sozialliberale «Jahrhundert-Reform» gefeiert, hat sich als eine Art Höllenmaschine erwiesen. Es hat die Zeitehe eingeführt und Scheidung zur weiblichen Erwerbsquelle gemacht. Es hat zu Egoismus verführt und damit Familien zerstört, Väter entrechtet, Tücke belohnt, Güte bestraft und buchstäblich das Schlechteste aus Männern und Frauen herausgeholt. Mit Reformen der Reform versuchte man seither, die schlimmsten Schäden zu begrenzen. Vergebens.

Es war ein Gesetz für den Extremfall. Etwa für eine Frau, die nach zwanzig Jahren Ehehölle einen Seitensprung riskiert, dabei von den Detektiven ihres Mannes erwischt und schuldig geschieden wird. Sie hätte, nach altem Recht, keinen Anspruch auf Unterhalt gehabt und das Sorgerecht für die Kinder in der Regel verwirkt.

Dieser Frau, so die Reformer, mußte geholfen werden. Von nun an sollte ohne «Schuldprinzip» geschieden werden. Die Ansage der «Zerrüttung» genügt. Automatisch sollten der nicht arbeitenden Frau drei Siebtel des Einkommens des Mannes plus Kindergeld zufallen, auf Jahre, ja Jahrzehnte hinaus, soweit sie sich das Verfügungsrecht über die Kinder sichert.

Die Reform, so zeitgebunden wie Glockenhosen und Abba-Musik, war in einem Kulturmilieu formuliert worden, das Männer als Unterdrücker, Väter als erziehungsuntauglich und die Familie ohnehin als Keimzelle der Reaktion dargestellt hatte. Sie wollte Frauen den Ausstieg erleichtern.

Sie leistete ganze Arbeit. Einem der traditionellen weiblichen Motive zur Eheschließung, dem Wunsch nach Versorgung, wurde nun zeitgemäßer entsprochen – man löste es von der Loyalitätspflicht. Nun kann jedes Girlie, das sich in einen anderen verliebt, die Erstehe als Durchlauferhitzer zu einem eigenen Gehalt nutzen. Nun bietet das Gesetz Sicherheit durch einen Familienernährer – ohne den Ernährer. Als Romeo mag der Abgeliebte ja nicht die erhoffte Garantie auf immerwährende Sinnerfüllung und Lebensglück gewesen sein, als entfernter Tributpflichtiger aber ist er durchaus noch etliche Jahre brauchbar.

Und er wäre gut beraten, alle finanziellen Ansprüche zu erfüllen, denn nur dann, berichten die Väter vor dem Kreuzberger Familiengericht, haben sie eine Chance, ihre Sprößlinge, womöglich jedes zweite Wochenende, wiederzusehen. Unerwartet hatten die Rechtsreformer Erpressung als profitables Geschäft eröffnet – Vaterliebe ist zur Goldader geworden.

Sie hatten ein Gesetz für besonnenen Gebrauch formuliert – und eine goldgerahmte Einladung zum massenhaften Mißbrauch ausgegeben. Wer auch könnte diesen Sommerschlußverkauf ausschlagen? Allein 1996 gingen 175 550 Ehen in die Brüche – neuer Rekord. Jede zweite Großstadtehe wird geschieden, besonders viele innerhalb der ersten sieben Jahre. Und es sind in der großen Mehrheit Frauen, die die Ehe verlassen.

Ein Mythos zerbricht. Der treulose Ehemann? Inzwischen eine Karikatur. Sicher, einer Umfrage der Zeitschrift *Vanity Fair* zufolge, gehen Männer fast so oft fremd wie Frauen, aber drei Viertel aller Trennungen gehen auf weibliche Initiative zurück.

Doppelt so viele Frauen wie Männer reichen die Scheidung ein – für letztere oft eine traumatische Erfahrung. Einem Bericht der Frauenzeitschrift *Brigitte* zufolge schnellt das Selbstmordrisiko bei den Vierzig- bis Fünfzigjährigen Männern um das Sechsfache nach oben.

Im gleichen Report fabuliert Familientherapeut Josef Duss-von Werdt über die Gründe: «Frauen sind einfach krisensicherer.» Seitenlang wird dieser Unfug aufgeblättert, aber die wahren, simplen Gründe werden nur in zwei Halbsätzen gestreift. Es sind ja nicht die Frauen, sondern die Männer, die im Fall der Scheidung mit großer Wahrscheinlichkeit die Kinder verlieren und finanziell ausbluten.

In der Therapieszene ist der «Scheidungskrüppel» ein fester Begriff. Er mag sich mit schnellebigen Ersatzbeziehungen trösten – zu einer dauerhaften Bindung, gar einer Wiederheirat ist er weit weniger in der Lage als eine geschiedene Frau. Spöttelt *Brigitte*-Autorin Vera Sandberg: «Männer sind einfach die schlechteren Verlierer.»

Als die besseren Verlierer präsentieren sich Frauen nicht gerade immer; denn die Männer, die von sich aus die Ehe kündigen, bekommen die strukturelle Gewalt zu spüren, die der Gesetzgeber den Frauen gegeben hat: Kindesentzug, wirtschaftliche Rache.

Zum Kult-Movie ist «The First Wives Club – Der Club der Teufelinnen» avanciert, in dem verlassene Ehefrauen ihre Männer in den Ruin treiben. In einer «Ersten Hilfe Box für gebrochene Herzen» wird er derzeit vom «Teufelinnen»-Versand der Wiesbadener Journalistin Jasmine Kuster vertrieben – samt einem «Leitfaden», wie dem Ex «das Leben zur Hölle» gemacht werden kann. Etwa: «Soziale Blamage» oder «Verpfeifen beim Finanzamt». Das Konterfei des Abtrünnigen ist als Putzlumpen erhältlich. Offenbar hilft es den besseren Verliererinnen, denjenigen zu treten, den sie nicht mehr halten können.

Der Diskurs ist simpel: Eine Frau, die sich trennt, hat sich «emanzipiert» und erfährt Stützung. Ein Mann, der weggeht, gilt dagegen als brutal und wird sozial geächtet. Immer noch gilt, was Goethe in «Dichtung und Wahrheit» notierte: «Die Ursachen eines Mädchens, das sich zurückzieht, scheinen immer gültig, die des Mannes niemals.» Trotz allen Gleichheitsgeredes besteht dieser Schein nach wie vor und wird von Frauen konsequent genutzt. Heute nämlich sind sie, anders als «die Mädchen» zur Goethezeit, mit wirkungsvollen Sanktionsmitteln für ihre Rachetrips ausgerüstet.

Heute sind es die Männer, die an ihren Ehen festhalten und selbst Xanthippen eher ertragen, als sich zu trennen. Die Frauen dagegen, einst Bewahrer der Familie, sind heute viel eher diejenigen, die sie zerstören.

Lauter Opfer, die sich emanzipiert haben? Wie man es nimmt. Da läßt sich eine Frau wegen «seelischer Grausamkeit» von ihrem Mann scheiden, weil er, so ihre Anwältin, nicht die gewünschte Schrankwand angeschafft hatte. «Ein Drittel aller Scheidungen», berichtet *Brigitte*, «werden mit Kleinigkeiten begründet.»

Zwanzig Jahre nach der Jahrhundertreform ist den emanzipations-bewegten Gesetzesautoren eine völlig neue Klientel zugewachsen: eine unideologische Generation, geformt in einer Gesellschaft, die, wie es der Historiker Christian Meier beschreibt, «auf Abbruch lebt» und in der jeder «nur noch herausholt, was herauszuholen ist».

Lässig benutzen die Kriegsgewinnlerinnen von der Scheidungsfront die alten Kampfwörter von den «patriarchalischen Unterdrückern» und die neuen vom «Authentizitätsgewinn durch Trennung», und sie wissen – ihre Machtspiele bleiben ungeahndet, weil sie sich der eta-blierten Notwehrrhetorik bedienen können wie eines abgegriffenen, aber stets effektiven Fertigbausatzes.

So sehen die Männer vor dem Kreuzberger Familiengericht verbit-tert, wie die Spielplätze der Großstädte zunehmend von jungen Lol-lipop-Müttern bevölkert werden, die Vokabeln wie Güte und Verant-wortung als «falsches Bewußtsein» aus ihrem Vokabular gestrichen haben und ihre eigene Gerissenheit als «emanzipiert» bewundern. Und damit doch die Mehrheit jener Frauen verhöhnen, die tatsäch-lich emanzipiert sind.

Die Kreuzberger Demonstranten sehen Egoistinnen, die scharfen Szene-Boutiquenschick in Müttergruppen und Kinderläden bringen, eloquent über die patriarchalische Unterdrückergesellschaft jam-mern, für mexikanische Bauernführer schwärmen und ihre Anwältin-nen alarmieren, sollte sich der Monatsscheck des Ex verspäten.

Sie sehen Yuppie-Frauen, deren Karriereanstrengung sich – wie im verachteten Dunnemals – im Kinderkriegen erschöpft. Allerdings mit einer bösartigen Variante: ohne Loyalitätspflichten, unter Ausgren-zung des Vaters, der nun für eine Familie blechen muß, die er nicht mehr hat.

Kinder – ein mürrisch beäugtes Spekulationsobjekt wie Baum-wolle oder Schweinehälften, mit sicherer Rendite. Ihre Mütter müs-sen kein Geld verdienen, und sie dürfen darüber klagen, daß sie es wegen der Kinder nicht können. Sie müssen nur dafür sorgen, daß sie die Väter als Miterzieher loswerden. Solange sie über die Kinder verfügen, zahlen die Männer. Und da zwei Drittel von ihnen mittlerweile selber verarmt sind, tut es der Staat.

Böser konnte ein gutgemeintes Gesetz sich nicht auswirken. Den ohnehin Emanzipierten brachte es kaum Vorteile. Rund 40 Prozent alleinerziehender Frauen beweisen nach einer Trennung über kurz oder lang, daß sich Full-time-Job und Kindererziehung durchaus vereinbaren lassen, so, wie es knapp 80 Prozent der alleinerziehenden Väter ohnehin tun. Doch die Unreifen unter den Frauen ermunterte das automatische Alimentierungsversprechen des Gesetzgebers zum unduldsamen Ausbruch aus der Familie, verkümmerte ihren Antrieb zu eigener Erwerbstätigkeit und verwandelte ihre Kinder in Wirtschaftsgeiseln.

Vor allem aber verfehlte es sein populärstes Ziel auf grandiose Weise: das der sauberen, schnellen Trennung.

Nun waten die Richter durch Gülle, besonders im Streit ums Sorgerecht. Viele Väter geben von vornherein klein bei, und sie sind gut beraten, die Kontrollhoheit der Mütter über ihre Kinder gar nicht erst herauszufordern. Im Löwinnenkampf ums Kind ist jedes Mittel recht, denn der raunend beschworene Mutterinstinkt verleiht jeder Skrupellosigkeit höhere Weihen.

Der Karlsruher Gerichtsgutachter Ernst Ell schätzt, daß in «jeder dritten Streit-Akte der Vorwurf des sexuellen Mißbrauchs eine Rolle spielt». Oft sind es staatlich geförderte Frauengruppen wie «Wildwasser e. V.», die suggestiv bei der Indiziensuche gegen Väter helfen. In 95 Prozent der Fälle in Sorgerechtsprozessen sind die Anschuldigungen frei erfunden.

Mißbrauch mit dem Mißbrauch – eine Erfindung von äußerster Wirksamkeit, wie der wohl bekannteste Sorgerechtsstreit, der des Filmemachers Woody Allen mit Mia Farrow, zeigt. Jeder Freispruch bleibt schal: Kinder werden in solchen Verfahren psychisch schwer beschädigt, Väter sozial erledigt.

Das Schuldprinzip, das die Gesetzesreformer für abgeschafft erklärten, kommt mit Macht zurück in die Verhandlungssäle. Gewalt ist mittlerweile ein wirksamer Routinevorwurf. Welcher Richter will die

Sorge für die Kinder einem als Gewalttäter beschriebenen Mann anvertrauen?

Selbst eheliche Vergewaltigung gehört bei Sorgerechtsprozessen mittlerweile zum Klagerepertoire, wie eine Berliner Scheidungsanwältin berichtet. Ein praktischer Vorwurf, denn da Zeugnisse Dritter schlecht möglich sind, gilt hier die Anschuldigung oft schon als Beweis.

Eine ihrer Mandantinnen, so die Anwältin, hatte ihrem türkischen Mann damit Gefängnis und Ausweisung beschert. Später gestand sie ihr, daß sie nur hatte Rache nehmen wollen. Sie hatte vermutet, daß er fremdgegangen war. Die Kinder? Verblieben natürlich bei ihr.

Selten hat eine Rechtspraxis wie die des deutschen Familienrechts so erfolgreich an niedere Instinkte appelliert, an Vernichtungswut und Häme. Geahndet werden Falschbeschuldigungen selten, im Gegenteil: Die Sorgerechtsvergabe spricht dafür, daß sie belohnt werden. In 75 von 100 Fällen haben sich getrennt lebende Frauen das alleinige Sorgerecht für das Kind gesichert.

In Schweden, einem kinderfreundlichen Land mit kinderfreundlichem Rechtsmilieu, ist die gemeinsame Sorge auch nach Trennungen gelebte Regel. In Deutschland dagegen ist das Kind ein Besitzstand, den sich überwiegend Frauen sichern.

Die alleinige Verfügung ist das angestrebte Traumziel in den Verfahren. Sie garantiert neben den Alimenten noch einen ganz anderen Vorteil. Nämlich, wie die feministische Rechtsexpertin Sibylla Flügge kritisch anmerkt, die exklusive «Liebe des Kindes, aber auch die daraus resultierende Kontroll- und Herrschaftsgewalt».

Der Kontrollwunsch speist sich aus der Angst, das Kind könne sich dem Vater zuwenden und die Existenzgrundlage gefährden. Und er äußert sich in einem kalkulierten «Mutterkult», der feministische Kritikerinnen der ersten Stunde auf die Palme bringt.

Haben sie nicht gekämpft gegen das «reaktionäre» Muttergebrumme und für eine gerechte Verteilung der Erziehungslasten? Haben sie nicht gestritten für die Freistellung von Kindern und Küche, um eigene Karrieren verfolgen zu können?

Eine alleinerziehende Kindergärtnerin tritt an den Klapptisch vor dem Kreuzberger Familiengericht und spricht Gempp Mut zu. Und später ist es eine Anwältin, Mutter eines fünfjährigen Sohnes, die ihm vorschlägt, eine Unterschriftenliste auszulegen, um für einklagbare Rechte von Vätern zu streiten.

Sie ist die erste, die sich einträgt. Sie schüttelt den Kopf über Gempps Partnerin. Sie spürt, daß ihre emanzipatorischen Erfolge durch sie denunziert werden; daß sich in ihrem Windschatten die Heulsusen der Spaßgeneration breitmachen, für die Muttermacht ein teils lebenslänglich, teils zynisch genutztes goldenes Ticket geworden ist.

Zaghaft äußert sich auch öffentlich feministische Kritik an diesen neuen Müttern. *Emma*-Autorin Uta König verging Hören und Sehen, als sie in einer Frauengruppe ihren Entschluß bekanntgab, sich nach achtzehn Jahren friedlich von ihrem Mann zu trennen und ihm die Sorge für die Kinder zu übertragen.

Die Frauen reagierten empört. Sie hatten, so König in ihrem bemerkenswerten Report, gerade ihren «Mutterinstinkt neu entdeckt, weil er als Waffe brauchbar ist, um den Kindern den Vater zu entfremden oder ihn als ‹Störfaktor› auszulöschen».

Sie entschuldigten die Kontaktsperre mit fürsorgenden «Lächerlichkeiten». Einer der Väter habe die Tochter mit in einen stickigen Baumarkt genommen, wo ein Spaziergang an frischer Luft gesünder gewesen wäre. Dann habe er sie sogar einen Nagel in die Wand klopfen lassen. «Ihr Daumen war ganz blau.»

Schließlich platzte es aus einer der Frauen heraus, laut und ziemlich verworren: «Solange wir nicht die Hälfte der Macht in der Gesellschaft haben, geben wir kein Stück von unserer Macht als Mütter ab.»

Da ist es heraus, das häßliche Krötenwort: Macht. Macht über Kinder. Macht über die Gefühle des Verflossenen. Macht als Revanche am Mann und als Kompensation womöglich für eine eigene Biographie ohne Vater.

Der Rest ist natürlich kämpferisch klingender Unsinn. Freiwillig also bleiben diese Frauen in der alten «Mutterschaftsfalle» sitzen, bis ihnen die Macht von alleine in den Schoß fällt?

Uta König begriff vor allem zwei Dinge: Diese Frauen haben sich als Mütter «nicht freigemacht von dem unerträglichen Geklammere, unter dem sie doch selber gelitten haben, als Töchter». Und: Ihre «Wut gegen den Mann äußert sich bei diesen Frauen als Wut gegen den Vater des Kindes». Sie besuchen Opfergruppen, wo sie «Selbsthilfe für mehr Selbstmitleid» praktizieren, und berufen sich auf ihre «Natur-Mutter-Macht». Insgesamt Königs Befund: «Jetzt setzen sie alles daran, um ihren Töchtern diese Karikatur von Muttersein als Emanzipation zu verkaufen.»

Vor allem ist diese Mutterschaft genau dosiert. In Berlin kommen auf 1000 Geburten 390 registrierte Schwangerschaftsabbrüche. Ein Kind ist lifestyle-gerecht. Und ein einziges Kind reicht, um die Freistellung von einer Erwerbstätigkeit auf Jahre hinaus zu erreichen. So steigt die Zahl der Einzelkinder stetig. Mittlerweile leben in einem Drittel aller Familien in Deutschland Einzelkinder.

Das heimliche Ideal: Ein Kind als Teddy und als Tamagotchi, das bei genau bemessenem Pflegeaufwand den erforderlichen Unterhalt abwirft und jene Zufuhr an Wärme und Beziehungsseligkeit leistet, die im leeren Single-Alltag nicht ausreichend befriedigt wird. Psychologen sprechen inzwischen von einer «Entkindlichung der Kindheit».

Mittlerweile lebt jede vierte Familie ohne Vater. Es gibt 1,7 Millionen Trennungs- und Scheidungskinder. Jedes Jahr kommen rund 150 000 hinzu, viele im Vorschulalter. Rund ein Drittel aller Kinder sind zum Zeitpunkt der Trennung jünger als drei Jahre; viele Frauen fliehen die Ehe, sobald ihr Versorgungsanspruch zur Welt gekommen ist.

In diesem Trend steht Deutschland beileibe nicht allein, und am Beispiel USA läßt sich ein Blick in die Zukunft werfen, wo nur noch 51 Prozent aller Kinder mit beiden Eltern zusammenleben. Hier sind es die «welfare mom» in den schwarzen Ghettos und die Teenager-Mutter der weißen Trailer-Parks, die mit der Geburt eines Kindes das Recht auf eigene Wohnung und bescheidene, aber stetige Sozialhilfe erwerben – eine gesellschaftlich durchaus akzeptierte Karriere.

Auch in Amerika werden Väter ausgegrenzt. Jedem dritten nicht

Amerika

sorgeberechtigten Vater wird dort von der Mutter der Zugang zu seinen Kindern verwehrt.

Doch anders als bei uns hat man dort die vaterlose Gesellschaft inzwischen als gesellschaftliche Katastrophe erkannt. In jeder zweiten Fernsehansprache appelliert der Präsident an die Familienwerte, und die schwarzen Reverends in den Ghettos richten sich an die Väter, Verantwortung zu übernehmen, und an die Mütter, den Vätern die Chance dazu zu lassen.

Amerikanische Soziologen haben längst begonnen, die Verheerungen einer vaterlosen Gesellschaft zu untersuchen. Aus vaterlosen Familien stammen in den USA

- 63 Prozent der jugendlichen Selbstmörder,
- 71 Prozent der schwangeren Teenager,
- 90 Prozent aller Ausreißer und obdachlosen Kinder,
- 70 Prozent der Jugendlichen in staatlichen Einrichtungen,
- 85 Prozent aller jugendlichen Häftlinge,
- 71 Prozent aller Schulabbrecher,
- 75 Prozent aller Heranwachsenden in Drogenentzugszentren.

Nicht im satten, gelähmten Deutschland, sondern in Dänemark ging man daran, den Wert der Väter bei der Erziehungsarbeit zu ermitteln. Das Sozialforschungsinstitut in Kopenhagen hat Vergleiche zwischen alleinerziehenden Müttern und Vätern angestellt. Es kam zu einem verblüffenden Ergebnis. Es sind die Väter, zu denen die untersuchten Kinder im Alter von drei bis fünf Jahren ein «weniger problematisches Verhältnis» haben.

Alleinerziehende Väter, so die Studie, sind toleranter, neigen weniger zu Wutanfällen und strafen weniger, um Konflikte zu lösen. Für Kinder, die bei ihren Müttern leben, war ein generöses Umgangsrecht mit den Vätern lebenswichtig. «Kinder mit hochinvolvierten Vätern wurden besser stimuliert, was unter anderem an schulischen Leistungen abzulesen war.»

Obwohl es in Deutschland eine vergleichbar intensive Forschung noch nicht gibt und obwohl das Elend zerrütteter Familien ignoriert wird, melden sich auch hier Experten, die Alarm schlagen.

Selbst das linke Milieu wacht auf. «Wenn die Familie kein durch

weil in Deutschland alles ignorie

Moral und Gesetz geschütztes Gehege für unsere Küken ist», schrieb der Medizinsoziologe Alexander Arenberg in der *taz*, «werden die Küken zu Geiern.»

Wie kann es auch anders sein: Eine Gesellschaft, in der die Eltern die unmittelbare Bedürfnisbefriedigung als Lebensrecht propagieren und, jeden Frust vermeidend, aus ihren Beziehungen fliehen, brütet traurige, ichschwache Null-Bock-Treter aus. Die gestiegene Bereitschaft Jugendlicher zur Gewaltkriminalität in Deutschland – sie explodierte in den letzten fünf Jahren um über 100 Prozent – ist auch ein Echo auf die seelische und emotionale Verwahrlosung der Elterngeneration.

Die Jugendlichen tun es meist ihren Müttern nach und hassen die Väter, die sie nicht kennen. Sie leben sich selbst, als hedonistisch verkrümmte Nuckelwichte im Sozialstaat, die ihre infantile Wut über die Nichterfüllung ihrer Wünsche mit dem Baseballschläger ausdrücken und auch hier durchaus ihr Recht auf Wahl reklamieren: Wem wollen wir heute den Schädel einschlagen, dem Rentner, einer campierenden Frauengruppe oder dem Jungen aus der Nachbarschaft?

Die sanfte Gesellschaft, die manche Theoretiker irgendwann außerhalb der verachteten patriarchalischen Familie vermutet hatten, hat sich verkalkuliert. Sie steuert auf eine Katastrophe zu. Und ihre Vermeidungsstrategien sind nicht minder katastrophal.

Als blanker Hohn muß es auf ausgegrenzte Väter wie Gempp wirken, daß es in Großstädten wie Düsseldorf mittlerweile Initiativen gibt, die den alleinerziehenden Müttern «Väter auf Zeit» vermitteln. Es ist das Lebensborn-Prinzip in der matriarchalischen Variante: Die leiblichen Väter werden chancenlos gehalten, ein staatlich finanzierter Stunden-Papa tut es auch.

Wenn Arbeit, wie die Feministin Helen Wilkinson ausführt, eine «wichtige Identitätsquelle» für junge Frauen ist, warum, so fragt sich Gempp, kämpfen junge Frauen bis zum Meineid um das Recht, als Alleinerziehende zu Hause zu bleiben und ihre Kinder großziehen zu dürfen, und nicht im Gegenteil darum, getrennte Väter einzubeziehen, um Zeit für eine eigene Karriere zu schaffen?

Vor allem aber: Warum ignorieren sie die Sehnsucht ihrer Kinder nach dem Vater? Warum verkrüppeln sie ihnen das lebenswichtige Gefühl, von ihren Vätern geliebt zu werden?

Die Antwort klingt bizarr: Auch die jungen Klammermütter sind zum großen Teil Opfer. Sie sind Gefangene des Systems, Geiseln eines ideologischen Trends, Verführte im falschen Sirenengesang des Scheidungsrechts.

Sie sind eingebettet in eine florierende Beratungsindustrie von Frauenbüros und Frauenbeauftragten. Sie verlieren ihre eigene Sprache in der funkelnden Egoismus-Theologie von Modetherapeuten und der Kampfmechanik von Anwälten, Rächerinnen und Leidenden, die ihren Verzicht auf Ausgrenzung und Drangsalierung des Mannes als Verrat an der eigenen «Emanzipation» brandmarken würden.

Die schrille Mißbrauchsfolklore, die heute Prozeßroutine geworden ist, bietet nicht nur Abzockerinnen eine sozial akzeptierte Maskerade zum Ausstieg, sie entwickelt ihren Sog auch auf schlicht irritierte, hilfesuchende, versöhnungssuchende Frauen.

Statt Konfliktberatung und Partnertherapie anzustreben, die in anderen Ländern obligatorisch sind, fühlen sie sich aufgefordert, den Scheidungsknüppel zur Selbstversorgung zu schwingen und mit lauter Propaganda gegen seelisch verrohte Männer ihren Vorteil zu suchen.

Und dann sind sie reif für Organisationen wie «Forte».

Das Büro des Berliner Vereins «Forte» ist eine Art Schützengraben im Beutekrieg. Kaputte Klingel, fleckige Auslegeware und bleiches Licht über Broschüren, die Rechtshilfe und Karate anbieten. Wie üblich in der Selbsthilfe-Subkultur ist auch «Forte» ein drastisches Akronym. Es steht für «Frauen ohne Recht nach Trennung und Ehe». «Ein Name aus der alten Kampfzeit», sagt die Chefin, Frau Skrowonnek, entschuldigend, als wolle sie ihn entschärfen für Nichtinitiierte – Männer verirren sich selten hierher.

Sie ist Gründungsmitglied, eine energische Siebzigjährige, die alles gesehen und erlebt hat, vor allem drei Ehen und einen «endlosen Streit ums Geld». Ihr Leben: ein Kampf gegen Exmänner, dessen Dauer darauf schließen läßt, daß er es, jenseits von Siegen oder Niederlagen, mit Sinn erfüllte. Ihr Fazit: «Die Zweierbeziehung ist die beschissenste Art des Zusammenlebens, die es gibt.»

Sie ist selbst dann noch beschissen, wenn frau sie beendet hat: Seit sechzehn Jahren streitet sie mit ihrem letzten Mann um den Unterhalt. Eigentlich stünden ihr über 5000 Mark zu. «Doch er hat mich auf 3300 runtergebracht.» Ihre kalte Erbitterung läßt ihn zum Wicht schrumpfen. «Er hat geweint», sagt sie angeekelt. «Er meinte, er könne die Last nicht mehr tragen, und er ist damit durchgekommen.»

Andere sollen es besser haben, deshalb gibt es «Forte». Die Vereinsbroschüre liefert das Drehbuch für die perfekte Scheidung. Von Kindern und ihren Nöten ist darin nicht die Rede. Sie tauchen allenfalls als «Berechnungsgrundlage» auf. Das Heft, dessen Druckkosten von der «Senatsverwaltung für Arbeit und Frauen» übernommen wurde, verrät Tricks für den Erstschlag in durchaus konspirativem Krimijargon.

Als sei eine Scheidung keine Familientragödie, sondern ein sorgfältig vorzubereitendes Schnäppchen, empfiehlt die «Forte»-Broschüre trennungswilligen Frauen nicht Partnertherapie, sondern die «Sicherstellung von wichtigen Dokumenten». Sicherstellung? «Na ja», erläutert Frau Skrowonnek, «der Ehemann ist ja wohl nicht immer zu Hause, der muß ja auch auf Arbeit.» Die meisten sind sowieso ahnungslos.

Wichtige Dokumente, so die Broschüre, sind vor allem «Gehaltsabrechnungen, Steuerbescheide der letzten zwei oder drei Jahre, Vermögensnachweise wie Sparbücher, Festgeldeinlagen, Depotauszüge», denn danach bemißt sich die zu erwartende nacheheliche Tantieme. Da es auch mißtrauische Männer gibt, wird den Frauen vor dem entscheidenden ersten Schachzug geraten: «Fertigen Sie Fotokopien von allen Unterlagen, die Sie im Original nicht entnehmen können.»

Dann, so immer noch die vom Senat geförderte Broschüre, gehe es um das «Sichern von persönlichen Vermögenswerten». Also: Rechtzeitig Schmuck beiseite schaffen, eigene Sparbücher, eigene Depots. Man hat es schließlich mit einem hinterhältigen Feind zu tun.

Wer die Broschüre von «Forte» liest, sollte, angesichts der Scheidungsquoten keine Illusionen mehr über die Ehe hegen. Männer sollten spätestens nach dem Verfliegen der ersten Verliebtheit beginnen, für abschließbare Schränke im Haushalt zu sorgen, und ansonsten versuchen, die Ehefrau stets bei guter Laune halten. Bei wirklich guter Laune. Stichwort: Schrankwand.

Besser noch: gleichzeitig mit dem Heiratsantrag einen vorbereiteten Ehevertrag präsentieren. Vor dem Jawort das Geschacher – so romantisch wie Tarifverhandlungen der ÖTV. Und das nicht aus Geiz, sondern um für Regentage in der Ehe den Anreiz zur Familienauflösung zu nehmen.

Die «Forte»-Broschüre liest sich wie ein Handbuch zur Wirtschaftskriminalität. Und sie verrät, wozu Männer im Falle der Scheidung in der Lage sind: «Sie verschleudern vorsätzlich vorhandenes Vermögen», ja, manche Freiberufler führen ihr «Unternehmen in den Konkurs», und Angestellte «machen Schulden». All das, um Frauen zu schädigen. Frau Skrowonnek kann ein Lied davon singen.

Überhaupt kein Verständnis hat sie für Männer, die «ganz gezielt in die Arbeitslosigkeit gehen, um sich vor dem Unterhalt zu drücken». Das ist so was wie Selbstverstümmelung an der Front. Desertion. Nicht zu fassen.

Tatsächlich wählen manche Männer diesen Weg. Wer will es ihnen verdenken? Welche Frau könnte wohl die Demütigung ertragen, ihrem Mann eine neue Liebe zu alimentieren und um das Recht betteln zu müssen, ihre Kinder zu sehen – nur weil der Kerl sich «selbstverwirklichen» möchte? Es ist der soziale Suizid als untauglicher, verzweifelter Versuch, sich gegen Erpressungen zur Wehr zu setzen. Die Selbstauslöschung als Racheakt.

Nun gilt es also, Schlupflöcher für zahlungswillige Väter aufzuspüren und zu verbauen. Frau Skrowonnek ist im Kampf gegen ihren Mann zur Expertin geworden, und ihr Zynismus ist der einer florierenden Scheidungsindustrie, die nicht nur das familiäre Gewebe zerstört und Tugenden wie Loyalität und Toleranz als Dummheit verhöhnt, sondern den Sozialstaat extrem belastet.

In vielen Fällen treffen sich Eheleute, die über ein ausreichendes

sind die

gemeinsames Familieneinkommen verfügt haben, nach ihrer Trennung auf dem Sozialamt wieder.

Viele Familien leben an oder unter der Armutsgrenze, oft mit Partnern, von denen mindestens einer geschieden ist und eine Erstfamilie zu versorgen hat. Die Zahl der auf Scheidungskosten zurückzuführenden Bankrotte kleiner und mittelständischer Familienbetriebe nimmt rasant zu.

Das Scheidungsrecht ermutigt das Prinzip Brandrodung, ermuntert zum Vernichtungskampf mit Blick auf den kurzfristigen Gewinn und ohne Rücksicht auf die katastrophalen Folgen. Wie kann in einem solchen Rechtsmilieu den betroffenen Kindern anderes vermittelt werden als Haß, Raffgier und Tücke?

«Forte» berät, und Frau Skrowonnek ist kompetent. Sie hat aus der Verfolgung ihres Mannes einen Beruf gemacht, und das Gefühl, um ihren gerechten Anteil an seinem Verdienst betrogen worden zu sein, gibt ihr Kraft.

So wie bei jener Ärztin, die ihrem Mann im Laufe der Jahre mit 21 Anwälten zugesetzt hat. Er steht derzeit vor dem Konkurs. «Sie arbeitet nicht mehr als Ärztin, sie hat einen neuen Beruf», sagt er sarkastisch. «Sie sitzt in ihrer Villa, schreibt Schriftsätze und konferiert mit Anwälten.» Natürlich erschwert sie ihm den Umgang mit den Kindern, wo sie nur kann. Und die Richter? «Sie sagen, sie hat einen Anspruch darauf.»

Sie hat einen Anspruch. Kein Wort besitzt in einem Wohlfahrts- und Versorgungsstaat größere Magie. Es ist ein sozialdemokratisches Totemwort, verehrt und angestarrt und durchaus in der Lage, sämtliche Lebensanstrengungen zu bündeln.

Einen Anspruch. Bei Frau Skrowonnek hat das Wort die triumphierende Wucht einer Wunderwaffe. Sie muß nur richtig positioniert werden, und hier kommen die Kinder ins Spiel. «Eine Frau darf nie ihre Kinder zurücklassen», sagt sie, «denn dann hat sie ganz schlechte Karten im Kampf ums Sorgerecht.» Und nur ein Sieg an dieser Front garantiert fortlaufende Bezüge.

In einer geglückten Trennung nach «Forte»-Drehbuch kehren Männer von der Arbeit zurück und finden leergeräumte Spielzimmer vor. Der erste, kühne Zugriff entscheidet. Und die Väter, sofern sie nicht an Rückentführung denken, haben die Kinder verloren, denn die Behörden geben dem das Sorgerecht, der sie schon für längere Zeit bei sich hat.

Frau Skrowonnek ist kein Fan gemeinsamen Sorgerechts. Da müsse frau dann immer «dem Mann hinterherlaufen». Im übrigen: «Wenn das Kind die Hälfte der Zeit beim Vater ist, verliert die Frau ihre Unterhaltsansprüche.»

Von Männern spricht Frau Skrowonnek persönlich als «Kerlchen», während sie in ihrer Broschüre als «Herren der Schöpfung» apostrophiert werden. Männer werden in der «Forte»-Perspektive entweder unterschätzt oder überschätzt, Mitmenschen auf Augenhöhe sind sie so gut wie nie.

Doch am Ende ihrer Tirade wird Frau Skrowonnek überraschend leise. Vielleicht eine kurzfristige Ermattung, vielleicht aber auch eine über Jahre gewachsene, heimliche Erkenntnis. Sie sagt: «Die jungen Dinger sollen sich mal zusammenreißen und nicht bei der ersten Frustration abhauen – eine Familie gibt Halt.»

Bekenntnisse zu ehelicher Treue und Familie sind unpopulär dieser Tage, wie die Autorin Karin Jäckel erfahren hat.

Karin Jäckel ist eine starke Frau, in jeder Hinsicht. Sie hat drei Kinder großgezogen, 60 Bücher verfaßt und einen Mann, den sie noch nach 25 Ehejahren zu Liebesgedichten inspiriert.

Sie ist opulent, eine Zigeunerin in der braven Provinz von Oberkirch, ein kreatives Kraftwerk mit schweren Granatringen und rasselnden Goldarmbändern und einem Hang zu Blumentellern. An ihrem Arbeitszimmer hängt das Schild «Schuld abladen verboten».

Seit 25 Jahren verheiratet? Was ist da faul? «Ehe ist Arbeit», sagt sie trocken, «aber eine, die sich lohnen kann.»

Während Yannik, ihr jüngster Sohn, im Mansardenbüro mit einem Klassenkameraden Nintendo spielt, dringen aus dem Zimmer darunter Gitarrenklänge; der fünfzehnjährige Dominik schrammt sich in seiner Graffiti-Höhle den Schmerz über die Trennung von seiner

Freundin mit einer Eigenkomposition von der Seele. In der Küche fuhrwerkt Dennis, der älteste, der Oboe im Jugendsinfonieorchester spielt.

Die Jäckel-Kinder: Sie machen ganz den Eindruck, als hätten sie gelernt, sich durchzusetzen. Alle drei sind in dem Gefühl aufgewachsen, daß die Eltern stets für sie da sind, und natürlich manchmal zu sehr da.

Die Familie ist so gut eingespielt, daß Karin Jäckel mehrere Stunden am Tag Zeit für ihre schriftstellerische Arbeit findet.

Einer ihrer Bestseller beleuchtete die Schicksale von Priesterkindern. Sie brachte die katholische Kirche damit auf die Palme und begeisterte vor allem weibliche Rezensenten.

Mit ihrem neuen Buch allerdings hat sie eine Todeszone betreten, das ewige Eis stiller Ablehnung, die komplette Echo-Losigkeit selbst unter ihren Bekannten in der Provinz. Sie hat sich mit einem mächtigen Feind angelegt: der Frauenbewegung.

Ihr Buch heißt «Der gebrauchte Mann. Abgeliebt und abgezockt – Väter nach der Trennung».

Karin Jäckel schildert Fälle wie den von Frank, den die Frau nach elf Jahren wegen eines anderen verlassen hat. Sie war es müde, Franks schmutzige Socken zu waschen. Doch selbst wenn Frank nur saubere Socken in die Wäsche gegeben hätte, hätte seine Frau der Verlockung wohl nicht widerstanden, ihre Amouren mit dem neuen Freund, einem Franzosen, mit Franks Geld zu finanzieren.

Während seine Frau mit Hilfe seiner Überweisungen ein Haus bauen will, wohnt er in einer Bude mit Kochecke und Duschklo, weil er sich nichts anderes mehr leisten kann. Und wenn er abgekämpft von der Arbeit kommt, sieht er an Kiosken Illustriertentitel wie: «Väter – das faule Geschlecht».

Am schlimmsten für ihn: Die Exfrau verweigert ihm, mit allen möglichen Verfahrenstricks, den Umgang mit seinem Sohn. Als der einmal zu ihm flüchtete, ließ sie ihn gewaltsam abholen. Noch Wochen hörte er in der Erinnerung seine Schreie.

Kurz, Frank ist fertig. Seine neue Freundin muß mit Resten vorliebnehmen: mit einem Mann, der sich nicht mehr traut, echte Bindungen einzugehen, Kinder zu zeugen. Möglicherweise wird sie das gründen, was in Los Angeles der «Second Wives Club» heißt – eine Selbsthilfegruppe der Zweiten-Ehe-Frauen, die gegen die Drangsalierungen der ersten mobil machen.

Franks geschiedene Frau hingegen kann mit Applaus rechnen. Sie hat nicht unverantwortlich und egoistisch gehandelt. Im Gegenteil. Modernen Beziehungstheoretikern wie Anthony Giddens zufolge hat sie mit ihrem Partnerwechsel einen entscheidenden «Individualisierungsschub» geleistet. Sie hat einen «Zuwachs an Authentizität» erfahren, weil sie den «Selbstverständlichkeitspanzer» ihrer Ehe geknackt hat.

Während sich das therapeutische Neusprech-Gequassel narkotisierend über den Skandal dieser gesellschaftlichen Verrohung legt, lenkt Karin Jäckel die Aufmerksamkeit auf die heranwachsenden Opfer. Deren Protokolle gehören in ihrem Buch zu den erschütterndsten: ein Stimmenkonzert aus trauriger Illusionslosigkeit und unkindlicher Abgebrühtheit, aber auch vergeblicher Friedenssehnsucht, das da aus Scheidungsfällen, Schlachtfeldern und familiären Trümmerlandschaften aufsteigt.

Da ist die fünfzehnjährige Inge, deren Mutter sich wegen «seelischer Vernachlässigung» scheiden ließ. «Ich finde, es sollte ein Gesetz geben, das es den Eltern verbietet, sich scheiden zu lassen. Leute, die Kinder haben, sollen mindestens so lange zusammenbleiben, bis die Kinder groß sind.»

Oder Rosi, die zehnjährige, die mit Mutter und Großmutter zusammenlebt. «Wenn ich groß bin, heirate ich einen reichen Mann. Er muß mich sehr lieben. Er muß alles machen, was ich will. Und er darf keine andere angucken. Wenn er das tut, lasse ich mich scheiden. Dann kriege ich die Hälfte von allem. Und er kriegt den Ärger.»

Karin Jäckel polemisiert mit ihrem Buch nicht nur gegen ein Gesetz, das Frauen unterfordert, indem es ihnen den Ausbruch aus der Ehe und die Zertrümmerung der Familie mit grenzenloser Allmacht belohnt, sondern auch gegen eine Kultur, die diese Gesetze und ihren Mißbrauch erst ermöglicht.

Sie polemisiert gegen den alten ideologischen Schwanz-ab-Feminismus, der im Mann den Feind sah, genauso wie gegen den neuen Girlie-Feminismus, der den Schwanz sozusagen ganz unideologisch stehen läßt, aber den Rest für verzichtbar hält.

Die Frauenbewegung, die einst erfolgreich um die Gleichstellung in der Arbeitswelt stritt, ist für Karin Jäckel heute nahe am intellektuellen und moralischen Bankrott und erschöpft sich in bösartigen, kontrollsüchtigen Lächerlichkeiten.

So etwa die Gesetzesinitiative einer SPD-Abgeordneten zur Haushaltspflicht für Männer. Wunderbare Vorstellung: Da kassiert der Schichtarbeiter, der nach Hause kommt, von der Frau das Strafmandat wegen vorsätzlich unterlassenen Teppichsaugens oder böswilliger Mißachtung schmutziger Teller. «Die Abgeordnete selber übrigens läßt sich von ihrer Mutter die Wäsche bügeln», erzählt Karin Jäckel kopfschüttelnd.

«Die grenzenlose Verächtlichmachung der Männer in den achtziger Jahren» (Jäckel) ist mittlerweile zum amüsierten Gesellschaftsspiel geworden, an dem ironischerweise Männer mitwirken.

Die überlassen es meistens wiederum Frauen, über Familienprobleme zu reden und zu schreiben, und räumen ihnen die Deutungshoheit freiwillig ein. «Und dann stehen sie an der Seitenlinie und nikken onkelhaft und gutmütig noch die dämlichsten Verhöhnungen ab.»

Oder sie liefern tränenschlierige Interviews mit gutverdienenden Prominenten wie Hillu Schröder, die es schaffte, ihre Rachsucht in der Scheidungsschlammschlacht gegen ihren Mann als Notwehr und sich als Opfer zu vermarkten. Obszönerweise outete sie ihr Kaschmir-Elend, die Unterversorgung ihrer erwachsenen Kinder, ihrer Pferde, ihrer Hunde, zunächst in einer Obdachlosenzeitung. Obszön auch deshalb, weil unter Obdachlosen die Quote von ausgeplünderten Scheidungsvätern besonders hoch ist.

Gleichzeitig schreiben Männer über Frauen mit einer Gönnerhaftigkeit, die in der sexistischen Aufwertung die Abwertung gleich mitkomponiert. Wenn etwa Sabine Christiansens Karriereschritt zur eigenen Talk-Show im Berliner *Tagesspiegel* auf der Titelseite als «femininer Mut» angepriesen wird, ist das wie Applaus für einen dreibeinigen Hund, der pinkeln kann.

Diese politisch korrekten Galanterien und feministischen Diskurs-brocken, die Männer in ihre Neusprache übernommen haben, rufen bei Jäckel nur noch Kopfschütteln hervor. Wie kann es da ausbleiben, daß Väter vergeblich um ihre Rechte kämpfen?

Es sei Zeit für einen neuen Ruck, einen Paradigmenwechsel, sagt Karin Jäckel. Und der müsse auch von Frauen ausgehen. Es ginge darum, «daß wir aufstehen, um das zu schützen, was Emanzipation meint, nämlich praktizierte Partnerschaft und Liebe jenseits von Ex-und-hopp».

Damit liegt sie nicht gerade im Trend. Wie wenig, das spürt sie jetzt mit einem weiteren neuen Buch. Es kommt mit einem ketzeri-schen Vorschlag: Wie wäre es, fragt Jäckel, mit ein bißchen mehr An-erkennung für jene Frauen, die sich entschließen, ihre Kinder inner-halb der Familie, gemeinsam mit dem Vater, großzuziehen?

Das Buch heißt «Die Frau an seiner Seite» und schildert geglückte Biographien von Frauen, die mit ihren Männern durch einen Fami-lienalltag marschieren, der nicht immer nur Rosen bedeutet. Wäh-rend «Der gebrauchte Mann» immerhin gedruckt wurde, stieß jetzt schon das Manuskript auf Widerstand.

«Nicht geeignet zur Veröffentlichung», befand die Lektorin des dtv-Verlags in München, und, wie eine gestrenge Deutschlehrerin, «am Thema vorbei». Die Lektorin sah in Jäckels Manuskript ein «Lamento über den armen verunsicherten Mann» sowie einen «Rundumschlag gegen die Emanzipation». Besonders für Frauenzeit-schriften» sei das uninteressant. Die Lektorin fordert die Autorin ab-schließend ultimativ auf, «im ganzen die Tendenz zurückzunehmen, die ich oben erwähnt habe», kurz: Sie forderte Karin Jäckel auf, ein anderes Buch zu schreiben, eines, das sie wohl selber gern verfassen würde.

Mittlerweile befaßte sich eine andere Lektorin mit dem Projekt. Es soll nun in diesem Jahr erscheinen. Dennoch sieht Karin Jäckel in dem Zensurversuch die totalitäre Unterseite der feministischen Befrei-ungslitanei, die mittlerweile eine Macht» darstellt.

Ein neues Familienrecht muß her, sagt sie, und die Voraussetzung dafür ist ein neuer Diskurs der Geschlechter. «Die Welt», schreibt sie, «braucht nicht nur einen neuen Mann und Vater, sondern auch eine neue Frau und Mutter.»

Vor allem aber braucht sie reife Partner, die begreifen, daß Frustrationen und Streit zum Leben gehören, und die Beständigkeit, sie auszutragen, zur Liebe, zur Ehe – und erst recht zur Familie.

Aber die neue Heiratsbegeisterung verspricht nichts Gutes. Rund 40 Prozent wollen aus «Liebe» heiraten – doch nur 3 Prozent, weil sie eine «feste Verbindung» eingehen wollen. Bleibt zu hoffen, daß die Verbindungen kinderlos bleiben, und ansonsten: viel Glück beim Scheidungsrichter, in etwa fünf Jahren.

Günter Gempp übrigens hat nicht ganz umsonst protestiert. Der öffentliche Druck und die Vermittlung einer gemeinsamen Freundin haben seine Partnerin vorübergehend erweicht. Er durfte mit seinen Kindern eine Woche lang in den Urlaub fahren – eine Woche wieder Vater sein.

aus dem Krieg zurückgekehrte Väter nach deiner Diskussion

II. Überfällige Anmerkungen zum Geschlechterkampf

angeführt → die Enkel hassen diese Kriegsverbrecher, aber oft die Väter nicht

Der Aufstand gegen die Väter

Die «Vaterlose Gesellschaft» war ein Menetekel, nämlich die Warnung eines Linken vor dem utopistischen Taumel des gesellschaftlichen Umsturzes: Paul Federn, ein Freud-Schüler, gab den sozialistischen Genossen 1919 mit seinem Aufsatz «Zur Psychologie der Revolution: Die vaterlose Gesellschaft» den psychodynamischen Rückstoßeffekt radikaler Bewegungen zu bedenken. Ein Aufstand gegen die Vaterautoritäten könne unbewußte Schuldgefühle und Sühnebedürfnisse wecken und damit erneute Sehnsüchte nach einem starken Übervater – die später prompt mit dem Großen Vorsitzenden, Stalin, und dem größten Feldherrn aller Zeiten, Hitler, befriedigt wurden.

Während Federn die «Vaterlosigkeit» trotz aller Einsprüche als politische Kampfparole nutzte – der Kampf gegen die Vaterautorität des Staates als politischer Kampf –, wurde der Begriff von Alexander Mitscherlich in einer gereinigten, unpolitischen Version für die Soziologie der Familie fruchtbar gemacht.

Bei ihm beschreibt die «vaterlose Gesellschaft» einen Zustand, in dem die Autorität des Ernährers durch zunehmend entfremdete Arbeit verfällt und er somit als Lehrer und Modell für die Söhne irrelevant wird. «Das Arbeitsbild des Vaters verschwindet, wird unbekannt. Gleichzeitig mit diesem von geschichtlichen Prozessen erzwungenen Verlust der Anschauung schlägt die Wertung um.» Dieser Prozeß, so Mitscherlich, habe «unaufhörlich zur Entleerung der *auctoritas* und zur Verringerung der innerfamiliären wie überfamiliären *potestas* des Vaters beigetragen».

Die studentische Linke in den sechziger Jahren übernahm die

Diagnose der «Entwertung des Vaters» und galvanisierte den Begriff der «vaterlosen Gesellschaft» im Studentenprotest. Hier war die Haltung zum Zustand der «Vaterlosigkeit» eine Paradoxie, eine Art vorwurfsvolles Aufatmen. Es war schließlich die Vätergeneration, die entweder in Hitlers Krieg schuldhaft verstrickt und verblutet war oder im Wirtschaftswunder und Wiederaufbau verschwand.

Demnach war die vaterlose Gesellschaft zwar ein bedauernswerter Zustand, aber ein antiautoritärer, einer, der einer Gesellschaft *mit* Vätern vorzuziehen war. Schließlich waren es die Väter, die in erster Linie an ihre Karriere dachten, das falsche Bewußtsein hatten und abends mit der Sekretärin schliefen. Die Väter waren Gegner für die Generation der Söhne.

Doch erst mit der Frauenbewegung, die auch eine Revolte gegen die studentischen «Paschas» war, wurden Väter geschlechtsspezifisch diskreditiert. Mit der SDS-Gründung «Aktionsrat zur Befreiung der Frau» von 1968 war der neue Feind definiert: Männer, ein Ausbeutergeschlecht.

Der politische Diskurs über die Vaterrolle und dessen antiautoritäre Rebellionsperspektive wurde vom sexistischen verschlungen, der Klassenkampf zum Geschlechterkampf und die antiautoritäre Theorie biologistisch zur quasirassistischen umformuliert. Was mit Horkheimer, Adorno und Mitscherlich begann, strandete irgendwann im Gekiekse eines «weiblichen» Bekenntnisjournalismus zwischen *Emma*, *Stern* und *Brigitte*. Die Antwort auf den «herrschaftsfreien Diskurs» hieß nun: Frauenanteil und quotiertes Rederecht.

Väter also waren nun Triebtäter mit phallischen Waffen, und in einer patriarchalischen Gesellschaft konnten sich Frauen nur noch als ausgebeutete Objekte wahrnehmen. In diesem Diskurs begann man jetzt, Matriarchatsmythen zu entwerfen und ansonsten auf Flokati-Teppich-Soireen die BH-freie Weiblichkeit als lila Weg in die sanfte Gesellschaft zu verkünden.

«Wir Frauen», hieß es nun, «werden dann erst unsere gesamte weibliche Kraft erlangen, wenn wir uns männlichen Wertvorstellungen entziehen, um damit die alten Götter vom Thron zu stoßen! Um dann in Einsamkeit und Stille visionär unser wahres Wesen zu erkennen.» In der Folge sollte es zur vornehmsten Aufgabe der «patriarchalischen» Gesellschaft werden, diesen weiblichen Selbstfindungstrip zu finanzieren. Für Feministinnen ein Bußgeld der Gesellschaft.

Mit dem Feminismus war die Welt einfach und überschaubar geworden, so wie sie es zuvor nur in kommunistischen Splittergruppen war. Der böse Zustand der Welt war Folge männlicher Verwüstung. Ausbeutung, Ausplünderung der Natur, Kriege, Hungerkatastrophen – Männersache.

Der «Kampf um Gleichheit» war ein reiner Kulturkampf; denn die entscheidenden Frauenrechte waren längst erstritten worden, in der Französischen Revolution und der industriell-proletarischen sowie in zahlreichen Reformbewegungen. Ab 1919 war Geschlechtergleichheit in der bürgerlichen Gesellschaft etabliert. Zwar hatte der Nationalsozialismus die Frau wieder zur Nur-Gebärerin gemacht und entrechtet, aber im Grundgesetz von 1949 wurde die Gleichheit der Frau in allen gesellschaftlichen Bereichen garantiert.

Dennoch, unter dem Diskurs-Regime der wohlstandssatten Kleinrevolutionäre wurde der Schulddruck auf die «Männergesellschaft» zielstrebig verstärkt. Politik operiert ja nicht mehr im materiellen, sondern vorwiegend im symbolischen Raum – mit grenzenlosen Freiheiten. Je mehr das Patriarchat verschwand, desto begeisterter wurde es gehaßt.

«Kein Projekt der Linken seit 1968», resümiert Susanne Gaschke in der *Zeit* vom 12. 2. 1998, «war so erfolgreich wie die neue Frauenbewegung – zumindest, was die rhetorische und ideologische Wirkung angeht.»

Vom Mann als ideellem Gesamtunterdrücker konnten in den siebziger Jahren besonders linke Männer nicht genug hören. Tatsächlich: Der Geschlechterkampf fand zunächst auf derselben Seite der Barrikade statt. Linke Männer und Frauen waren sich einig: Die Frau ist der bessere Mensch.

Und der Mann ist der schlechtere. Logisch. Alles, was sich damals als «typisch männliches» Rollenverhalten identifizieren ließ, etwa eine größere kämpferische Entschlossenheit, wurde nun verteufelt. Daß sie, wenn es sie denn gibt, durchaus positiv und lebenserhaltend sein kann, daß sie helfen kann, Familien zu schützen oder Revolutionen zum Erfolg zu führen, fiel in der «neuen» Anthropologie unter den Tisch. Selbst die enorme Aggressivität der Frauenbewegung machte niemanden stutzig. Sie war schließlich nur der Reflex auf die strukturelle der Männer.

Der politische Kampf war verloren – vielleicht ließ sich die Revolte aber doch noch zum Sieg führen, nun von innen, im geschlechterspezifischen Umsturz: Der neue, sanfte Mann sozusagen als geschichtlicher Vollstrecker, der den alten Mann als Rest falschen Bewußtseins weggesprengt hatte, ja, nur dessen Niederlage als neuen Sieg buchen kann.

Bald gehörte es zum linken Salonton, von Grass' «Butt» bis Walter Jens' «Troerinnen», den naturvernichtenden Mann als Feind schlechthin zu demaskieren. Auch der Faschismus, klar, war eine «Männerphantasie» – als hätte der österreichische Anstreicher als idealer Gesamtbräutigam nicht auch Frauenaugen feucht werden lassen und die Verzückung von BDM-Mädels zur Raserei gesteigert. Daß der Widerstand gegen die braune Barbarei in erster Linie Frauensache gewesen wäre, hat nie einer ernsthaft behauptet – und doch schwang diese Vorstellung als utopische stets mit –, die «instinktnähere» und naturnähere Frau war Widerstand an sich.

Bald setzte sich ein erkenntnistheoretisches Grundmuster durch, das Adorno in seiner «Ästhetischen Theorie» die «Apologie des Unterdrückten» nannte, nämlich «des Tiers, der Landschaft, der Frau».

So entstand ein romantisches, grünes Ideenreservat, in das sich die Frau als bedrohte Gattung eingemeindete. Albern? Sicher. Wirkungsvoll? Und wie. Nicht von ungefähr sind die Erfolgsstories der Frauenbewegung und der Grünen ineinander verschränkt, einer Partei, zu deren vorrangigen Qualifikationskriterien für Spitzenjobs es gehört, Frau zu sein. Ein herrlicher Freibrief. Kein Wunder, daß etwa in Hessen eine grüne Ministerin nach der anderen wegen «Cousinenwirtschaft» und Korruptionsverdacht aus dem Amt entfernt werden muß.

Doch seit den frühen siebziger Jahren ist linke Politik in erster Linie Frauenpolitik. Feministinnen hatten einen Erweckungsauftrag, den Jutta Limbach, heute Verfassungsrichterin, so definiert: «Feministinnen helfen Frauen zu entdecken, daß ihr vermeintlich individuelles Schicksal Frauenschicksal ist.» So entstanden Frauenverlage, Frauenzeitschriften, Frauenbuchläden, Frauencafés, Frauenkulturgruppen, Frauenferienhäuser, Frauentaxis, Frauengesundheitszentren, Frauenhäuser, Frauenparketagen und jede Menge Notrufdienste für mißhandelte und vergewaltigte Frauen und Mädchen, deren Zahl eskalierte, je mehr es schon davon gab.

Gleichzeitig etablierte sich in jedem Bundesland ein Netz von Frauenministerien und Gleichstellungsbeauftragtenbüros voller Frauen, die mit Argusaugen darüber wachten, daß genug Planstellen in weiteren Frauenbehörden geschaffen wurden. Allein für die Gleichstellungsstellen werden heute 150 Millionen an Personalkosten ausgegeben.

All diese Geschenke der «patriarchalischen Gesellschaft» werden heute als Siege der starken Frau gefeiert und für Zwecke einer biologistischen Machtpolitik eingespannt. Und der Nutzen? «Die angeblich alle Frauen umfassende Frauenbewegung», resümiert Cora Stephan in der *Zeit*, «hat, den Grünen vergleichbar, nur ihren eigenen Funktionärinnen nennenswert genützt.»

Jede Kleinstadt veranstaltet mittlerweile Symposien zur Ausbeutung der Frau, in denen Frauen (und Männer) Frauen bestätigen, daß sie sehr wundervoll und sehr ausgebeutet sind. Heute gehört es zur Arbeit einer Frauenbeauftragten, die Druckvorlage der lokalen Frauennetzwerkbroschüre zu redigieren und den Antrag des Frauengesundheitszentrums zu unterstützen, das eine Veranstaltungsreihe zum Thema «Körperlichkeit» sowie «Gruppenseminare zur korrekten Anwendung des Diaphragmas» plant – und das alles mit üppigen, öffentlichen Mitteln zu fördern (*Die Zeit*, 12. 2. 1998).

Die Quotenregelungen sorgen dafür, daß die großen Parteien Spitzenämter mit Frauen besetzen, und das neue Scheidungsrecht dafür, daß diese von selbstbewußten, geschiedenen Frauen mit Doppelnamen eingenommen werden.

Auf der grammatikalischen Ebene werden erhebliche Anstrengungen unternommen, um auch den symbolischen Gleichheitsforderungen zu genügen. Mitbürgerinnen und Mitbürger, Ingenieurinnen und Ingenieure, Weihnachtsfrauen und Weihnachtsmänner, Frauenministeriumsangestelltinnen und Frauenministeriumsangestellte werden seither auf dem diplomatischen Parkett politischer Korrektheit begrüßt wie Würdenträger feindlicher Blöcke, Goethes Wort folgend: Die Frauen sind eine andere Nation.

Wer heute gegen diese neuen Sprachregeln verstößt, wer etwa bei Stellenausschreibungen an der Uni Hamburg die weibliche Endung («Ingenieur/Innen») unterschlägt, macht sich des «Verschweigens der Frauenexistenz» schuldig und hat einen Tatbestand des «Belästigungskatalogs» der Frauenbeauftragten erfüllt, wie ein genervter Aussteiger, der Anglistik-Professor Dietrich Schwanitz, berichtet.

Fremde Nationen sollten einander mit Respekt behandeln. Doch die Höflichkeit ist einseitig geworden. Wo über Frauen geschrieben wird, gelten noch die altmodischen Regeln der Galanterie, gilt mit Recht das Verletzungstabu. Wo über «den Mann» verhandelt wird, gilt er seit Beginn der Frauenbewegung als ausgelaufenes Modell, als Versager besonders als Vater.

Tatsächlich: Besonders als Vater wurde der Mann seit den siebziger Jahren nur noch wie ein brauchbarer Depp, ein fürchterlicher Zwitter wahrgenommen, der seine angestammten Pflichten nicht mehr erfüllen wollte und sollte, und wenn es die war, seinen Kindern ein starker, bisweilen sogar strenger Normengeber zu sein, ein Vater, an dem sie sich messen, den sie auch bekämpfen können. Der antiautoritäre, sanfte Mann dagegen

ist ein im Grunde gleichgültiger Vater: Er ist nicht nur ge-
schlechts-, sondern auch verantwortungsneutral.

In der vaterlosen Gesellschaft wurden Väter tatsächlich zunehmend abwesend. Ein Paradox: In der römischen Gesellschaft
bedeutete «Emanzipation», daß die väterliche Erziehung abge-
schlossen war, bedeutete die «Entlassung eines Sohnes aus der
väterlichen Gewalt». Nun hieß Emanzipation schlicht: Entlassung des Vaters.

Und die wurde nicht nur kulturell, sondern auch institutionell und rechtlich abgesichert, besonders mit dem neuen Schei-
dungsgesetz, das 1977 ausgerechnet auch von frauenbewegten
Männern verabschiedet wurde. Nun sollte jede Frau jederzeit in
der Lage sein, den Unterdrückermann zu verlassen, den Unter-
drückervater der Kinder zu verstoßen – und zwar unter Mitnahme der Kinder und der Hälfte seiner Einkünfte über Jahre
hinaus.

Wie tief dieses einzelne Gesetz in das sozial-ethische Gefüge
eingegriffen und wie sehr es den Vater zur auswechselbaren
Zahlgröße gemacht hat, dokumentiert ein Düsseldorfer Richter-
spruch aus jüngster Zeit: Eine Frau hatte während ihrer Ehe eine
Affäre mit einem anderen Mann und ein Kind mit diesem ge-
zeugt. Kurze Zeit darauf hatte sie sich von ihrem Ehemann getrennt, ihn aber in dem Glauben gelassen, das Kind sei von ihm.
Jahrelang nahm er das Kind für sein eigenes und zahlte, jahrelang wurde auch das Kind über die wahre Identität seines Vaters
getäuscht. Bis der Betrug der Frau aufflog.

Als der betrogene Vater Sühne für dieses Unrecht verlangte
und zumindest auf Rückerstattung des Unterhalts klagte, wurde
er abgewiesen. Doch nicht das alleine ist der Skandal, sondern
die Begründung des Richters. Er mochte eine «sittenwidrig
schädigende Handlung» in dem Verhalten der Frau nicht erkennen.

Noch einmal: Eine Ehebrecherin hatte ihr Kind und zwei
Männer jahrelang über die wahre Vateridentität getäuscht und
Unterhalt vom falschen, offenbar finanzkräftigeren Partner er-

schlichen. Doch sie hat sich nach den neuen Spielregeln «nicht sittenwidrig» verhalten. Fazit: Väter sind buchstäblich austauschbar geworden.

Symbolisch wichtig nicht zuletzt der Ratschlag, den der Richter erteilte. Die Männer, beide auf ihre Art Opfer der weiblichen Fassadenschieberei, sollten sich untereinander auseinandersetzen – die Frau sei von juristischen Konsequenzen ausgenommen.

Die Scheidungsindustrie produziert seither Vaterlosigkeit am Fließband. Mit rund 150 000 Scheidungen jährlich wächst das Riesenheer von Zahlvätern, die mit der Erziehung ihrer Kinder nichts mehr zu tun haben dürfen und mit Hilfe von Frauenverbänden, Jugendämtern und Justiz auf Distanz zu den Kindern gehalten werden.

Rechnet man die unehelichen Beziehungen dazu, sind es, nach Angaben von Frauenbüros, mittlerweile zu drei Viertel Frauen, die die Scheidung oder Trennung vollziehen, meist nach relativ kurzer Zeit, also wenn die Kinder noch klein sind.

Der neue Mann ist ein Vater auf Zeit, wie der Algerier Simone, der von seiner deutschen Frau den Laufpaß bekam, nachdem das Kind auf der Welt war. Er könne sein Kind monatlich einmal sehen, beschied ihm die Mutter – so lange, bis sie einen neuen Mann habe.

Tatsächlich erinnern die Konsequenzen der Scheidungsindustrie bisweilen an vorzivilisatorische, matrilineare Gesellschaftsformen, in denen wegen der allgemeinen Promiskuität die Väter nicht auszumachen waren und Genealogien über Mütter bestimmt wurden. (Mehr dazu im Kapitel «Die Medea-Ausrede».)

Je sorgloser Frauen von den Sonderangeboten der Scheidungsindustrie Gebrauch machten, desto größer wurden die Anstrengungen, von dem Skandal väterlicher Entrechtung mit dröhnenden Argumenten abzulenken.

Eigentlich weiß mittlerweile keiner mehr so genau, worin die Schuld der Männer denn besteht. Sie wird jedoch ständig neu behauptet, um eine einmal etablierte, mächtige Frauenbürokratie zu legitimieren.

Auf einer «Gleichberechtigungskonferenz des Bundesfrauen-ministeriums» Anfang 1998 klagte Ministerin Nolte: Immer noch kümmern sich 75 Prozent der nicht berufstätigen Hausfrauen um den Haushalt, nur 25 Prozent der Männer springen ihnen zur Seite, wenn sie von der Arbeit kommen.

Selbst wenn beide berufstätig sind, rief Frau Nolte aus, wird die Hausarbeit nur in 72 Prozent der Fälle hälftig und gerecht verteilt. Bei den übrigen 28 Prozent kommt es zu Mogeleien. Um Gottes willen – kein Wunder, daß die Scheidungszahlen explodieren.

Natürlich können sich die Frauenbürokratien mittlerweile all jene Vorzeigemänner leisten, die ihnen bescheinigen, daß Männer von ihnen «lernen müssen», wie es der Soziologe Hollstein formulierte. Er präsentierte den 160 Teilnehmerinnen des Gleichberechtigungs-Kongresses auch gleich den neuen Mann: Der hat «ein sozialwissenschaftliches Studium», ist weniger «gefühlsgehemmt» und stets zu Beziehungsgesprächen aufgelegt – eben einer wie Hollstein.

Fazit des Kongresses: Statistisch sind es zwar überwiegend die Frauen, die sich mit Geld und Kind aus dem Staub machen, aber es sind nach wie vor die Männer, die schuld sind.

Gleichzeitig mit der vollzogenen Abschaffung des Vaters blüht ein absurder Kult um die Alleinerziehende. Ihr wendet sich das soziale Mitleid zu, als sei das Elend nicht meistens das ihrer eigenen Bindungsunfähigkeit und familiären Verantwortungslosigkeit, sondern die Schuld des zurückgelassenen Mannes.

Als Superstar aller Alleinerziehenden kann zweifellos Prinzessin Diana gelten. Sie schaffte es nach der lukrativen Trennung von Prinz Charles, selbst Liebesaffären, Jetset-Rummel und peinliche Talkshow-Offenbarungen mit dem sozialen Sex-Appeal der Alleinerziehenden zu vergolden.

Auch wenn die beiden Söhne vorwiegend in Internaten aufwuchsen und der ältere in bedenklicher Weise als Tränenbank für den Liebesfrust der Mutter benutzt wurde, so blieb sie doch die tapfere, stolze, hübsche Alleinerziehende, die das Leben meistert. Seit sie ihre Kinder hatte, war sie, so Camille Paglia, «unverwundbar».

Der Kampf gegen die Väter – einst eine politisch und psychodynamisch wichtige Aktion – ist in begrifflichen Lächerlichkeiten gelandet. Es geht um Hausarbeit. Der Rest: reaktionäre feministische Besitzstandsliturgie und fröhliche Habgier.

Der Mann wird von radikalen Feministinnen geduldet als Zeuger, ansonsten ist er überflüssig. Seine Vaterschaft ist zur pur biologischen Funktion geworden, während seine Verantwortung, seine emotionalen und spirituellen «Zugriffe» aufs Kind als Einmischung empört zurückgewiesen werden. Die Ideologie ist im Kern atavistisches Mutterrecht nach dem Motto: Ich mache mit meinem Kind, was ich will.

Das ist gewiß der bedenklichste Fallout der ansonsten notwendigen Kampagne zur Reform des «Abtreibungs»-Paragraphen 218 in den siebziger Jahren: Im biologischen Pleonasmus des Slogans «Mein Bauch gehört mir» ist das werdende Leben, schließlich ein gemeinsames Mysterium, nur noch weibliche Körperfunktion und zur Gänze entzaubert.

Mit dem biologischen wurde auch der ideologische mütterliche Alleinzugriff aufs Kind (oder Nicht-Kind) untermauert. Ein Trumpf, der immer sorgloser ausgespielt wird.

Daß in Berlin auf 1000 Geburten 390 Abtreibungen kommen, ist natürlich eine erschreckende Zahl und alles andere als ein Beweis für emotionale und moralische Reife, ganz besondes in Zeiten, in denen Verhütungsmittel allgemein verfügbar sind. Es dürfte eigentlich kaum noch «ungewollte» Schwangerschaften geben. Die Abbruch-Indikationen Vergewaltigung und gesundheitliche Gefährdung für Mutter oder Kind fallen statistisch kaum ins Gewicht.

Daß dennoch so massenhaft abgetrieben wird, läßt darauf schließen, daß die Frage über das werdende Leben bisweilen auf das Entscheidungsniveau gesunken ist, auf dem Funktionsstörungen des Verdauungstrakts oder die Anschaffung eines Kühlschranks abgehandelt werden. Im berechtigten Kampf gegen die klerikale und juristische Fremdbestimmung der Frau in der Abtreibungsfrage ist nun das andere Extrem erreicht: Das Kind wird nur noch als biologische «Ausdehnung» der Mutter gesehen, die Ausgrenzung des Vaters dagegen ist total.

Wie schwer es Männern fällt, damit umzugehen, zeigt ein neuer Film von Abel Ferrara: Ein Filmregisseur erfährt von seiner Freundin, daß sie abgetrieben hat. Er hatte sich auf seine Vaterschaft gefreut, hat das werdende Leben als eines erlebt, das auch ihm zuwächst. Doch es ist nicht nur die Tatsache der Abtreibung alleine, die ihn erschüttert – es ist die Sorglosigkeit, mit der sie von seiner Freundin vorgenommen wurde, ohne sich mit ihm darüber zu verständigen. Sie dachte, so sagt sie ihm, ihm passe ein Kind nicht in den Kram.

Väter sind eine disponible Größe geworden. Im besten Falle sind sie Väter auf Zeit. Die *tip*-Anzeige, in der eine «Lesbierin einen Samenspender sucht (darf auch gerne schwul sein)», markiert diese Position. Sicher, selbst für die Zeugung wäre ein schwuler Mann – im feministischen Diskurs ein konvertierter, guter Mann – wünschenswert. Doch eigentlich tut es jeder, solange er eines nicht beansprucht: Vater zu sein in der pädagogischen, spirituellen Bedeutung des Wortes.

Wie grimmig die Realitäten unter dem feministischen Familiendiskurs geworden sind, erfuhren die Autorinnen Anke Kuckuck und Heide Wohlers bei den Recherchen zum Buch «Vaters Tochter». Über Väter spricht man nicht mehr. Väter sind ausgegrenzt und tabu. Und wenn man nach ihnen fragte, «schwebte das Wort Verrat über den Gesprächen».

Vaterlosigkeit ist ein soziokultureller Virus, der stets neue Ableger produziert. Eine Alleinerziehende schafft neue Alleinerziehende, denn ihre Kinder wachsen mit dem Implantat heran: «Eine dauerhafte Beziehung kann es nicht geben.»

So ist im Laufe der Jahre ein geisterhaftes «Patriarchat ohne Väter» (Helga Levend) entstanden, dessen Auswirkungen besonders jene «neuen Männer» spüren, die die vaterlose Gesellschaft einst erkämpfen halfen und jäh in Ungnade gefallen sind.

Männer wie Lothar Reinhard, Gründungsmitglied der Grünen in Mühlheim / Ruhr, Aktivist zur Abschaffung des Paragraphen 218, Entwicklungshelfer und Lehrer.

Mit seiner Frau, ebenfalls Grüne, ebenfalls Lehrerin, hatte er von sanfter Erziehung und antibürgerlichen Rollenverteilungen geträumt, als sein Sohn zur Welt kam. Er arbeitete halbtags, sie auch. Er wollte alles richtig machen als ausgebildeter Pädagoge mit Ideen über eine «freie Entwicklung der Persönlichkeit».

Der Traum war ausgeträumt, als sich seine Frau, die selber ohne ihren Vater aufwuchs, von ihm abwandte. Denn nun begann der ganz unfreiheitliche kinderverkrümmende Mechanismus der Scheidungsindustrie zu greifen, jener «bürgerlichen» Industrie, die sie nun rigoros nutzte.

Das Häuschen wurde auf ihr Verlangen durch eine Mauer geteilt. Reinhard zahlte Unterhalt, doch sein Kind durfte er nur nach wochenlangen telefonischen Voranmeldungen sehen. Dann wurde es von der Mutter in Anorak und Gummistiefel gepackt, als hätte es sich auf einen langen Weg zu machen. Dabei mußte es nur die Treppenstufen zum Tiefparterre nehmen.

Kinderverstörender Terror. Verbotene Kontaktaufnahmen, etwa im Garten, wurden mit Boykotten geahndet. «Die Spontaneität meines Sohnes ist mittlerweile gekillt», sagt Reinhard, «die absolute kleinbürgerliche Kacke.» Allerdings wohl eine ganze Ecke verlogener und kaltblütiger, denn selbst dieser Wahnsinn wurde von seiner grünen Mitstreiterin mit progressiver Pädagogik begründet – das Kind solle die Trennung der Eltern bewußt erleben.

Seine Frau ließ sich anwaltlich beraten von einem Grünenfunktionär, dem Lebensgefährten der Landessprecherin Steffen. Eskalierend beraten, nicht schlichtend. Reinhard schildert ihn als eines dieser typischen «neuen» Männchen, die für ihren bukkelnden Opportunismus in der Frauenbewegung stets mit Belohnung rechnen dürfen. Er ist heute, ausgerechnet, Erziehungsdezernent.

Reinhard ist restlos ernüchtert. Über Reformen des Kindschaftsrechts dürfe man nicht reden bei den Grünen. «Eigentlich darf man über nichts reden, was das Machtmonopol der Frauen bedroht. Die haben alles fest im Griff. Mit dem Frauenvotum können sie jeden Antrag abbügeln, ansonsten hilft das quotierte Rederecht.»

Den Vater, der ganz einfach und insgeheim wohl auch ganz bürgerlich Vater sein wollte, erinnert der politisch korrekte Unfug der Grünen besonders in Kinderrechtsfragen «mitunter stark an den Psychoterror von Sekten».

Rückblickend stellt er fest: «Wir haben Mist gebaut. Mit unserem Kampf gegen Väter haben wir genau die väterfeindlichen Gesetze geschaffen, die heute alles kaputtmachen.» Er könne nur noch hoffen, daß aus seinem Sohn kein Eichmann gemacht werde oder ein Schläger.

«Wir wollten die patriarchalische Gesellschaft verändern – statt dessen haben wir die Willkür schrankenloser Muttermacht bekommen. Wir wollten die bürgerliche Kleinfamilie auflösen und neue Lebensformen probieren – statt dessen haben wir die intellektuelle und moralische Verantwortungslosigkeit bekommen.»

Resigniert setzt er hinzu: «Familienpolitisch ist die Linke wohl restlos gescheitert.» Und wenn sie es nicht schaffe, diesen Bereich mit ihren sonstigen Menschenrechtsforderungen in Einklang zu bringen, sehe «die Zukunft düster aus».

Die Rehabilitierung der Väter

Mittlerweile beginnt vielen zu dämmern, daß die vaterlose Gesellschaft ein reales Horrorszenario geworden ist. Ein seelischer Betrug an den Kindern, die ein Anrecht auf ihren Vater haben und ihn für ihre Entwicklung brauchen, und ein juristischer Betrug, da ihnen dieses Recht ausdrücklich garantiert ist, aber in der Praxis vorenthalten wird.

Daß Kinder ihren biologischen Vater brauchen, ist klar. Selbst adoptierte Kinder machen sich irgendwann auf die Suche – der Wunsch, den biologischen Vater zu erleben, läßt sich ihnen auch im feministischen Milieu nicht aberziehen.

Heute zeigt sich, daß die Libertinage der sechziger Jahre ihren Preis hat. Sie hat Liebe zur Ware gemacht, hat den Partizipanten beigebracht, wie man den anderen und seinen Körper zur Lust-steigerung auf Zeit bucht, hat Loyalität und Vertrauen im sozialen Umgang entwertet – vor allem aber eine im Wesen elternlose Jugend auf die Straße entlassen.

Und diese Jugend reagiert zunehmend gewalttätiger, wie Wilhelm Heitmeyer in seiner Untersuchung über die «Schattenseiten der Individualisierung» beschrieben hat. Jugendliche müssen damit fertig werden, daß die Familienstrukturen zerfallen und die Ehen ihrer Eltern nur auf Zeit geschlossen werden, müssen auf einen der beiden Elternteile – meistens den Vater – verzichten.

Sie werden schlecht damit fertig. Die Jugendkriminalität explodiert und liefert dem rechtsradikalen Rand Nachschub, denn, so Heitmeyer: «Emotionale Enttäuschung wird oft durch nationale Überhöhung kompensiert.»

In einer Jugendstudie der Universität Potsdam wurde der «unterprivilegierte Typ» als gewaltkrimineller Risikotyp erkannt: «Der unterprivilegierte Typ ist in problematischen Familienverhältnissen, Kinderheimen, bei den Großeltern oder bei zum Teil wechselnden Pflegeeltern großgeworden.» Er ist das Kind der Scheidungsgesellschaft.

Für den Gutachter, der im Prozeß gegen den rechtsradikalen Marzahner Polizistenmörder Kay D. vortrug, war die Vaterlosigkeit eine entscheidende Komponente in der Verwahrlosungskarriere des Jugendlichen. Die Mutter hatte sich schon vor seiner Geburt vom Vater getrennt und ihm später den Kontakt mit dem Jungen untersagt.

Die Gesellschaft der Alleinerziehenden ist moralisch konkursreif und wirtschaftlich bankrott. Es sind zu 98 Prozent allein-

erziehende Mütter, die in Hamburger Sozialämtern Erziehungs-
beihilfe beantragen. Diese wird nur dann gewährt, wenn fest-
steht, daß der Antragsteller allein für das Wohl des Kindes nicht
ausreichend sorgen kann. Der Optimismus über die vaterlose
Gesellschaft, die eine Gesellschaft der neuen Mütter sein sollte,
hat sich nachhaltig widerlegt.

In den sechziger Jahren galt die Familie als lebensfeindliche
Bastion repressiver autoritärer Strukturen. Nun beginnen wir zu
erleben, daß die Familie im Wolfskampf der neunziger Jahre,
ihrer sozialen Verelendung und psychischen Desorientierung, als
«schützendes Nest» (Soziologe Alexander Arenberg) zunehmend fehlt – als solidarische Gemeinschaft, die inneren Halt und
Hoffnung gibt.

Zu lange hat der Staat mit seinen Reglementierungen und
Auffangbehörden, seinen Erziehungs- und Sozialdiensten besonders Frauen gegenüber den Anschein erweckt, er könne, sozusagen als überparteilicher, weiser Gesamtvater, die Emanzipation
des einzelnen besser betreiben als dieser selber.

Heute hat sich das graue Netz der Helferindustrie über alle familiären Bereiche gelegt und ist nur noch damit beschäftigt, aus
sich selber heraus zu wuchern. Die vollendete sozialdemokratische Ideologie hat die individuelle Verantwortung abgeschafft:
eine anonyme Wohlstands- und Elends-Verteilungsmaschine,
ehrgeizlos, mißmutig, fordernd.

Doch immer noch überlebt das feministische Geklapper – als
bitteres Spaßprogramm. Immer noch bedeutet Emanzipation
vielfach ein Aufruf zu Verantwortungsfreiheit und fröhlicher
Habgier, so wie es in einem feministischen Kalendergesicht auf
den Nenner gebracht wird: «Die einzige Lösung ist, / dem nach-
zugeben, / was uns Spaß macht ...»

Nur eine infantilisierte Gesellschaft konnte freien Sex zur Er-
satzreligion machen und Verantwortungsflucht zur wesentlich-
sten Spielregeländerung einer Familienrechtsreform. Denn tatsächlich war das der Kern der Reform von 1977: der problem-
freie Ausstieg aus der Familie.

Spaß macht frei! Jede zweite Frau auf der Suche nach dem Ich, diesem «feurigen Magma-Kern», wie es der Professor in Dietrich Schwanitz' Roman «Der Campus» beschreibt. Er hat es in seinen Hörsälen mit einer Generation zu tun, die von der «Authentizität der Lustgefühle» ganz benommen ist: «Deshalb wurden den Launen kognitiver Status eingeräumt, was einer Theorie zur Rechtfertigung des schlechten Benehmens gleichkam. Statt Launen zu unterdrücken, verstärkte man ihre Amplitude, um ihr undeutliches Flüstern besser verstehen zu können.»

Das familiäre Spaßprogramm hat freie Ehen, Erstehen, Zweitehen, Drittehen kreiert. Alle möglichen Formen von Elternschaften sind nun möglich. Und die Kinder, die seit den frühen siebziger Jahren zum Objekt pädagogischer Experimente wurden, mit denen Kommunarden und Kommunen, Soziologen und Politiker und in der Regel bekiffte Erwachsene ihre antiautoritären Theoreme ausprobierten, waren nun zunehmend allein gelassen wie weggestellte Spielzeuge.

Ohne familiäre Normen wurden sie dem engmaschigen Versorgungsnetz des Staates überlassen, während ihre Eltern damit beschäftigt waren, sich selbst zu verwirklichen, und das zumeist durch Beziehungswechsel. Eine Ehe hat heute nur noch eine Halbwertzeit von fünf Jahren.

Kinder aber wollen Beständigkeit, wollen ein sicheres Netz familiärer Bezüge. Nun zeigt sich, daß eine ganze Elterngeneration ausgefallen ist und versagt hat, weil sie – alle Peter Pans – nie erwachsen werden wollten. Und dies auch nicht mußten. Der sozialdemokratische Wohlstandsstaat – und die CDU war in den letzten 16 Jahren eine bessere SPD – war fett und alimentierte noch die letzte Verrücktheit, ohne vom Individuum zu verlangen, daß es Leistungen dafür erbringt.

Der Hedonismus der siebziger und achtziger Jahre kreierte die Patchwork-Familie und entließ Opfer wie den kleinen Clemens, der in Karin Jäckels Buch «Der entsorgte Mann» zitiert wird.

Clemens ist vierzehn Jahre alt und seit fünf Jahren Scheidungswaise. Seine Mutter hatte sich wegen eines anderen von ihrem Mann getrennt und wieder geheiratet. Auch Clemens' Vater hat wieder geheiratet, eine geschiedene Frau, und er lebt mit ihr, ihren Kindern aus erster Ehe und gemeinsamen neuen Kindern zusammen.

Clemens' Familienlabyrinth klingt so: «Wenn ich alles zusammenaddiere, habe ich zwei Väter und zwei Mütter, vier Omas und drei Opas, zwei leibliche Schwestern, drei Stiefbrüder, zwei Halbbrüder, drei Halbschwestern, drei Stieftanten, zwei Stiefonkel und acht Cousins und Cousinen. Wenn ich mir vorstelle, daß meine Mutter oder mein Vater sich womöglich noch mal scheiden lassen und noch mal heiraten – ist ja schließlich drin –, also, dann ist das das absolute Chaos. Ich blicke ja jetzt schon nicht mehr durch. Vor allem, weil das ja alles Familie sein und irgendwie auch etwas mit mir zu tun haben soll. Trotzdem könnte ich echt drauf verzichten. Früher – ich meine meinen Vater, meine Mutter und meine Schwestern und mich – war das anders. Näher irgendwie. Echter. Jetzt sind meine Schwestern und ich doch so etwas wie ein fünftes Rad am Wagen. Wir gehören schon dazu, klar: Aber die Kinder, ich meine die, die so hundertprozentig wichtig sind, um die's eigentlich auch immer geht, also das sind die, die meine Mutter jetzt mit ihrem Neuen hat und die mein Vater jetzt mit seiner Neuen hat. Das sind die, die eigentlich mit ihnen so was wie eine Familie sind. Der Kern davon, meine ich. Wir anderen sind doch alle bloß Randfiguren. Das muß man schon so sehen. Da mache ich mir schon länger nichts mehr vor.»

Die Familie, von der Clemens berichtet, ähnelt einer altgewordenen Kommune, allerdings einer ohne Räucherstäbchen und Flokati und freiem Sex. Es ist eher deren freudlose, sozialstaatliche Ablagerung, ein Teppich, der mit Anwälten und Krisenberatungen, Besuchsregelungen und Finanzplänen unter zunehmender Verarmung zusammengenäht worden ist. Über das Elend dieser Jugendlichen und ihre Zukunft gibt es eigentlich keine Illusionen mehr.

Doch auf dieses Gewebe haben sich Rechtsprechung und Behördenallmacht fixiert, denn diese «Familie» gibt ihnen zu tun. Dieser Betrieb kommt gar nicht mehr ohne sie aus, ohne Scheidungsmodalitäten, Unterhaltsregelungen und Besuchszeiten. Und er wird durch einen einzigen Satz in Schwung gehalten, durch ein spätes Dogma aus dem libertinären Jahrzehnt: «Wenn man zusammen nicht mehr auskommt, ist es doch besser, sich zu trennen.»

Doch allmählich spricht sich herum, daß es eine andere, in Vergessenheit geratene Möglichkeit gibt. Wie wäre es denn, wenn man sich zusammennimmt? Wenn man ein bißchen zeitiger erkennt, daß es sich lohnt, Schwierigkeiten gemeinsam zu meistern, besonders den Kindern zuliebe?

Sicher, diese Erkenntnis kollidiert mit jenem anderen Dogma, das sämtliche Frauenjournale und Therapiebücher in immer neuen Varianten nach wie vor hochspielen. Es ist das egoistische Dogma der «neuen Frau». Es lautet: «Was für mich gut ist, ist gut für mein Kind. Nur wenn ich zufrieden bin, kann ich die Zufriedenheit an mein Kind weitergeben.»

Aber es wird immer offenkundiger, wie verlogen dieses Dogma ist. Auf ein Wort, Schwestern: Den Kindern ist es völlig egal, ob die «neue Frau» sich wohl fühlt und woher ihr eure Kicks bezieht. Sie wollen Mama, sie wollen Papa, sie wollen regelmäßig gefüttert werden und immer zuviel Fernsehen. Und sie teilen euren Enthusiasmus für Patchwork-Familien überhaupt nicht.

Aus Kindersicht ist der Reigen von Mamas und Papas, der da durchs Wohnzimmer stiefelt, nicht halb so lustig, wie ihr glaubt. Sie finden die Anwälte und Jugendämter lästig, das verbockte Schweigen, die Schriftsätze, den schluchzenden Kriegsrat in der Küche. Sie wollen mit Papa und Mama in den Zoo und Schimpansen ärgern.

Doch das Dogma einer retardierten Gesellschaft, die Konflikte nicht mehr ertragen will und die gebietet, daß man ehelichen Spannungen durch Trennung aus dem Wege zu gehen hat, da sie den Kindern nicht zuzumuten seien, stößt in Behörden und Gerichtssälen auf wohlwollende Zustimmung.

Meist kommt es im Streit über den nachehelichen Umgang eines Vaters mit dem Kind zur Geltung. Denn da oft genug die Mutter versucht, diesen Umgang zu vereiteln, muß er von ihm erstritten werden. Doch die Tatsache des Streits wiederum genügt, ebendiesen Umgang – der für das Kind oft lebenswichtig ist – zu verweigern.

Rechtsanwalt Carsten Rummel, wissenschaftlicher Referent des Deutschen Jugendinstituts in München, kann über ein Justizsystem, das die Ausgrenzung der Väter derart befördert, nur noch den Kopf schütteln: «Das derzeit gültige Recht legitimiert diesen Rechtsbruch auf Kosten der Kinder und belohnt ihn sogar, weil er dem Verweigerer von elterlicher Gemeinsamkeit das gesamte Sorgerecht zuteilt.»

Elterliche Spannungen sind einem Kind nicht zuzumuten? Das stimmt schon während einer Ehe nicht. Ein spannungsfreies Leben gibt es selbst allein auf einer einsamen Insel nicht. Leben ist Spannung. Allerdings gehört zu ihm auch das Erleben, mit ihr fertig zu werden, die Solidarität, die Verwöhnung, das Standhalten.

Dagegen wird Kindern heutzutage das Aufkündigen von Solidarität vorgelebt, der hinterhältige Behördenkampf, das egoistische Credo, kurz: die Verantwortungslosigkeit. Und das, um in einer nächsten und übernächsten Beziehung der Mutter, des Vaters alles wieder neu zu erleben.

Zunehmend machen Gerichtsgutachter wie Professor Uwe Jopt oder Initiativen wie die Dr. Carsten Rummels mobil gegen die Phrase «Es wäre dem Kindeswohl abträglich, wenn es den elterlichen Spannungen ausgesetzt würde».

Zunehmend wird deutlich, daß diejenigen, die solche Sätze formulieren, selbst zerbrochene Familien haben und sich lediglich als Agenten, Verwalter und Betreiber des herrschenden Elends betätigen.

Es wird deutlich, daß die «Kindeswohl»-Phrase nur der Tarnbegriff für Egoismus ist, eine Bestätigung der Binsenweisheit: Je höher die Phrase, desto niedriger die Gesinnung, von der sie gebucht wird.

Und wieder geraten die Vereinigten Staaten in den Blick. Dort stoßen die Mahnungen des Kommunitaristen Amitai Etzoni zunehmend auf Gehör: Partnerschaft, meint Etzoni, sei nur die eine Seite. Die andere aber sei die Verantwortung fürs Kind. Die Liebe mag befristet sein. Doch die Elternverantwortung bleibt ein Leben lang. Etzoni plädiert dafür, Ehescheidungen zu erschweren – gerade aus Gründen des Kindeswohls.

Grenzen der Libertinage – Grenzen, die auch in der linken Szene mittlerweile akzeptiert werden. So resümiert die *taz*: «Wer Kinderschutz ernst nimmt, muß die Idee elterlicher Sorgepflichten durch eine kulturelle Umorientierung wiederbeleben: Es geht darum, persönliche Selbstentfaltung nicht länger höher als soziale Verpflichtungen zu werten.»

Die Mythen des feministischen Diskurses haben sich als familienzerstörender Zauber erwiesen. Wenn wir es schaffen wollen, die Katastrophe einer vaterlosen Gesellschaft abzuwenden, müssen wir auch männliche, im besten Sinne: patriarchalische Verantwortungen neu definieren und etablieren.

Patriarchalisch? Aber sicher. Hinter all den Reueveranstaltungen der Linken steht nichts als der Rehabilitationsversuch des Vaters und die Erinnerung an dessen gute Traditionen.

Die spirituelle und pädagogische Verantwortung eines Vaters in der Antike war in komplexe ethische Systeme eingebettet, seine Rechte penibel formuliert. Erst mit diesen Rechten konnte er auch seinen weitgehenden Pflichten nachkommen, seine Rolle als Vater überhaupt erfüllen.

Der Vater sorgte für die Ernährung der Familie und den Schutz der Frau, für die Erziehung der Kinder und ihre Geltung im Gemeinwesen. Trennte sich seine Frau von ihm – auch das war in der Antike durchaus üblich –, blieben die Kinder bei ihm.

Nie in der Geschichte haben Männer um das Recht betteln müssen, Vater ihrer Kinder zu bleiben. Nie gab es eine Zeit, in denen sie Bürokratien anflehen mußten, ihre Kinder zu sehen – außer in den totalitären Diktaturen dieses Jahrhunderts.

Und noch nie wurden sie gezwungen, solchen Frauen, die die

Ehe verließen und ihnen die Kinder nahmen, Geld dafür zu bezahlen, daß sie ihre Kinder wenigstens besuchen dürfen – diese feministische Geiselindustrie blieb als perfider Schnörkel den letzten Jahrzehnten unseres Jahrhunderts überlassen, einer Zeit der demokratischen Gleichgültigkeit, der Herrschaft der Mittelmäßigen und einer Bürokratie, die Verschlagenheit und moralische Schwäche belohnt.

Allen wird allmählich klar, daß die steigende Verantwortungslosigkeit des Mannes, wenn es sie denn gibt, unmittelbar verknüpft ist mit seiner zunehmenden Entrechtung. Unterhaltsverweigernde Väter? Aber sicher gibt es sie. Und ihre Zahl wird steigen. «Wieso sollte ein Vater zahlen», fragte Familienrichter Prestien in einer Talkshow die schockierte SPD-Rechtsexpertin von Renesse, «wenn er kein Recht hat, Vater zu sein.»

Erst heute, nachdem der Vater als rechtliches Subjekt gründlich abgeräumt ist, zeigt sich, wie wichtig er sozialpolitisch ist. (Im Kapitel über «Familien ohne Väter» wird näher darauf eingegangen.) Allmählich wenden sich auch Psychologen diesem spezifischen Teil der Männeridentität zu.

So der Psychoanalytiker Horst Petri, der aufräumt mit dem Schmus vom «neuen» Vater, vom «neuen» Mann. Was der Zeitgeist und was die Frauenzeitschriften postulieren, so Petri, gehe einfach an der männlichen Psyche und der Dynamik einer funktionierenden Beziehung vorbei.

«Das entrechtete und entwürdigende Schicksal, ein Zahlvater zu sein, der sein Kind vielleicht nur kurze Zeit oder noch nie gesehen hat, stellt eine Kränkung der männlichen Gesamtidentität dar, die nicht ohne Folgen bleiben kann.»

Psychologen wissen um die entwicklungsgeschichtliche Bedeutung der Vaterfigur für das Kind. Besonders für Jungen ist sie entscheidend. Sie hilft ihnen, sich aus der Verschmelzung mit der Mutter zu lösen. Und, so Petri, erst «im Kontrast zu beiden Elternteilen kann sich das Kind als eigenes Lebewesen erfahren».

Das Gerede über abwesende Rabenväter hält nicht nur er für berechnenden Unsinn. Mittlerweile melden sich auch Frauen zu

Wort. Selbst wenn der Vater abends spät nach Hause komme und nur einen Bruchteil seines Alltags mit den Kindern zusammensein könne, sei er für Kinder unersetzbar, sagen sie. Der Vater ist einzig, eben anders als die Mutter.

«Wenn der Vater meiner Kinder abends an der Haustür klingelt, wird er empfangen wie ein Spätheimkehrer aus Sibirien – ganz gleich, ob er müde abwinkt oder gleich zum Telefon rennt.» Das schreibt Christine Brinck, Journalistin und Mutter von zwei Kindern. «Er ist derjenige, der alles weiß und alles kann, zur Not den Mond und die Sterne herunterholen und auch noch das Rücklicht am Fahrrad repariert.» Überschrift ihres Artikels: «Rabenvati ist der Beste».

«Für ihn war die Arbeit immer wichtiger als die Familie», so etwa lautete das Lamento der Frauen, nachdem sie sich von ihrem Mann trennten und ihn ganz aus der Familie verbannten, mit der merkwürdigen Logik: Gar kein Vater ist besser als wenig Vater.

Professor Petri hält dieses Argument für besonders abwegig. Erst die Arbeit, dann die Familie? Er hofft, daß dies der Fall sei, denn männliche Identität bilde sich wesentlich durch die Berufsausübung. Der Beruf ist ein «innerer Auftrag», ist Sublimierung und Transformation seiner Triebwelt. Gerade seine außerhäusliche Erfüllung kann Kindern ein gutes Beispiel geben.

Eine starke Berufsidentität ist geradezu Voraussetzung der Vaterrolle. Fazit: Auch der abwesende Vater ist ein guter Vater – und der bessere bisweilen als der ständig anwesende. Väter können nicht Mütter sein. Sie sollen es auch gar nicht.

Sicher wäre es höchste Zeit, Chancengleichheit für Männer auch in der Freistellung von seiner Erwerbstätigkeit herzustellen. Die Klage der Ministerin Nolte allerdings, daß nur wenige Väter von der Möglichkeit des Erziehungsurlaubs Gebrauch machten, ist die pure Verhöhnung. Kaum einer kann es sich etwa leisten, nach der Geburt seines Kindes zu Hause zu bleiben; denn von 600 Mark Erziehungsgeld kann er seiner Verantwortung als Familienernährer nicht gerecht werden. Der Mann sollte wählen können wie in Schweden, wo volle Lohnfortzahlung garantiert wird. Mittlerweile machen dort 20 Prozent der Väter vom Erziehungsurlaub Gebrauch.

Doch ist auch das wahr: Der Mann, der seine Karriere opfert und als mütterlicher Ersatzversorger am Herd steht, wird, Paartherapeuten zufolge, von Frauen insgeheim verachtet und bisweilen sogar gefürchtet. Er gilt nicht nur als Tüte im Beruf, sondern auch als Bedrohung des Muttermonopols.

Der «neue Mann», der «Softie», dieser geschlechtslose Grottenolm zeitgemäßer Rollenverwirrungen, der eine Zeitlang durch die Gazetten geisterte, ist ja eine dialektische Rache am feministischen Diskurs. Er enttäuscht die Frauen in der Realisierung der feministischen Propagandahoffnungen, und er ist noch verlogener, noch raffinierter, noch synthetischer als der feministische Gegner.

Er ist ein Mannverweigerungsgreuel, das jede Frau, die ihre Tassen noch halbwegs im Schrank hat, schreiend in die Stehkurve eines Fußballstadions treibt – zur Erholung von ihm.

Männer, wie sie sich *Emma* wünscht, taugen nur noch zur Satire. Wie etwa jener Peter König, der in der Januar-Nummer 1998 seine leidvolle «Erziehung zum Mann» beschreibt und schon mit dem Auftakt seiner Beichte klarmacht, daß dieses Projekt bei ihm restlos gescheitert ist. «Ich bin durch Zufall mit einem Pimmelchen zwischen den Beinen geboren worden, und damit war klar, daß meine Erziehung nach dem Schema ‹Kleiner Mann› abzulaufen hat.»

Die Schuld, ein Mann zu sein, wird er nicht los. Aber er lernt, seinen biologischen Fluch zu problematisieren. Bei einer Ruderpartie. Da nämlich hat seine Freundin mal die Pinne ergriffen. «Da war es einigen Männern tatsächlich nicht zu blöd, quer über das Wasser zu brüllen, daß wir da was falsch machen würden. Der Mann gehört auf die Ruderbank und die Frau neben den Picknickkorb. So ist das, so wird das bleiben, das war schon immer so. Ich habe es satt.»

Peter hat sich befreit. Er hat den Bogen raus. Er wird sich von seiner Freundin weiterhin durchs Leben rudern lassen, dabei den

Picknickkorb leermümmeln und versuchen, nicht an das Pimmelchen zwischen seinen Beinen zu denken, Schelm, der er ist.

Natürlich wird er bei jeder Gelegenheit gegen Konkurrenz-Männer keifen, wird sich gegen ihre «angeborene Aggressivität» als sanfter Kronzeuge von der Frauenbewegung tätscheln lassen und wird es vielleicht schaffen, bei einem Täßchen Hagebuttentee die eine oder andere Aktivistin ins Bett zu betteln. Vielleicht wird er irgendwann merken, wie entwürdigend eine Existenz ist, die sich aus den Schnittmusterbögen männerverachtender Propaganda zusammensetzt.

Doch mehr und mehr Männer, vor allem die Medienmacher, beginnen allmählich aufzuwachen. Sie hatten vor dem Diskurs politischer Korrektheit aus taktischen Gründen kapituliert und waren in einen quotenbringenden Opportunismus geflüchtet. Sie hatten gelernt, vernehmlich mit dem feministischen Begriffsbesteck zu klappern, und jede männerfeindliche Kampagne mitgemacht, weil sie Erfolg versprach.

Sie hatten gelernt, ihre inneren Einsprüche zu unterdrücken. Nun begreifen sie allmählich, daß dieser Verrat – der intellektuelle – sogar der schlimmere ist. Sie begreifen, daß der Geschlechterdiskurs politisch ist, kein Thema für die bunten Seiten, sondern eines für Leitartikel.

Vor allem beginnen sie zu begreifen, daß sie politisch wichtig sind, als Männer und als Väter. Und wie wichtig es ist, dieser Vaterschaft Konturen und Autorität zu geben. Tatsächlich, es ist, als käme Paul Federns Warnung in einem großen, geschichtlichen Loop zurück.

Federn, der antiautoritäre Theoretiker, hatte recht behalten gegen sich selbst. Er hatte vor den verhängnisvollen politischen Folgen der von ihm mitbewirkten Väter-Demontage gewarnt: Die vaterlose Generation würde sich Ersatzväter schaffen und totalitären Ideologien folgen, also jene Autoritäten in der politischen Arena suchen, die sie zu Hause vermißten.

Und vor diesem Tatbestand kann auch die Linke die Augen nicht länger verschließen. Davor nämlich, daß die Brutalisierung der Jugend eine Folge ihrer Vaterlosigkeit ist, ja daß besonders im Skinhead-Milieu faschistische Ersatzväter geschaffen werden. Viele rechtsextremistische Gewaltteenager – wie etwa sämtliche Lübecker Brandstifter – sind mit alleinerziehenden Müttern aufgewachsen.

Der «neue Mann» wurde zu lange als fadenscheinige Ausrede benutzt, sich aus der Verantwortung zu stehlen. Wir begreifen: Der Vater fehlte. Es wird Zeit, daß er sich zurückmeldet.

Männerbilder: Geschlagene Krieger, Clowns

In den Trivialmythen des Kinos zeigen sich Rollenveränderungen oft eher als im offiziellen Diskurs. Wie wir empfinden, wie wir uns selber sehen, erleben wir im Kino. Männerbilder, Väterbilder haben sich in den letzten dreißig Jahren erheblich gewandelt: vom Krieger über den geschlagenen Krieger zum Clown.

Die beste Satire über autoritäre Männerbilder stammt von einem Mann. «Dr. Strangelove», Kubriks Klassiker über den – nicht ganz versehentlich ausgelösten – Atomkrieg, handelt von drei Archetypen: dem geschlechtslosen Krüppel Strangelove und seiner naturverneinenden bösen Herrschaftsrationalität, die ihren Ausdruck in der Erstschlaglogik findet; von einem General, der seine Ehefrau mit der Sekretärin betrügt und in seinen Pentagon-Runden nervöse Telefonate mit seinem Betthasen zu führen hat; schließlich von einem Luftwaffen-Captain, der eine frühkindliche Ejakulation als Schwächung männlicher Kraft und Reinheit erlebte und natürlich seither die bösen Kommis dafür verantwortlich macht.

Unvergessen, wie George C. Scott als General im Pentagon für den Erstschlag plädiert: «Ich sage ja gar nicht, daß nicht auch wir ein paar Haare lassen, aber ich sage auch, daß kaum mehr als zehn, na ja, vielleicht zwanzig Millionen von unseren Leuten dabei draufgehen dürften.»

Der Film ist ein Paradekabinett von Kastrationsängsten, Frauenphobien, kriegerischen Übersprunghandlungen. Daß sich am Ende ein GI die Bombe wie einen zerstörerischen Superphallus zwischen die Beine klemmt und abwärts stürzt, hinab ins rote Imperium, ist der buchstäbliche Höhepunkt eines Slapsticks über verklemmte Sexualität von Männern, die mit mörderischen Ersatzhandlungen kompensiert wird. Eine Verklemmung, die in diesem Schlußbild auf den Punkt gebracht wird – tatsächlich ist der GI zu seinem letzten großen Abwärtsritt gezwungen, weil sich die Superbombe im Abwurfschacht verklemmt hat.

Dreißig Jahre später werden Männlichkeit und Militär erneut verhandelt in Joel Schumachers «Falling Down» (dt. Titel «Ein ganz normaler Tag»). Hier ist Michael Douglas ein namenloser entlassener Angestellter der Rüstungsindustrie. Er geistert durch diesen Film als D-FENS, so lautet das Nummernschild seines Autos.

Der Film beginnt an einem heißen Tag im Stau auf dem Highway. D-FENS steigt irgendwann aus, buchstäblich, vagiert durch Los Angeles, durch Amerika, das übervölkert ist von Ausländern, Bettlern, Bürokraten, Arbeitslosen. Nichts stimmt mehr in diesem Land.

Michael Douglas will an diesem Tag «nach Hause», um den Geburtstag mit seiner Tochter zu feiern. Doch die Welt hat sich verändert. Seine Frau hat ihn verlassen. Sie hat einen Gerichtsbeschluß gegen ihn erwirkt, der besagt, daß er sich nicht auf mehr als hundert Meter nähern darf. «Oder sind es dreißig Meter, Officer?» fragt sie lässig, während sie mit einem Zahnstocher den Boden der Geburtstagstorte prüft. «Ich vergesse es immer wieder.» Sie hat Polizeischutz angefordert, weil ihr Exmann sein Kommen ankündigte.

D-FENS ist heimatlos. Er hat Amerika verloren, hat seinen Job verloren, hat seine Familie verloren. Ein kleiner, ausgemusterter Angestellter, ein Verlierer, der in der Telefonzelle steht und seiner Frau sagt: «Ich komme nach Hause.»

Doch so einfach ist das nicht. Seine Frau, seine Familie wird

nun abgeschirmt: vom großen Bruder Staat, dem idealen bürokratischen Ersatz-Ehemann, der an seine Stelle getreten ist und
dafür sorgt, daß er seinen Unterhaltsverpflichtungen pünktlich
nachkommt.

D-FENS wird bald gejagt. Doch sein Gegenspieler von der
Polizei ist im Grunde genommen sein heimlicher Verbündeter.
Er ist der Todesengel, der ihn erlösen wird, und auch er ist ein
Verlierer. Es ist der müde Polizeibeamte Pendergast, der an diesem heißen Tag in den Ruhestand geschickt werden soll. Während er die blutige Spur von D-FENS durch LA verfolgt, wird er
am Telefon von seiner eigenen Frau mit Nörgeleien und Ein-
kaufswünschen schikaniert.

Auf ihr Drängen hin hatte er sich einst in den Innendienst
versetzen lassen, der geregelteren Arbeitszeiten wegen, und seither wird er von ihr drangsaliert und von seinen Kollegen als
Schlappschwanz verhöhnt.

Er löst nicht nur seinen letzten Kriminalfall mit Bravour,
–sondern auch das Problem seiner Emanzipation. Irgendwann
schnappt er zurück am Telefon und staucht seine Frau, den ständig nörgelnden Hausdrachen, zusammen. Und danach versetzt
er seinem Chef, einem öligen Karrieristen, einen Kinnhaken.

Täter und Verfolger: zwei müde, resignierte, überforderte
Männer ohne jede Siegesgewißheit. Auf dem Pier von Venice
kommt es zum Showdown. D-FENS nähert sich seiner Tochter, an der die Mutter zerrt, als müsse sie das Kind vor einem
Monster beschützen. Dabei will ihr der Vater nur ein Eis
kaufen.

Officer Pendergast schließlich lenkt ihn ab und leistet dadurch
Selbstmordhilfe. D-FENS, in die Ecke gedrängt, zieht eine
Spritzpistole aus Plastik und läßt sich von dem Polizeibeamten
erschießen. Ein letztes Aufatmen, bevor er über die Brüstung des
Piers kippt und sich fallen läßt ins blaue Meer und versinkt und
verschwindet wie ein ungelöstes und unlösbares Problem.

Dreißig Jahre liegen zwischen diesen Männerbildern. Dreißig
Jahre, in denen der sarkastische männliche Kommentar über

machohafte Grandiosität einem nervenzerrenden Gefühl der Niederlage gewichen ist. Dreißig Jahre, in denen Frauen ein neues Selbstverständnis formuliert haben, erfolgreich um Gleichstellung in der Arbeitswelt und Entlastung von der Erziehungsarbeit gestritten haben.

Dreißig Jahre aber auch, in denen der Geschlechterdiskurs dogmatisch versteinerte, in denen vornehmlich die Sonnenseite der Frauen und die Schattenseite der Männer diskutiert wurden.

Dieser Diskurs mündete schließlich in der politischen Korrektheit, einer Orwellschen Sprachregelung, die jeden Einspruch gegen die Rollenzuweisungen Frau = Opfer und Mann = Täter mit der Strafe öffentlicher Ächtung belegte. Ein neues, intellektuell schlichtes Biedermeier voller arglistiger Hintergedanken.

Männer hatten sich in diesen dreißig Jahren an eine neue Bußfertigkeit zu gewöhnen. Allerorten entstanden Männergruppen, in denen man den eigenen «emotionalen Analphabetismus» offenlegte und mit Sündenstolz am Handicap des Mannseins arbeitete.

Da aber dieser neue Mann bald feststellte, daß er auch als sich selbstverleugnender Softie nicht straffrei blieb und daß auch die Selbstkastration den Ausbruch aus dem biologischen Gefängnis des Mannseins nicht ermöglichte, gewöhnte er sich an eine neue Feigheit: Er lernte den geläufigen Selbsterfahrungsjargon auswendig, sprach von «Täterstrukturen», «sexueller Belästigung» und «Quoten», ließ beim Fußballabend und gelegentlichen Puffbesuchen die Sau raus und hatte seine Ruhe.

Der Neue Mann, der aus feministischen Normierungsrastern zusammengebaut werden sollte, ist, so stellte er irgendwann selber fest, sowenig möglich wie die Neue Frau, sowenig wie der Neue Mensch an sich, den die Utopien und Gulags des Sozialismus propagierten. Zumal auf den Wunschzetteln der weiblichen Menschheitsbeglücker immer neue, immer unmöglichere, einander widersprechende Posten auftauchten. Er sollte ein erfolgreicher Karrieremann mit der Freizeit eines Hausmannes sein, sollte sich für die Familie aufopfern und gleichzeitig aus ihr verschwinden, sollte Ernährer sein und sich gleichzeitig für die in dieser Rolle vermutete Bevormundung schämen.

Natürlich war das nicht zu leisten, und natürlich war die Behauptung einer weiblich-naturhaften Überlegenheit Unsinn. Doch während der Totalitätsanspruch der Frauenbewegung von Camilla Paglia und anderen Kritikerinnen aus den eigenen Reihen aufgekündigt wurde, blieben männliche Einsprüche selten.

Nicht von ungefähr. Männer hatten es zunehmend schwer, im Geschlechterdiskurs durchzudringen, und gelernt, ihre Niederlage hinzunehmen. Es war ja auch zu einfach: Wenn Frauen Männer kritisierten, nannte man das «Erleuchtung» oder «Selbstbefreiung». Wenn Männer Frauen kritisierten, war das «Sexismus», «Abwehr» oder «Unterdrückung».

Es bedurfte des Vorzeigefeministen Warren Farrell, der Mitte der neunziger Jahre spektakulär die Seiten wechselte, um diesen Mechanismus aufzubrechen. Er war, wie er selbstironisch bekennt, der «Spitzenmann» der feministischen Bewegung, er fühlte sich wohl als «einer der sensiblen New-Age-Männer Amerikas», und wenn er über den Mann als Gefühls-Neandertaler sprach und die Frau als «Erleuchtete», platzten die Hörsäle aus den Nähten.

Und natürlich waren es zu 90 Prozent Frauen, die Eintrittsgelder bezahlten, ihn für weitere Vorträge buchten, seine Bücher kauften. Kurz: Farrell war gut im Geschäft.

«Die Jahre vergingen», schreibt Farrell. «Als die meisten meiner treuesten Anhängerinnen geschieden wurden, konnte ich nur annehmen, daß ihre Ehemänner das Problem waren. Dem stimmten die Frauen zu. Aber ich beobachtete bei all diesen feministischen Freundinnen die immer größer werdende Wut auf Männer, eine Unruhe in ihren Augen, die nicht auf innere Ruhe und Frieden schließen ließ.»

Daraufhin begann Farrell sich zu fragen, ob er nicht den Frauen zu sehr und den Männern zu wenig Beachtung geschenkt hatte. Wenn Frauen über ihre Gefühle redeten, wurden sie ermuntert. Wenn Männer das gleiche taten, wurden sie von ihm zensiert – und übten sich in feministischem Neusprech.

Farrell, der mehrere Jahre lang im Vorstand der «National Organization for Women» saß, warf nun einen neuen Blick auf den Diskurs. Das Ergebnis war das Buch «Mythos Männermacht», das die *New York Post* als «das wichtigste Buch» bezeichnete, «das je über Liebe, Sex und Nähe geschrieben wurde». Die *Washington Post* sah es als überfällige Kurskorrektur: «Das Buch ist genau das originelle, kratzbürstige, ketzerische Buch, das dringend gebraucht wird, um Fairneß und Ausgleich zu schaffen.»

Mit «Mythos Männermacht» bewies Farrell vor allem sich selber etwas. Nämlich, «daß es viel mehr Standfestigkeit verlangt, für die Sache der Männer als für die Sache der Frauen zu sprechen». Er fiel in der Gunst des weiblichen Publikums. Er wurde angefeindet, verspottet, bedroht.

Dabei räumt sein Buch mit dem Klischee des männlichen Unterdrückers auf, ohne die Errungenschaften der Frauenbewegung abzuwerten. Ausdrücklich betont Farrell deren Verdienste: Ohne sie gäbe es keine weiblichen Polizistinnen, böten Firmen keine Teilzeitbeschäftigungen und Kinderbetreuung, wäre Paartherapie ein Exotenfach geblieben.

Doch «Mythos Männermacht» ist die Perestroika im amerikanischen Geschlechterdiskurs. Das Buch wartet mit lange ignorierten oder unterdrückten Wahrheiten auf. Männer machen Kriege? Sicher, sagt Farrell. Nur sagt er es anders: Es sind Männer, die verheizt werden. Es sind Männer, die in Kriegen verbluten, um Heim und Heimatland zu schützen, und es waren Männer, die den Hitlerfaschismus besiegten.

Es sind Männer, die die alltäglichen Todesberufe ausüben, es sind Männer, die bei alltäglichen Feuerwehreinsätzen ihr Leben aufs Spiel setzen. Schließlich: Es sind Männer, die doppelt so oft Opfer von Gewalt werden wie Frauen.

Wie die Wahrnehmung dieser Wirklichkeit lange Zeit verzerrt wurde und wird in der Jagd nach Quote (wo es keine Parteien mehr gibt, sondern nur noch zynisch Verbündete), veranschaulicht Farrell an einem Cover von *Time*: Das Magazin brachte eine Titelgeschichte über 464 Menschen, die in einer einzigen, durchschnittlichen Woche in den Staaten erschossen wurden. «Die Opfer», so das Magazin, «waren meist die verwundbarsten Mitglieder der Gesellschaft: Arme, Junge, Verlassene, Kranke und Alte.»

Aufgemacht war das Opus mit einem weiblichen Opfer. Tatsächlich aber waren 84 Prozent der Gewaltopfer männlichen Geschlechts: arme Männer, junge Männer, verlassene Männer, kranke Männer. Doch instinktiv hatten die Blattmacher geahnt, daß der gesamtgesellschaftliche Diskurs auf «Opfer» zunächst einmal «Frau» reimt, und sich daher für den «attraktiveren» weiblichen Blickfang am Kiosk entschieden.

Umgekehrt bestraft die Gesellschaft ohne größere Skrupel Männer drakonisch und vollstreckt die Todesstrafe, wo sie wie in manchen Bundesstaaten der Vereinigten Staaten existiert, ohne Umschweife.

In Texas etwa wurden allein 1997 37 Männer exekutiert, doch keine einzige Frau. Überhaupt war dort seit Chipita Rodruigez, die 1863 wegen des Mordes an einem Pferdehändler gehängt wurde, kein einziges Todesurteil an einer Frau vollstreckt worden. Bis zum 1. Februar 1998, als die «Eispickelmörderin» Karla Faye Tucker in der Todeszelle starb.

Wochenlang hatte ihr Fall für Schlagzeilen gesorgt. Während die anderen Todeskammer-Kandidaten noch nicht einmal mehr eine Meldung im Lokalteil wert waren, beherrschte sie die TV-Nachrichten für Wochen. Sie war die wiedergeborene Christin, sie war weiß, sie war hübsch – doch vor allem war sie eine Frau. Victor L. Streib, Rechtsprofessor der Northern University in Ohio, glaubt, daß es «ganz sicher einen Geschlechtervorteil für Frauen gibt», einen, der mit Galanterie zu tun hat: «Texaner behandeln ihre Frauen einfach nicht so.»

So absurd dieser Fall auch wird, wenn man ihn unter der Prämisse des Geschlechterkampfes diskutiert – und so klar sein dürfte, daß die Todesstrafe insgesamt abgeschafft gehört –, so sehr wird doch auch deutlich, wie kraß die Ungleichheit vor dem Gesetz ist.

Doch Männer müssen nicht erst als Mörder in der Todeszelle landen. Sie büßen ganz alltäglich für nichts anderes als ihr Vergehen, ein Mann zu sein. Tatsächlich läßt sich aus der Lebenserwartung mit einiger Berechtigung auf die Lebensqualität schließen. Es ist bekannt, daß etwa in den Unterschichten früher gestorben wird als in den Oberschichten. Farrell fand heraus, daß die Lebenserwartung von weißen Frauen sieben Jahre länger ist als die der weißen Männer. Bei Schwarzen beträgt der Unterschied neun Jahre.

Ein biologischer Unterschied? Irrtum. Im Jahr 1920 betrug der Unterschied nur ein Jahr. Es ist der gesellschaftliche Rollendruck und der Zuwachs an Verpflichtungen, der das Leben verkürzt.

Ein anderer Mythos besagt, daß das Volksvermögen in Männerhänden konzentriert sei. Farrell macht eine erstaunliche Gegenrechnung auf: Unter den 1,6 Prozent der Reichsten in den USA (jenen mit einem Vermögen von 500 000 Dollar und mehr) ist das Nettoeinkommen der Frauen größer als das der Männer.

Und das, obwohl sie kaum Spitzenpositionen in der Wirtschaft innehaben und daher auch kaum einen 18-Stunden-Tag mit zuviel Konferenzen, zuviel Kaffee, zuviel Kalorien – und zuviel Angst. Des Rätsels Lösung: Sie hatten Männer in diesen Positionen geheiratet und hatten sie überlebt. Oder sie ließen sich vorteilhaft scheiden, haben weniger Zahlungsverpflichtungen und wesentlich mehr auszugeben.

Wie D-FENS in dem Film «Falling Down» erleben Männer, daß ihre Ehen zu Unterhaltsinstitutionen verkommen und daß die Häuser, die sie gebaut haben, an ihre Frauen abgetreten werden. Ihre Kinder? Sie werden von den Müttern dazu gebracht, sich gegen den Vater zu wenden. Ein geschiedener Mann hat das Gefühl, so Farrell, «daß er ein Leben lang für Leute arbeitet, die ihn hassen».

Eine neue Bindung kann er nur noch als neue Hypothek erleben – und läßt besser die Finger davon. Er macht Überstunden, um seinen Zahlungsverpflichtungen nachkommen zu können – und wird als workaholic hingestellt. Er flüchtet in den Alkohol – und ist der Trinker. Er ruft um Hilfe – und gilt als Jammerlappen. «Männer», so Farrell, «waren bisher das schweigende Geschlecht und werden zunehmend das Selbstmordgeschlecht.»

Wenn Lebenserwartung ein guter Indikator für Macht ist, so ist die Selbstmordrate einer für Machtlosigkeit. Bis ins Teenageralter ist die Selbstmordrate zwischen Jungen und Mädchen gleich. Doch sobald sich die Geschlechter zu gesellschaftlichen Rollen differenzieren, klafft die Schere auseinander. Bei jungen Erwachsenen zwischen 20 und 24 Jahren sind es sechsmal mehr Männer, die sich umbringen, als Frauen.

Bei Trennungen, so Farrell, haben Frauen nur den emotionalen Verlust zu fürchten, bei Männern kommt der ökonomische hinzu. Die neuen Scheidungsgesetze sorgten dafür, daß die Frauen ökonomisch auf Kosten der Männer kompensiert wurden, während – verständlicherweise – kein Gesetz die emotionale Kompensation der Männer garantieren kann.

Die Explosion der Scheidungzahlen und die Tatsache, daß die meisten Trennungen von Frauen ausgehen, deuten darauf hin, daß Männer tatsächlich entbehrlich geworden sind.

Der Staat wird zum idealen Ersatzpartner, der einspringt, wenn der Ehemann die finanzielle Sicherheit der Geschiedenen nicht mehr gewährleisten kann. Er garantiert Sozialhilfe, Kindergelder, Wohnvergünstigungen, berufliche Förderpläne, kostenlose Kinderbetreuung, Quotenregelungen. Der Staat begünstigt die Frauen beim Sorgerecht und pfändet gegebenenfalls den Lohn der Männer.

Bei einer Trennung wenden sich Frauen an den Staat und seine Bürokratien. Männer sind meist ungeliebte Männer auf der Flucht, gejagt von Behörden und Geldeintreibern, und sie flüchten sich mit ihren seelischen Defiziten in die Arme anderer

Frauen und empfinden sich als ausgemusterten Versager auf dem Weg eines traditionellen Lebensziels: eine Familie zu gründen und Kinder großzuziehen.

Wieder hat ein Film paradigmatisch auf diese neue Machtverteilung im Geschlechterdiskurs reagiert. Ein Film, der das Publikum an der feministischen Kritik vorbei im Sturm eroberte: «Mrs. Doubtfire» mit Robin Williams.

Hier ist es Miranda, eine Innenarchitektin, die ihren Mann Daniel, einen mäßig erfolgreichen Schauspieler, vor die Tür setzt. Nie wird näher erläutert, warum sie das tut. Sie wird ihre Gründe haben – und in dieser Vagheit ist der Film genau. Gemeint ist der schleichende innere Zerfall einer Beziehung, an deren Reparatur die Frau das geringste Interesse hat. Das Prinzip «Zerrüttung» genügt für eine vorteilhafte Scheidung.

Allerdings gibt es hier ein Problem. Da sind Kinder, und die hängen an ihrem Vater. Miranda versucht, ihren Ex als Störfaktor auch aus der Kindererziehung zu entfernen und ihn durch eine Babysitterin zu ersetzen, während sie als Powerfrau in der Karrieremangel steckt. Sie ist der Macho in Chanel und Parfüm, der den Lebensgefährten vor die Tür setzt. Daniel wehrt sich listenreich. Er bewirbt sich mit einer Maskerade als Haushälterin «Mrs. Doubtfire», und er gewinnt die Herzen seiner Kinder im Sturm.

Phantasievoll, komisch, zärtlich, großzügig, streng – der Mann als Clown und Supermama. Darin ist er natürlich ein Reflex auf die Scheidungsgesetze, die auch in den Staaten gelten. Er kann sich den Umgang mit seinen Kindern nicht vor Gericht erstreiten – da wäre er chancenlos. Er kann ihn sich nur erschleichen, indem er sein Geschlecht verleugnet und seine Identität.

Er muß sich als Mann und als Vater auslöschen, um beides bleiben zu dürfen. Akzeptiert ist er nur mit künstlichem Busen, eisgrauer Perücke und Häubchen. Auch wenn er als Mann chancenlos ist – er gibt sich nicht verloren. Da Recht und Gesellschaft gegen ihn stehen, bedient er sich der Waffe der Schwachen: der List und des Gelächters.

Der englische Low-budget-Film «Ganz oder gar nicht», ein Überraschungshit an den Kinokassen 1997, präsentiert den Mann als geschlagenen Krieger und komischen Dschungel-kämpfer gegen das neue, exekutierte Mutterrecht. Erfolg hat der Mann wiederum mit einem Rollentausch.

Einige arbeitslose Stahlarbeiter in Sheffield verfallen auf die Idee, mit einem öffentlichen Striptease ein paar Mäuse zu ma-chen. Sie brechen in einen traditionell weiblichen Erwerbszweig ein und machen Frauen zu Voyeuren, die sich den Spaß etwas kosten lassen.

Unter den Männern ist Gaz, der die Unterhaltszahlung für sei-nen Sohn nicht mehr aufbringen kann. Seine Frau, die sich von ihm getrennt hat, lebt mit einem anderen in einem adretten Häuschen. Sie hat Arbeit, sie leidet nicht Not. Doch sie droht Gaz, seinen Umgang mit dem Sohn zu verbieten, sollte er mit sei-nem Unterhalt in Verzug bleiben. Der Mann verdient sich das Kopfgeld für seinen Sohn mit Striptease.

Er zieht sich aus, und das ist die schwarze Schlußpointe des Films. Ein Kommentar zum ausplündernden Scheidungs-gewerbe. Er nimmt den Spruch, daß man einem nackten Mann nicht in die Tasche greifen könne, wörtlich und setzt ihn in Szene.

Vaterrollen im Kino, ein Abgesang. Väter als Cowboys und geschlagene Krieger, als Clowns und nackte Antihelden – die Spur einer Entrechtung.

Sie ist im kollektiv Unterbewußten, in der abgesickerten All-tagserfahrung als Wahrheit fest verankert. Und sie überführt sämtliche feministischen Phrasen über die ohnmächtige Frau und den mächtigen, den verantwortungslosen, den gleichgülti-gen Vater als kaltschnäuzige Diskurslüge.

Die Medea-Ausrede

Nicht nur die feministische Nomenklatura profitiert von der kultursoziologischen Quarantäne, die den weiblichen Diskurs in den letzten drei Jahrzehnten unter Schutz und Ausnahmerecht gestellt hat. Jede Frau profitiert davon. Ein männliches Reuegemurmel hat Platzvorteile eingeräumt, die im Grunde auf uralte Muster zurückgehen. Sie werden heute nur skrupelloser genutzt.

Warren Farrell nennt ein einfaches Beispiel für diesen Platzvorteil. Als Kapitän Hazelwood die Kontrolle über den Öltanker Exxon Valdez verlor, wurde er unbarmherzig als Trinker und Ökoverbrecher durch die Gazetten geschleift. Daß der übermüdete Kapitän durch eine plötzliche Terminänderung zur Weiterfahrt gezwungen wurde, interessierte niemanden. Mildernde Umstände galten für ihn nicht. Er erhielt eine saftige Gefängnisstrafe.

Als jedoch eine kalifornische Fluglotsin einen Fehler machte und dadurch einen Absturz verursachte, der dreißig Menschen das Leben kostete, gab es weder eine Anklage noch hämische Witze noch Gefängnis. Ihre Kollegen schirmten sie ab. Sie erhielt psychotherapeutische Hilfe, und die Schlagzeilen beschäftigten sich mit den Tränen der armen Frau: «Fluglotsin von Trauer überwältigt. Tränen nach Absturz: Kolleginnen und Kollegen trösteten sie nach dem Unglück stundenlang und versteckten sie tagelang vor der Öffentlichkeit.»

Für Frauen gelten Ausnahmeregeln. In allen Kulturen und Religionen, in Gedichten, Gesängen und Bildern wurde die Frau durch die Zeiten als das andere, das lebenspendende, das rätselhafte Wesen gefeiert und schließlich als Ausgebeutete beklagt – als diejenige, die sich der Herrschaftsrationalität widersetzt.

Es blieb der Linken vorbehalten, sie auch noch als revolutionäre Avantgarde der Entrechteten zu reklamieren. Auch in dieser theoretischen Sonderstellung blieben Frauen das schwache Geschlecht, nur wurden die Vorzeichen geändert – eigentlich war es das starke.

Mit dieser geschlechterkämpferischen Sehnsucht nach einer herrschaftsfreien Utopie im Zeichen des Weibes wurde das Licht der Erkenntnis weit über die Horizonte der Gesellschaft geworfen, nicht nur nach vorne, sondern auch weit zurück, in die Vorgeschichte.

Einst, im Goldenen Zeitalter, habe es die Herrschaft der Frauen gegeben, ein sanftes Matriarchat, das nicht Besitz noch Eifersucht kannte: promiskuitive Gesellschaften, die ihre Generationsfolgen von den Müttern herleiten mußten, da die Väter nicht eindeutig festzustellen waren. Zentriert um mythologische Muttergöttinnen hätten diese Urhorden in einer Art primitivem Kommunismus miteinander gelebt, bei freier Sexualität, ohne Profitwunsch, Armee oder Sklavenheere.

Archäologische Funde und anthropologische Romantik verschmolzen Mitte des vorigen Jahrhunderts bei dem Deutschschweizer Bachofen und dem Amerikaner Morgan zu kolossalen matriarchalischen Systemen, die von Friedrich Engels kapitalismuskritisch weitergedacht wurden. Erst mit der Entwicklung der Klassengesellschaft, erst mit der Entwicklung von Produktionsmitteln, mit Pflug, Ackerbau und Weberei sei Privateigentum entstanden, dessen sich die Männer bemächtigt hätten. Der Katastrophenverlauf der Geschichte, das senkte sich fortan in die Köpfe, sei ein männlicher Katastrophenverlauf – eine Theorie, die von E. Bornemann übernommen, ausgebaut und, in den siebziger Jahren, eifrig rezipiert wurde.

Das romantische Modell einer Entwicklung von Matriarchat zum Patriarchat, das die Wichtigkeit des einen oder des anderen Elternteils gegeneinander abwägt, ist mittlerweile als bloße Rückprojektion der bürgerlichen Familie in prähistorische Zeiten widerlegt. Heute halten es Anthropologen und Ethnologen für viel wahrscheinlicher, daß sich diese Frage damals gar nicht stellte. Ehre und Autorität waren weder dem Vater noch der Mutter persönlich zuerkannt, sondern der Sippe. Selbst die Matrilinearität besagte nicht, daß die Mutter unumschränkte Gewalt über die eigenen Kinder gehabt hätte. Diese konnten auch ihrem Bruder oder, wahrscheinlicher noch, den Männern des Clans zugehören.

Dennoch hat der marxistische Schwindel über die Entstehung des Patriarchats als frühgeschichtlicher Sündenfall seine Magie und Kraft erhalten, als Ur-Unrecht, für das sich Frauen bis heute in einer Art gesamthistorischer Notwehr rächen müssen.

Gleichzeitig lieferte diese rückwärtsgewandte Utopie noch ein anderes Vorurteil nach, das sich zum massiven Diskurs-Vorteil ausbilden sollte: den Kult des weiblich Irrationalen, der im geschichtlichen Frühdämmer entstand und ebenfalls fortwirkt und mit dem sich ein ständiger mildernder Umstand, ein historischer Persilschein für jedes Verbrechen erwirken läßt. Mörderinnen etwa werden in den USA heute ungleich weniger oft zum Tode verurteilt als Mörder, ja, bisweilen wird gar nicht sie, sondern der «Verursacher» ihrer Raserei – der Mann – verfemt (siehe auch «Die Mißbrauchslüge»).

Die Raserei ist ein weiblicher Topos in Epen, Tragödien und Dramen. Und sie verweist auf eine Herkunft aus dem Morgengrauen der Geschichte. Da nämlich die im neu entstandenen Patriarchat marginalisierten Frauen auch aus den offiziellen Religionen verbannt wurden, erinnerten sie sich der alten Vorrangstellung in Mysterienkulten, in entgrenzenden Gefühlswallungen.

«Auf diese Art», schreibt die französische Sozialhistorikerin Yvonne Knibiehler, «machten sie sich frei von einer Ordnung, die nicht die ihre war, überwanden die erniedrigenden Bedingungen, in denen sie gefangen waren, sowie die ihnen oktroyierte, alltägliche Sklaverei, gerieten in Begeisterung, in göttlichen Wahnsinn, sogar in Raserei, entgegen dem männlichen Ideal von Weisheit, Klarheit und Selbstkontrolle.»

Wie in einem dunklen Spiegel finden sich diese sympathisierenden Rausch- und Entgrenzungsnarrationen im Medea-Mythos. Medea war eine Hexe, Tochter des Königs von Kolchis und Nichte der Zauberin Circe. Sie half ihrem Geliebten Jason bei der Erlangung des Goldenen Vlieses, ein Ziel, für das beide

zu Verbrechern wurden und untertauchen mußten. Antike Out-
laws auf der Flucht.

Medea gebar Jason zwei Söhne. Am Hofe Kreons jedoch ver-
liebte sich dessen Tochter Kreusa in Jason. Dieser nun verstieß
Medea, die sich fürchterlich rächte. Sie ließ nicht nur ihre Ne-
benbuhlerin und deren Vater in Höllenqualen sterben, sondern
sie tötete auch ihre eigenen Kinder – um sich an Jason zu rächen.

Die Kindsvernichtung aus Rache am Mann existiert bis heute,
und sie wird ähnlich dunkel entschuldigt und ansonsten tabui-
siert. Kaum einer spricht über die erschreckende Zahl, daß
55 Prozent von Kindstötungen auf das Konto der eigenen Mütter gehen. In der offiziellen Lesart ist der Mann der Gewalttätige
und die Frau das Opfer.

Noch absurder ist das verzeihende Gewährenlassen in der
ganz alltäglichen symbolischen Kindesvernichtung, die viele
Frauen aus Rache am Mann betreiben – nach einer Scheidung
dürfen Väter ihre Kinder oft nicht mehr sehen. Sie sind für sie
«gestorben».

Aus der mythischen, wahnsinnigen Hexe wird in Euripides'
Tragödie die in Eifersucht rasende Frau, eine moderne, psychologische Transformation. Er individualisiert den Mythos. Den
Chor läßt er sagen: «Du hast das Recht, dich an deinem Gatten
zu rächen.» Der Satz könnte so in der *Emma* stehen.

Es ist sicherlich nicht so, daß Euripides der gleichen Meinung
ist. Aber er weiß, daß seine Heldin so empfinden muß. Die my-
thische Medea erdrosselt die gemeinsamen Söhne und fährt in
den Hades hinab, von feuerspeienden Drachen gezogen. Medea,
ein schreckliches Miststück, eine tragische Mörderin, über-
lebensgroß.

Es blieb Christa Wolf, einer leiernden Stimme der Frauenbewegung und spröder Stricknadelliteratur, vorbehalten, aus
Medea eine anthroposophisch Getriebene zu machen – eben-
jenes andere Prinzip, das den grausamen Männern entgegen-
steht. Euripides' Medea, meint sie, sei eine männliche Projek-

tion, eine Umlügung der Fabel, und es sei typisch Mann, eine unangepaßte Frau als Hexe zu diffamieren.

In ihrer «Medea»-Erzählung wird aus der Hexe eine feministische Naturheilerin. Selten ist eine dämlichere Umdeutung eines großen Mythos vorgenommen worden. Hier ist Medea von Beginn an das Opfer: nicht ihrer Eifersucht, das wäre zu peinlich in aufgeklärten Frauenseminaren, nein, das Opfer einiger dummer Zufälle und ansonsten der männlichen Herrschaftsrationalität.

Euripides hätte alle seine Vorurteile bestätigt gefunden. Selbst das schafft eine Frau noch: die Racheraserei als Vulkanausbruch der Sittlichkeit zu verkünden. Euripides zog sich übrigens nach dem Scheitern seiner zweiten Ehe in eine Höhle bei Salamis zurück – er hatte seine Frau mit einem Viehburschen im Heu ertappt.

Doch Medeas Gesänge haben durchaus Anklänge an das, was das weibliche Selbstgespräch bis heute durchzieht: «Von allem, was atmet und was Bewußtsein hat, ist niemand mehr zu beklagen als wir Frauen.»

Einerseits ist Feministinnen wie Simone de Beauvoir die Annahme eines Urweiblichen ein Greuel. Es wird als chauvinistische Projektion gesehen, als Anschlag auf den Gleichheitsgrundsatz. Andererseits ist die Annahme weiblicher Schwäche durchaus brauchbar und wird verteidigt, solange sich Kapital aus ihr schlagen läßt.

Heute erschlägt Medea ihre Kinder immer noch. Da ist die Teenager-Mutter aus East New York, die ihr Neugeborenes in eine Mülltonne steckt – sie ist keine Mörderin, sondern ein Opfer der Verhältnisse in den Slums. Tatsächlich übertrifft der Anteil der Muttermörderinnen den der biologischen Väter um das Neunfache. Da jedoch diese Statistiken dem Mutterklischee widersprechen, werden sie aus dem Diskurs entfernt.

Viel häufiger aber wütet Medeas Zorn heute im Raster sozialdemokratischer Scheidungsgesetze. Bedenkenlos sucht sie Rache und nutzt juristische Vollstreckung und Unterhaltsklage als

Feuersbrunst. «Zahlen soll er, bis er wimmert» heißen entsprechende Aufforderungen in Frauenjournalen wie *Cosmopolitan*.

Dem Rausch des Irrationalen ist nichts gewachsen, am wenigsten das auf Rationalität und Sublimierung angelegte Recht. Die Bedenkenlosigkeit, mit der die modernen Medeas in Scheidungsverfahren lügen, Eigentum verbrennen, Kinder entziehen und damit für ihre Väter aus der Welt sein lassen, ist durch die Gesetzeswirklichkeit legitimiert. Sie lohnt sich, im wahrsten Sinne des Wortes.

Ein Medea-Rausch im Designerlook. «Nichts ist schrecklicher als der Zorn einer Frau», wußte Shakespeare, und der hatte noch nicht einmal Ahnung von unserem Familienrecht.

Das weibliche Selbstgespräch

Natürlich ist das weibliche Selbstgespräch viel differenzierter, als es die feministische Bewußtseinsindustrie vermittelt. Diese hantiert mit Stereotypen. Sie kennt die Frau vorwiegend als Opfer des Mannes. Das heißt, sie kennt sie – ironischerweise – nur in Beziehung zum Mann.

Als eigenverantwortliches menschliches Wesen, das sich den Forderungen des Lebens aus sich selbst heraus stellt mit eigenen Ängsten und Stärken, als spiritueller, komplexer Mensch, zu dessen innerem Reichtum ganz sicher auch die Rollen als Mutter und Gefährtin gehören, ein Mensch, er als einzelner zur Welt kommt, seinen Weg geht und als einzelner sterben wird – diese Komplexität läßt der Feminismus schon als Begriff nicht zu. Er sperrt die Frau ins Gefängnis ihrer Geschlechtlichkeit, und der Gefängnisdirektor ist, in dieser Lesart, stets der Mann.

So wie sich das verachtete «Weibchen» früherer Zeiten ausschließlich über die Erfolge des Mannes definierte, so definiert sich die feministische Frau ausschließlich durch Erfolg *über* oder *gegen* den Mann. Dieser verkürzte Diskurs hat Vorteile, aber auch Nachteile. Im wesentlichen ist er eine Lügenmaschine, die selbst unter Frauen Verwirrungen stiftet.

Anläßlich des Mordprozesses gegen den Footballstar O. J. Simpson, der laut Anklage seine Frau und ihren Freund erstochen hatte, gab es ein bizarres Schauspiel. Weiße Frauenverbände demonstrierten für die Verurteilung O. J. Simpsons und schwarze für seinen Freispruch.

Für die einen war er das Paradebeispiel des Mannes als Gewalttäter, für die anderen das Opfer einer weißen Justizverschwörung. Die weißen Frauen riefen: Eine Frau ist immer das Opfer. Die schwarzen Frauen riefen: Der Schwarze ist immer das Opfer.

Der Ausgang ist bekannt. Im Endeffekt hatte das rassistische Dogma über das sexistische gewonnen. Zwei Diskurslügen standen in Konkurrenz. Mit Gerechtigkeit hatte das alles nichts zu tun, denn schließlich wurde der Footballstar vom Mord an seiner Frau von einer überwiegend schwarzen, überwiegend weiblichen Jury freigesprochen.

Eine Umfrage unter schwarzen Frauen, die die Zeitschrift *The New Republic* veröffentlichte, ergab später ein ganz unschwesterliches Feindbild: Alle waren für Simpsons Freispruch, doch kaum eine hielt ihn für wirklich unschuldig. Mehrheitsmeinung war: «Wenn sich eine Frau so aufführt wir diese weiße Schlampe, hat sie nichts anderes verdient.»

Die Umfrage bewies den Autoren der Untersuchung, daß Frauen nichts gegen männliche Gewalt haben, wenn sie gegen Konkurrentinnen gerichtet ist, und für viele schwarzen Frauen war die weiße Nicole Simpson eine beneidete Konkurrentin, die ihnen, den schwarzen Frauen, ihren schwarzen Supermann gestohlen hatte.

Das Kursiose am O.-J.-Simpson-Fall: Ausgerechnet im klarsten aller feministischen Klischee-Fälle, in dem ein Mann seine Frau nahezu zweifelsfrei getötet hat, funktionierte der schwesterliche Schulterschluß nicht. Simpson wurde freigesprochen, weil eine andere Diskurslüge stärker war.

Schon an diesem Beispiel zeigt sich, daß es dem Feminismus nur mangelhaft gelingt, die Frauen zu einer ideellen Gesamtheit zu vereinen. Die Frau – eine sich ständig ändernde Phantomzeichnung, in die alle Projektionen und narzißtischen Selbsterhöhungen einfließen, die sich Journalistengehirne ausdenken können.

Während sich Männer in Beruf oder Krieg oder Sport – im Leben – bewähren wollen, muß die Frau, folgt man den Verlautbarungen der feministischen Journale und Kinomythen, immer nur gegen einen siegen: gegen den Mann. Im feministischen Kultfilm «Thelma und Louise» sind die beiden Heldinnen umgeben von widerlichen, brutalen Kerlen, gegen die sie sich mit Knarre und Explosionen behaupten und in einer selbstmörderischen Apotheose siegreich bleiben. Sie haben es dem Mann gegeben, bis in den Untergang hinein.

Auch Frauen, die sich ständig versichern, sie können «es auch ohne Mann», haben ihn, in dieser Vergewisserung, ständig bei sich. Auch ex negativo dreht sich alles um den Mann. Man könnte es so sagen: Frauen denken immer nur an das eine. Der Mann als Fluchtpunkt, als ständige Bedrohung im Hintergrund, aber auch als ständige Ausrede.

Eine rücksichtslose Karrierefrau, die Kolleginnen und Kollegen auf dem Weg nach oben aushebelt, ist kein kaltes Biest, sondern «sie wird männlich in einer Männerwelt». Eine Mutter, die ihr Kind ermordet, wurde von ihrem Mann dazu angestiftet. (Siehe auch das Kapitel: «Die Mißbrauchslüge».)

Der Mann schafft eine ständige Ausnahmesituation, die die eigene Verantwortung schmälert. Als die Berliner Jugendsenatorin Stahmer, gescheiterte Berliner Bürgermeisterkandidatin, während der Etatberatungen einen politischen Bock schoß und dessentwegen von der Presse kritisiert wurde, scherte die *taz*-Kolumnistin aus und sprang ihr zu Hilfe. An der Kritik der Kollegen erkenne man, daß in einer unbarmherzigen «männerbeherrschten Welt eine Frau keine Fehler machen dürfe».

Frauen kritisieren Frauen ungern, auch weil sie Angst haben, als «Verräterinnen» vorgeführt zu werden. Der Gruppendruck ist enorm. Die Seilschaft ist das Organisationsprinzip von Frauen, besonders in den Medien.

Talkshow-Moderatorinnen, deren Sendungen abgesetzt werden, weil sie keine Quoten bringen, werden zu Opfern «männlich beherrschter Betriebe». Eine Journalistin, die es nicht in die Verlagsspitze schafft, ist nicht etwa weniger qualifiziert oder inspiriert oder fleißig, sondern «Opfer männlicher Arroganz».

Jede Versagerin hat, in der feministischen Bewußtseinsindustrie, die schönste aller Ausreden: Sie könnte, aber man läßt sie nicht. Das erinnert an das Spießergebrummel in den Geschichten von Qualtingers Herrn Karl, dem zu kurz gekommenen Lageristen: Er könnte, wenn er wollte, aber man läßt ihn nicht, und deshalb will er nicht.

Schafft eine Frau einen Karrieresprung, geht es nie ohne höheren Kitsch ab. Ein Porträt von Sabine Christiansen und ihrem Karriereschritt zu einer eigenen Talkshow wurde, wie schon vorne ausgeführt, im Berliner *Tagesspiegel* unter der Zeile angepriesen: «Sabine Christiansen zeigt femininen Mut».

Allerdings hat das geschönte Phantombild der «starken Frau» eine dialektische Kehrseite. Sie bedeutet eine ständige Überforderung. Hera Linds «Superfrau» ist ein kaum zu erreichendes Ideal. Sie ist schön und sexy, ihr Mann vergöttert sie, sie schreibt nur Bestseller, und Fernsehen sieht sie nicht, sondern macht es selber. Und das alles schafft sie *gegen* die Männerwelt. Welche Frau kann da noch mithalten?

Noch komplizierter ist es, seit Feminismus und die Modejournale amalgamisiert sind, um das «Girlie» zu kreieren. Nun muß die Frau schön sein – und die männliche Bewunderung dieser Schönheit als chauvinistisch verachten. Sie muß tadellos lakkierte Fingernägel haben – und lernen ohne Mann auszukommen. Sie muß sexy sein – und darf ihren Sex nur dazu benutzen, Männer auszunehmen.

Eigentlich möchte sie einen, mit dem sie durch dick und dünn gehen kann, aber gleichzeitig hat sie gelernt, daß der Mann nur noch zur Ausbeutung taugt. Wenn sie der Mann aus verständlichen Gründen abblitzen läßt, schmollt sie mit anderen Girlies darüber, daß es keine echten Kerle mehr gebe.

Verständlicherweise macht sie Karriere, und verständlicherweise bleibt sie allein. Sie verachtet sich dafür, daß sie einen Mann will. Und sie verachtet die Frau, die einen hat.

Besonders aber verachtet sie die Hausfrau. Auch der alte Feminismus verachtete die Hausfrau, selbst wenn er sie als Opferpopanz manchmal ans Herz drückte. Die Hausfrau war in der feministischen Lesart immer nur die ausgebeutete Familienkuh, und der Applaus für ihre enorme Lebensleistung kam immer gepaart mit dem arroganten Bedauern über ihre Dummheit. Wie kann man nur zwischen Küche, Kirche und Kindern so versauern!

All diese Rollenvorgaben aus Hochglanzmagazinen und Therapiebüchern, dieses ständige Prasseln an Ratschlägen und Lebenshilfephrasen haben das weibliche Selbstgespräch zu einer endlosen Krisensitzung gemacht. An deren Ende steht immer der Identitätsgewinn gegen den Mann, die Loslösung von ihm. Ibsens stolze «Puppenheim»-Metapher wird ständig strapaziert, wenn eine Frau ihre Familie verläßt. Ein Mann, der geht, ist immer ein Gauner. Eine Frau, die geht, bricht aus der Hölle aus.

Da offenbar jede die Hausfrau verachtet, verachtet auch sie sich selber bisweilen. Dann blättert sie in den Journalen und Therapiebüchern, träumt vom anderen, wilden Leben draußen und denkt daran, sich scheiden zu lassen. Sie bleibt zwar auch nach der Scheidung zu Hause, diesmal allerdings ohne Ehemann. Mit einer Scheidung hat sie etwas erreicht, das sie in feministischen Zirkeln salonfähig macht und auf das sie wirklich stolz sein kann.

Sie trifft sich dann mit anderen erfolgreich geschiedenen Frauen in feministischen Kaffeekränzchen und nutzt ihre neugewonnene Freiheit, um mal über etwas ganz anderes ins Gespräch zu kommen: über die bösen Männer.

Mittlerweile aber gibt es im weiblichen Selbstgespräch einen merkwürdigen Paradigmenwechsel. Die Frauen, die Familie haben, wollen sie nicht mehr – und die, die sie heimlich wollen, bekommen sie nicht mehr zustande.

Der in Lifestyle-Magazinen und Frauengazetten propagierte Rollenzwang «Karrierefrau» fordert Tribut. Wer sich für den beruflichen Erfolg entscheidet, entscheidet sich gegen die Kinder. Und wer beides versucht, erlebt bisweilen, daß er in beidem versagt. Allmählich machen sich auch bei Yuppie-Frauen Ermattung und Frustration bemerkbar und das Gefühl, betrogen worden zu sein.

Traurig sitzen sie, die Enddreißiger, in geräumigen Appartements, die teuren Geschmack verraten und menschliche Leere, und denken an das ganz andere Leben.

Seit kurzem gibt es eine Art backlash gegen das Powerfrauen- und Superweib-Syndrom. Er geht von Großbritannien aus. Hier werden zwar nicht die Familienwerte neu entdeckt, aber immerhin der Wert der Familie. Kindererziehung ist in Tony Blairs oberem Polit-Set das heißeste Thema neben Polo. Man heiratet, man verspricht sich Treue, man liebt Kinder.

Zum Bestseller wurde der autobiographische Roman einer Powerfrau, die aus der Gegenwelt berichtet. «Schokolade zum Frühstück» ist die Bilanz einer total coolen Verlagskauffrau Ende Dreißig, die penibel Kalorienzunahme, Geschlechtsverkehrfrequenz und Schenkelumfang mißt, aber verständlicherweise das Gefühl hat, sie lebe an ihrem Leben vorbei.

Natürlich sieht sie von der Höhe ihres selbst erschufteten Designerelends auf die verheirateten Freundinnen als «blasierte Ehekrüppel» hinab. In stillen Minuten jedoch stellt sie sich die Frage der Fragen.

«Diese Frauen ringen immer noch um ihre Identität», sagt die Autorin Helen Fielding. «Sie haben den schicken Wagen und das schicke Apartment, gehen regelmäßig ins Fitneßcenter und fragen sich trotzdem: ‹Warum bin ich nicht verheiratet?›»

Da sitzen sie und hecheln mit anderen Frauen in gleicher Lage ihre «Lebensabschnittspartner» durch. Bei Chablis, Zynismus und Selbstmitleid entdecken sie ihr «hexenhaftes Selbst», ihr Medea-Ich, lassen es jedoch selten durchblicken, weil «ein Mann nichts so unattraktiv findet wie schrillen Feminismus».

Ein überraschender Kehrtschwenk. Die Karrierefrau wird als eigentliches Opfer entdeckt, weil sie sich selber Gewalt antut. Sie versagt sich Ehe und Familie, versagt sich Kinder.

In einer großen Kolumne im *Daily Telegraph* hatte sich Janet Daley ihrer angenommen. «Angetrieben und eingeschüchtert durch die feministische Lobby» haben diese Frauen, so Daley, ihren Wunsch nach Familie auf die lange Bank geschoben und müssen nun leben «ohne eine der größten Befriedigungen, die die weibliche Beschaffenheit zu bieten hat».

Nie hatte die Kolumnistin so viel Zuschriften erhalten wie auf diesen Beitrag. Nicht etwa Proteste, sondern zustimmende Post von Frauen, die erleichtert darüber waren, daß es andere gab, die so fühlten wie sie selber. Daley war eine Heldin, eine, die wagte, es auszusprechen.

Daß solche Sehnsüchte viel massenhafter vorhanden sind, als die feministische Bewußtseinsindustrie glauben macht, sicherte Dr. Catherine Hakim von der London School of Economics statistisch ab.

In Befragungen hatte sie herausgefunden, daß die meisten berufstätigen Frauen ihren Job als zweitrangig zu ihren häuslichen Rollen ansahen und daß sie ihr Einkommen als Ergänzung zum Haushaltseinkommen betrachteten. Feministinnen zweifelten die Erhebungen erbost an und sprachen von einer «patriarchalischen Lüge».

Hakims Untersuchung zerstörte viel eher eine feministische Propagandalüge, nach der Frauen in Niedriglohnjobs gezwungen würden. Frauen wählen diese Jobs freiwillig, so die Studie, weil sie dafür die Möglichkeit gewönnen, öfter zu Hause zu bleiben. Sie wissen: Man kann nicht beides haben, die hochbezahlte Streß-Karriere und den Vorteil freier Zeit für die Kindererziehung. Wir wären schön blöde, sagen diese Frauen, das Glück mit den Kindern für einen 12-Stunden-Büroalltag aufzugeben, es einzutauschen gegen «die restriktive und entmenschlichte Arbeitswelt, in der sich Männer zu behaupten haben».

Natürlich erhielten Kolumnistin Daley und Forscherin Hakim publizistisch Prügel von radikalen Frauen. Denen war es unbehaglich, den größten Teil ihrer Truppen – die Frauen – im Lager des Feindes zu wissen, also für Ehe, Familie und Kinder schwärmen zu sehen.

Die Frauenbewegung, die sich oft so gibt wie eine klassische Bürgerrechtsbewegung und deren Protest- und Demonstrationsformen imitiert, läuft genau damit zunehmend auf bei Frauen. Denn die meisten fühlen sich nicht als unterdrückte Minderheit.

«Frauen», so Janet Daley, «sind keine unterdrückte Klasse, keine spezielle Splittergruppe. Sie bilden die Hälfte der Menschheit und sind in vieler Hinsicht voneinander so verschieden wie von Männern. Das einzige, was sie wirklich gemeinsam haben, quer über die sozialen und Bildungsgrenzen hinweg, ist der Mutteraspekt – genau das Gefühl, das die Feministinnen verachten.»

Ins weibliche Selbstgespräch mischt sich also vernehmbar eine neue Stimme: die der bisher schweigenden Mehrheit. Frauen, die sich gegen die feministische Gesinnungspolizei zur Wehr setzen. Frauen auch, die nicht männliche Selbstkapitulation erwarten, sondern Männern zur Seite stehen und sich gemeinsam mit ihnen gegen die groben Fehlentwicklungen wehren, die der Feminismus in Gesellschaft und Justiz angerichtet hat.

Diese Frauen spüren übrigens den Snob-Appeal prominenter Frauenrechtlerinnen. Wie die DDR-Nomenklatura stets im Namen der Werktätigen auftrat, so spricht die feministische Medien-Nomenklatura gerne für die entrechtete Sozialhilfeempfängerin mit zwei Kindern.

Doch ebensowenig wie die ausgedienten Herren in Wandlitz je mit dem Volk Berührung hatten, kommt die weibliche Cappuccino-Society der oberen Mittelschicht je mit den sozial Schwachen zusammen. Die Entrechtetenrhetorik ist in beiden Fällen nur die Vernebelung schierer Machtlust.

Wenn sich also die geschiedene First-Wife-Schickeria in den

Espressobars und Boutiquen etwa in Hamburg-Eppendorf zu ihren täglichen Frauenbefreiungs-Stelldicheins trifft, um über geschiedene Unterhaltszahler und die Sozialschlampen aus Pinneberg herzuziehen, hat das wenig mit Alleinerziehendenplage und alles mit den Frustrationen isolierter Luxusweibchen zu tun.

Noch gehören Kolumnen wie die von Daley zu den Ausnahmen. Noch auch werden Autorinnen wie Karin Jäckel, die einfühlsam von der Stärke spricht, die sie aus einer intakten Familie gewinnt, vom weiblichen Rezensionstreiben totgeschwiegen.

Der Remmidemmi-Markt wird beherrscht von gedankenlosen Kampfparolen, die die Modejournale für die junge Girlie-Fraktion ausgegeben haben. Mit jeder neuen Plateau-Sohle, jeder neuen Frühjahrskollektion wird der «Untergang der Männerwelt» ausgerufen.

Mittlerweile übrigens ohne langatmige Notwehr-Argumente. Während der klassische Feminismus in seinen Männerattacken noch den ganzen scheppernden Troß soziologischer und politischer Artillerie mitschleppte, kommt der moderne Lifestyle-Feminismus ohne all das aus.

Die Girlie-Generation erinnert sich an die feministischen Gefechte der ersten Stunde kaum noch. Männer sind eben scheiße, wie es in der Rasselbandenlyrik von Tick, Trick und Track heißt. Oder Tictactoe?

Man läßt sie sich austoben und stellt erstaunt fest, wieviel männerhassender, sexistischer Neurosenschrott zwischen zwei Ohren Platz hat. Etwa in der *Stern*-Titelgeschichte «Vergeßt die Männer». Dort streckt ein Ledergirlie dem schmunzelnden Kioskkunden den Stinkefinger entgegen, während sich im Innenteil zwei Redakteurinnen den Mann als Objekt zusammenträumen: als Fickmaschine und ausbeutbaren Deppen.

«Ach, es herrscht Not am Mann», seufzt sich dort eine zombiehafte innere Leere aus. Not herrscht ganz sicher an dem Mann, den sie wollen. Wie sie ihn wollen? «Als Erzeuger der Brut: ja. Als Gesprächspartner: nein. Als Ernährer? Hoffentlich nicht. Zum Reparieren der Duschstange? Auch Handwerker sind oft gut gebaut.»

Alles, was sonst den bösen Männern nachgesagt wird: Sexismus, Machtgeilheit, Lust an der Ohnmacht des Partners – hier spricht es sich als weibliche Wunschphantasie aus. Zum Beispiel Angst: «Demütig, also erträglich, macht den Mann nur die Angst.»

Man stelle sich diese Zeile in einer Massenillustrierten vor: «Demütig, also erträglich, macht die Frau nur die Angst» – ein bundesweiter Hörsaal voller Therapeuten, Verhaltensforscher und Resozialisierungshelfer würde sich über einen Mann beugen, dem so etwas von den Lippen kommt, und selbstverständlich würde die Frauenministerin den Bau von fünfzig neuen Frauenhäusern genehmigt bekommen.

Keine Brutalität ist dumm genug. Da ist der Werbewettbewerb, den die Frauenzeitschrift *Cosmopolitan* in Auftrag gegeben hatte. Sieger wurde der Spruch: «Sie dürfen sie beleidigen. Sie dürfen sie schlagen. Sie dürfen sie vergewaltigen. Sie müssen sie nur vorher heiraten.» Die Männer. Die Männer?

Doch halt. In diesem Fall sind gar nicht die Männer gemeint, sondern wiederum die Frauen. Denn der Ideenwettbewerb sollte den schlaff gewordenen Feminismus imagemäßig aufmöbeln. Man prämierte also einen Satz, den man sich als heimliche Männerphantasie imaginierte, um diese dann bekämpfen zu können.

Nun also sollten es plötzlich wieder die Männer sein, die davon träumen, Frauen zu schlagen, zu demütigen, zu vergewaltigen. Ganz offenbar eine weibliche Projektion. Die lüsterne Imagination einer Imagination, eine Art verschämte Unterwerfungsphantasie. Kompliziert? Und wie. Kann es sein, daß sich die weibliche Psyche mittlerweile in einem Spiegelkabinett aus Neurosen, Projektionen und Feindbildern einfach verirrt hat?

Dazu paßt einer der neueren *Emma*-Witze. «Was ist ein Mann in Salzsäure? Ein gelöstes Problem.» Das tatsächliche Problem: Es ist in Wahrheit kein neuer Witz, sondern ein alter. Es gibt ihn bereits, mit Juden.

Emma liebt solche Witze. Es ist der immer gleiche, in unendlichen Varianten, etwa: «Was ist ein Mann im Knast? Ein gelöstes Problem.» Dieser Witz allerdings ist längst keiner mehr. Er ist Realität geworden.

Tatsächlich bieten feministische Leitfäden gerade in der Mißbrauchsindustrie todsichere Tips, wie man Männer mit Falschbeschuldigungen hinter Gitter bringen, zumindest aber sozial erledigen kann.

Auch wenn Statistiken mittlerweile belegen, daß etwa häusliche Gewalt öfter von Frauen ausgeht (siehe dazu das Kapitel: «Die Gewaltlüge»), und auch wenn verquere Frauen wie die *Stern*-Autorinnen ganz offen von ihren Allmachtsphantasien schwadronieren und von der weiblichen Lust an der Demütigung der Männer – die ins gesellschaftliche Grundgewebe eingesickerte feministische Gewißheit, daß Männer Täter sind und Frauen Opfer, wird dadurch nicht revidiert. Kann es einen größeren PR-Erfolg geben?

Nicht nur Illustrierte leben davon. Fernsehanstalten lieben den Stoff, der sich als Sozialkritik verpacken läßt und trotzdem Quoten bringt. Aus der Programmankündigung eines TV-Dutzendfilms mit dem Titel «Mami, ich will bei dir bleiben»: «Heike leidet unter der Tyrannei ihres alkoholabhängigen Mannes. Auch Tochter Monique geht auf Distanz zum Vater. Eines Tages beschließt die Mutter, mit ihrem Kind zu fliehen ...»

Gibt es solche Fälle? Sicher. Aber warum nicht einfach einmal einen Fall verfilmen, der typischer ist. Etwa so: «Heike hat sich in einen anderen verliebt, möchte aber ihre Tochter nicht zurücklassen, um ihren Unterhaltsanspruch nicht zu verlieren. Eines Tages beschließt sie einen teuflischen Plan: Sie entführt ihr Kind in ein Frauenhaus und denunziert ihren Mann als Alkoholiker. Obwohl das Kind an seinem Papa hängt, hat es keine Chance, ihn je wiederzusehen ...»

Doch selbst solch ein Film brächte weibliche Quoten, denn die gelungene Demütigung von Männern wird in der jüngeren Frauenbewegung als «geil» empfunden. Diese jüngere Genera-

tion ist sozusagen in einer Militärakademie gegen Männer aufgewachsen, in einem ständigen Schießwettbewerb, ohne daß
sich noch irgendeine an den genauen Anlaß erinnern kann.

Nun legen die Absolventinnen ihre Prüfungsarbeiten vor.
Etwa die neue deutsche Frauenkomödie «Widows», in der drei
Frauen beschließen, ihre Männer umzulegen, weil sie a) zu alt,
b) zu dämlich und c) überhaupt nicht cool sind.

Daß der *Frankfurter Rundschau* zur Serie «Frauen morden
leichter» das Kompliment einfällt, der Regisseur inszeniere
«frauenfreundlich wie selten», ist dann nur noch folgerichtig.
Vor allem: Die meinen das ernst.

Eine neue Gemeinsamkeit?

«Ohne es zu wissen, begreifen Flora und ihre Gefährtinnen das
Leben als Zustand, der nach ständiger Entschädigung verlangt.
In der Regel zahlen sie das Schmerzensgeld aus eigener Tasche,
überwiegend in Form von Schaumbädern, italienischen Schuhen
und Seidendessous.» An diesem Satz, der aus dem Verkaufshit
«Frauen, die Prosecco trinken» stammt, stimmt einiges – außer
den Worten «in der Regel».

Nur in Ausnahmen nämlich bringen die Floras dieser Welt die
Entschädigung für das harte Los, eine Frau zu sein, aus eigener
Tasche auf. In der Regel sind es die Männer.

Männer zahlen nicht nur finanziell, sondern auch seelisch
drauf. Sie dienen als Punching-Ball, als ständiger Kummer-
kasten, als Ausrede für alles, was einer Frau im eigenen Leben
mißlingt. Echte Gemeinsamkeit mit solchen Kindsköpfen ist
nicht mehr möglich.

Erst wenn diese Frauen wieder lernen, Frustrationen als Teil
des Lebens zu begreifen, und wenn sie für Regentage nicht den
Mann verantwortlich machen, sondern das Wetter, und dafür,
daß sie naß werden, wiederum nicht den Mann, sondern die Tat-

sache, daß sie den Schirm vergessen haben – erst also, wenn sie erwachsen geworden sind und Verantwortung für sich selber übernehmen, werden sie partnerfähig und in der Lage sein, auch die Sonnentage einer echten Gemeinsamkeit zu genießen.

Dreißig Jahre Frauenbewegung haben nicht die Emanzipation gefördert, sondern vielfach zu einer schmollenden Infantilisierung geführt. Es gibt viele Frauen, die sich dieser Verführung widersetzen konnten. Und zunehmend mehr Frauen reden ihren Geschlechtsgenossinnen ins Gewissen, und – aus erkennbaren Gründen – oft mutiger und ungeschützter als Männer.

Sie erkennen, daß das Feminat reaktionär geworden ist und heute seine Bastionen so doktrinär verteidigt, wie es früher das Patriarchat mit den seinen tat. Sie sind nicht bereit, die Zersetzung der Familien, die Demontage der Väter, die Verhöhnung von Männern weiter hinzunehmen. Und sie ermuntern Männer, sich zu organisieren.

Nach Einschätzung des Autors Michael Crichton, in dessen Bestseller «Disclosure» (dt. Titel «Enthüllung») eine Karrierefrau ihren Konkurrenten in der Firma mit dem Vorwurf der «sexuellen Belästigung» zu ruinieren versucht, steht die Männerbewegung heute dort, wo die Frauenbewegung begann. Sie wird verlacht, verspottet, hat gegen Entstellungen und Dummheiten zu kämpfen. Doch irgendwann wird sie Erfolg haben.

Natürlich wird sich der Geschlechterdiskurs auch weiter radikalisieren. Männer werden die Bandagen ablegen und sich – ohne die Hemmungen von Tradition und Galanterie – zur Wehr setzen. Sie haben einen mächtigen Gegner.

«Im Zustande des Hasses sind Frauen gefährlicher als Männer, zuvörderst weil sie durch keine Rücksicht gehemmt werden, sondern ungestört ihren Hass bis zu den letzten Consequenzen anwachsen lassen ...» Angesichts der gesellschaftlichen und behördlichen Ermunterung dieses weiblichen «Hasses bis zur letzten Consequenz» ist Nietzsches Satz keine misogyne Diatribe, sondern als ziemlich akkurate Warnung zu lesen.

Da die Dämme gebrochen sind, da sich zunehmend mehr

Frauen «im Zustand des Hasses» und im Schutze von Behörden, Medien und Gesetzen einspruchsfrei austoben, müssen Männer selber beginnen, neue Grenzen zu ziehen.

Sie werden die Benachteiligungen im Familienrecht, im Beruf, im Strafrecht nicht weiter hinnehmen. Sie werden nicht mehr dulden, daß sie mit Falschbeschuldigungen beleidigt werden. Sie werden nicht mehr dulden, daß man sie ausplündert und ihnen die Kinder nimmt. Diese Männerbewegung wird irgendwann Erfolg haben. Sie muß es, denn eine wahre neue Gemeinschaft kann es erst geben, wenn die Chancengleichheit wieder hergestellt ist.

Das heißt: Erst wenn Männer rechtlich mehr sind als Alimentegeber und Väter mehr als Zahlmeister, kann es eine Gemeinsamkeit geben. Erst wenn es Männern genauso erlaubt ist, Schwächen zu zeigen, und ihnen in dieser Schwäche die gleiche Hilfe gegeben wird wie den Frauen, statt verhöhnt zu werden, wird es Gleichheit geben. Sie wird es erst geben, wenn es für Männer die gleichen staatlichen Förderungen gibt, die gleiche Anzahl an Gruppen, Ministerien, Häusern und zur Not Gleichstellungsbeauftragten.

Und umgekehrt: erst wenn Frauen nicht nur gleiche Rechte, sondern auch gleiche Pflichten wie Männer wahrnehmen. Ein klassischer Fall ist der jener Rekrutin, die sich, unterstützt von sämtlichen Frauenverbänden des Landes, Zutritt zur Militärakademie «The Citadel» erstritten hatte, die wegen des harten Drills bis dahin nur Männer aufnahm.

Die Rekrutin gewann und schmiß nach vierzehn Tagen lächelnd das Handtuch. Ein monatelanger hysterischer Streit um Grundrechte, um Patriarchat und Gleichberechtigung – alles nur feministische Propaganda gegen vermutete Männerbünde, alles nur Show. Wer will solche Gleichheitskämpferinnen ernst nehmen?

Erst also, wenn Frauen so selbstverständlich in Todesberufe und Kriegseinsätze gehen wie Männer, erst dann ist wohl die reale Gleichheit hergestellt. Und erst wenn Fernsehen und andere Medien genauso über mißhandelte Männer wie Frauen, genauso über Jungen wie Mädchen berichten, wird die Diskurslüge über männliche Macht und weibliche Ohnmacht verschwinden.

Erst wenn sich Frauen in gleichem Maße den Anforderungen und Repressionen des Arbeitsalltags stellen, und erst, wenn Titelgeschichten über den alleinerziehenden, berufstätigen Mann geschrieben werden, ist Gleichheit hergestellt. Auch dann erst, wenn Väter die gleichen Rechte wie Mütter haben, wenn ihnen im gleichen Maße die Sorge für die Kinder zugesprochen wird. Und erst wenn die Männerbewegung genauso als politische Bewegung etabliert sein wird wie die Frauenbewegung, gibt es Gleichheit.

Und dann? Dann kann man den ganzen Kram abschaffen, die Frauen- wie die Männerhäuser, die Gleichstellungsbeauftragten und all die anderen finsteren Bürokratien. Den ganzen Schwindel in die Luft jagen und da neu anfangen, wo man einmal aufgehört hat: sich in der Andersartigkeit zu achten und zu lieben.

III. Erkundungen im Dschungel

Familien ohne Väter

Im Dezember 1997 brachte das Hochglanzmagazin *Familie &
Co* einen Artikel über Alleinerziehende. Dort, wo man Werbung
für das eigene Titelprogramm vermuten würde, nämlich für die
Familie, war Erstaunliches zu lesen. «Mutter und Kind(er) eine
Familie? Und was ist mit dem Vater? Fehlt da nicht etwas? Wir
meinen: nein!»

Kein Druckfehler. Das steht da so. Weiter: «Kinder ohne Väter werden selbständig, selbstbewußt und lebenstüchtig – sofern
sie in einem liebevollen Umfeld mit einer Mutter aufwachsen,
die ihre Situation als positive Herausforderung betrachtet.»

Mit Recht wundert sich da der Laie. Das ist, als läse man im
ADAC-Magazin: «Braucht man für ein Auto die linken und die
rechten Reifen? Wir meinen: nein! Die linken genügen. Haupt-
sache ist, daß die Situation als positive Herausforderung empfunden wird.»

Der Laie wundert sich noch mehr, weil ihm im übrigen die
Ohren brummen vom Wehgeschrei der Frauenbewegung über
böse Väter, die sich um ihre Kinder nicht kümmern wollen und
die ihren Beruf ernster nehmen als die Familie. Nun stellen wir
fest: Wir brauchen sie gar nicht? Alles Geschrei für die Katz?
Schnee von gestern? Ab sofort kein Traualtar, keine Familiengründung mehr – der Gang zur Samenbank genügt?

Sicher, man muß mildernde Umstände gelten lassen. Ein Blatt,
das «Familie» im Titel führt, hat es schwer in Zeiten, in denen
die Familien zerbrechen. Es muß sich umstellen auf eine neue
Klientel. Rund die Hälfte aller erwachsenen Deutschen leben
mittlerweile in Single-Haushalten, und Ehen zerfallen nach
durchschnittlich fünf Jahren. Familien sind rar geworden, wer-

den immer rarer. Es sind Verluste zu beklagen. Aber müßte man nicht eher die Verluste berechnen, statt die Bilanz in die Gewinnzone hochzurechnen?

Wiederum sind die Käufer derartiger Magazine in erster Linie Frauen, häufig geschiedene Frauen. Und unter denen sind viele, die sich enttäuscht oder feministisch-kämpferisch von ihren Partnern getrennt haben und nun versuchen, ihn auch von den Kindern fernzuhalten, weil sie ihn als Störenfried empfinden.

Vielleicht erfordert es tatsächlich Mut in diesen Zeiten, mit der Feststellung aufzuwarten, daß Partnerprobleme die eine Sache sind, aber eine ganz andere die Elternschaft. Vielleicht ist es tatsächlich ein Risiko, auch der eigenen Kundschaft ein paar unangenehme Wahrheiten zu sagen. Etwa, daß es dem Wohl des Kindes abträglich ist, wenn es am kontinuierlichen Umgang mit dem ausgemusterten Vater gehindert wird.

Diesen Mut bringt *Familie & Co* nicht auf. Es ist sicherer, den Mangel als Ideal zu verkaufen und den Kundendienst so weit zu treiben, daß man familiäre Bruchstücke zum heilen Ganzen erklärt und die Ausgrenzung von Vätern beschönigt.

Dabei geht man nicht ohne suggestives Geschick vor. Illustriert wird die Geschichte mit Fotos. Vier davon zeigen einen Vater mit seinem Kind. Auf zweien davon schimpft oder droht er. Sechs Fotos zeigen intakte Familien mit Vater, Mutter, Kind. Doch demgegenüber stehen 25 Fotos, die Mütter mit ihren Kindern zeigen.

Die Botschaft: Kinder brauchen keine Väter. Sie sind glücklicher ohne sie. Natürlich ist das Stuß, und es ist gefährlicher Stuß, wenn so etwas in einer Familienzeitschrift zu Protokoll gegeben wird, selbst wenn eine Diplompsychologin zitiert werden kann. Für jeden Unsinn findet sich heutzutage ein Diplompsychologe. Man könnte sicher auch welche auftreiben, die Ohrenwackeln oder Nasebohren als Krisenbewältigung empfehlen.

Doch daß dieser Krampf von einer Sprecherin des Diakonischen Werkes wiederholt und ergänzt wird, macht das Ausmaß der gesellschaftlichen Katastrophe deutlich. Susanne Gröne nämlich meint: «Kinder von Alleinerziehenden sind oft selbständiger und damit lebenstüchtiger als Kinder aus sogenannten intakten Familien.»

Daß solche «Expertinnen» im Familienbereich tätig sein, ja, im sensibelsten seelischen und emotionalen Bereich einer Gesellschaft wirken und analysieren dürfen, läßt die Approbationspflicht für Sozialtherapeuten zur Notwendigkeit werden.

Denn eines ist klar und in unzähligen empirischen Untersuchungen belegt und jedem, der noch alle Sinne beisammen hat, unmittelbar einleuchtend: Kinder brauchen ihren Vater. Sie brauchen ein Nest. Sie brauchen die Mutter, und sie brauchen den Vater.

Was sämtliche seriösen Statistiken belegen, hier noch einmal im Klartext: Kinder ohne Väter sind unselbständiger, ohne Selbstbewußtsein, lebensuntüchtiger und irgendwann selbst für die Diakonie, zumindest für deren Vereinskasse, eine reale Gefahr.

Zunächst brauchen sie die Familie als Gesamtheit. Bereits 1995 hat Anneke Napp-Peters in einer Langzeitstudie festgestellt, daß Kinder oft ein Leben lang unter den Folgen einer Scheidung leiden, wenn ein Elternteil ausgegrenzt wird. Noch Jahre später haben «75 Prozent große Probleme, den Alltag zu bewältigen und längerfristige Perspektiven für ihr Leben zu entwickeln. Knapp die Hälfte hat Probleme mit Alkohol und Drogen, einige haben wegen Beschaffungskriminalität bereits vor dem Richter gestanden.»

In fast 90 Prozent der untersuchten Fälle wurde die Scheidung von der Frau eingereicht, denn «gerade für Frauen hat das Zusammenleben in der Institution Ehe als einer lebenslangen Bindung erheblich an Bedeutung verloren». Beziehungsflucht – nicht Notwehr gegen ein Riesenheer plötzlich gewalttätig gewordener Ehemänner, wie die Frauenbürokratie behauptet, sondern eine lässige Lifestyle-Option, die ohne Rücksicht auf Kinder wahrgenommen wird.

Die Gewissensbisse, die sich vielleicht einstellen könnten,

wenn der Jüngste mal wieder beim Klauen erwischt wird, lassen sich ja durchaus besänftigen – mit Artikeln in *Familie & Co*, wo über die selbständigen, vaterlosen Kinder geschwafelt wird.

So können sich die trennungsenthusiastischen Alleinerziehenden zurücklehnen. Sie haben alles richtig gemacht. Familie ist bedeutungslos und die Ausgrenzung der Väter eine «positive Herausforderung». Ihre Kinder sind robust, und sie lernen, sich auch in feindlichen Environments durchzuschlagen. Sie müssen es oft auch – 80 Prozent aller Heimkinder sind Scheidungskinder.

Offenbar hat der hedonistische Zeitehen- und Trennungszirkus so gründlich gewirkt, daß die Londoner *Daily Mail* vom 22. April 1996 eigentlich eine Selbstverständlichkeit zur Schlagzeile erhob: «Nun ist es bestätigt – Scheidung beschädigt Kinder».

Die Zeile war Teil einer publizistischen Kampagne gegen die Family Law Bill, mit der das Auseinandergehen verheirateter Paare erleichtert werden sollte. Das Massenblatt veröffentlichte die Untersuchungen der Joseph Towntree Foundation, die normalerweise eher dem linken Lager zugerechnet wird.

Die Ergebnisse dieser Langzeitstudie mit Teenagern sprachen eine deutliche Sprache. Die Fünfzehnjährigen aus zerbrochenen Ehen wurden doppelt so häufig drogensüchtig wie jene Altersgenossen, die mit beiden Eltern aufwuchsen, Kindern eben aus «sogenannten intakten Familien», von denen die oben zitierte Dame des Diakonischen Werkes so geringschätzig sprach.

Mit achtzehn, so die Studie, waren die untersuchten Teenager aus zerbrochenen Familien dreimal häufiger arbeitslos. Zu diesem Zeitpunkt war knapp die Hälfte der Teenager aus heilen Familien in einer höheren Ausbildung. Bei den Kindern Alleinerziehender betrug der Anteil nicht einmal ein Fünftel.

In Amerika, wo die Scheidungsraten noch dramatischer und die Ausgrenzungen getrennt lebender Väter noch rigoroser sind, hat man das Problem längst als eine der wichtigsten gesellschaftlichen Zukunftsfragen erkannt. «Warum Väter wichtig sind» titelte *Time*-Magazin bereits im April 1995. Und präsentierte ein Zahlenwerk, das klarmachte, warum die Clinton-Regierung das Problem der vaterlosen Gesellschaft zu einer Toppriorität erklärte.

Vaterlos aufwachsende Kinder sind um ein Vielfaches eher dazu bestimmt, zu verarmen, drogensüchtig zu werden, in Gefängnissen zu landen, Vergewaltigungen und andere Gewaltdelikte zu begehen. «Daddy ist wichtig», meinte *US News & World*, und Al Gore, Vizepräsident der Vereinigten Staaten, stellte fest: «Kinder wollen, daß ihr Vater mit ihnen zu Hause ist.»

Selbst die feministischen Mißbrauchsspezialistinnen, die Frauen helfen, mit Hilfe getürkter Vorwürfe ihre Männer aus der Sorge- und Erziehungsverantwortung hinauszubugsieren, und die in jedem Kind, um das sich ein Vater kümmern möchte, ein potentielles Mißbrauchsopfer männlicher Gewalt sehen, sollten besser aufhorchen, wenn sie ihr Wächteramt ernst nehmen. Die Heritage Foundation in Washington hat kürzlich herausgefunden, «daß ein Kind am sichersten (vor Mißbrauch) ist, wenn es mit den biologischen Eltern zusammenlebt, und am wenigsten sicher, wenn eine alleinerziehende Mutter mit einem anderen als ihrem Ehemann zusammenlebt». (Mehr dazu im Kapitel «Die Mißbrauchslüge».)

Die Empfehlung des Instituts: «Den Trend zur Zertrümmerung von Familien umkehren.» Doch auch die Direktorin des «National Centre for Children in Poverty», Jane Knitzer, kommentierte den ansteigenden Trend vaterloser Familien eindeutig als «eine ernsthafte Gefährdung unserer Kinder und unserer Zukunft».

Väter sind in vielerlei Hinsicht wichtig. Eine Studie der Columbia Universität fand heraus, daß sie bei manchen Indikatoren sogar besser abschneiden als Mütter: Die Kinder alleinerziehender Väter geraten nur halb so oft unter die Armutsgrenze als die von alleinerziehenden Müttern.

Zu noch deutlicheren Ergebnissen kommt die Studie des Sozialen Forschungsinstituts, die auf der Ministerratskonferenz in

Stockholm 1995 vorgestellt wurde. Zitat: «Bewältigt der Vater alles genauso gut wie die Mutter? Einige Untersuchungen zeigen, daß es Väter besser bewältigen.»

Mittlerweile hat der väterliche Imagewandel nach Auskunft von Wade Horn, dem Präsidenten der «National Fatherhood Initiative», «die amerikanische Landschaft verändert». Da gibt es die merkwürdige Massenbewegung christlicher Männer, die «Promise Keepers», die zu Hunderttausenden nach Washington gepilgert sind, um öffentliche Schwüre für Familie und Treue abzulegen. Da sind aber auch unzählige lokale Väterinitiativen, die die Rufe nach Verantwortung und Stärkung der «family values» aufgenommen haben.

Selbstkritisch erkannte die amerikanische Regierung, daß in den vergangenen Jahrzehnten über die Förderung von Frauen die der Männer, besonders der Väter, vernachlässig wurde. Im August 1997 ernannte Präsident Clinton einen Sonderbeauftragten für Männerinitiativen, der ihm direkt unterstellt ist.

Während also in den Vereinigten Staaten eine Menge getan wird, Väter aus dem Abseits sozialer Ächtung und Entrechtung herauszuholen, hat sich in Deutschland kaum etwas bewegt. Ausgerechnet die CDU, die als Regierungspartei die «geistig-moralische Wende» versprach, hat tatenlos zugesehen, wie Deutschland – unter dem Frost einer eisigen, feministischen Bürokratie – zur vaterlosen Gesellschaft erstarrt ist.

Frauenverbände, die Müttern helfen, den Weg aus der Ehe zu finden, und Alleinerziehenden mit Rat und Tat zur Seite stehen, haben keine Schwierigkeiten, staatliche Förderungsgelder einzuheimsen. Doch das Bundesministerium für «Familie, Senioren, Frauen und Jugend» fördert keinen einzigen Familienrechts-Verband. Eine entsprechende Anfrage wurde mit dem dürren Hinweis auf das Justizministerium abgetan: «Möglicherweise können Sie dort entsprechende Auskünfte erhalten.» Familie – auch für die CDU-Regierung ein Auslaufmodell.

Dabei sind die Schreckensbefunde über Kinder zerrütteter Familien auch hier längst bekannt. Das Nachrichtenmagazin *Fo-*

cus hatte bereits im Januar 1995 in einer brillant geschriebenen und genau recherchierten Geschichte über das Los der rund zwei Millionen vaterlosen Scheidungskinder berichtet.

«Nachdem es schick geworden ist, Väter als Machos und Machtmenschen, als unsensible, arbeitswütige, haushaltsscheue und mithin entbehrliche Figuren aus dem Kinderzimmer wegzurationalisieren, werden sie plötzlich von der Forschung als VIPs erkannt, als besonders wichtige Leute.»

Die Autorin Christine Brinck nennt die Schreckenszahlen, und sie ergänzt sie durch spezifisch deutsche Beobachtungen. Die vaterlos heranwachsende, gewalttätige Jugend strömt auch dem rechtsradikalen Lager zu – von den vier Lübecker Synagogen-Brandstiftern etwa waren, wie gesagt, alle vier ohne Vater aufgewachsen. Die «Vaterlosen» sind inzwischen, so eine Psychotherapeutentagung in Lindau, als «Problem- und Risikogruppe» definiert.

Väter sind wichtig, selbst diejenigen, die zeitverschlingende Berufe ausüben und daher oft abwesend sind. «Was läßt Kinderherzen schneller schlagen, wenn der Vater nach Hause kommt – egal wie minderwertig ihn die Mutter findet?» fragt die *Focus*-Autorin. «Väter sind anders. Sie lieben anders, sie gehen anders mit ihren Kindern um, nicht nur bei gefährlichen Spielen auf dem Rasen, die Mütter nie riskieren würden. Sie muten schon den Babys anderen Umgang zu, wie ein Verhaltensexperiment in Amerika festgestellt hat: Väter lassen ihre Kleinstsprößlinge beim Ablegen aus größerer Höhe – zwei, drei Zentimeter mehr – in die Wiege fallen als die Mütter.»

Fazit: «Der Vater mit Zeit ist natürlich besser als der ohne, aber überhaupt einen zu haben ist für das Kind das wichtigste.»

Die Reaktion auf den *Focus*-Artikel war überwältigend: Die Redakteurin hatte ein gesellschaftliches Tabuthema angesprochen, und sie diagnostizierte richtig, daß es hier im Grunde weniger um neue Erkenntnisse zu Familie und Kindschaft ging, sondern um ideologische Positionen: «In vielen Fällen löste das Thema einen regelrechten Geschlechterkrieg aus. 90 Prozent der

männlichen Leser schildern Horrorstorys (‹Seit acht Jahren läßt
sie sich alle denkbaren Schikanen einfallen, damit ich das Kind
nicht sehen kann.›) Umgekehrt beschreiben fast ausnahmslos
alle Frauen – knapp 95 Prozent – den einstigen Geliebten als
Monster.»

Die Vaterlosigkeit der Kinder wird oft in Kauf genommen,
um sich am Ehemann oder Partner zu rächen. Denn selbst
Frauen, die den abwesenden Vater beklagen, um ihn nach Trennungen ganz auszugrenzen, wissen eines: Kinder brauchen nicht
nur den Vater – auch die Väter brauchen ihre Kinder. Und sie
leiden bis zur Verzweiflung unter ihrer Ausgrenzung nach einer
Trennung.

Die Freiburger Familienforscherin und Mediatorin Dr. Ursula
O. Kodjoe hat in ihrer Arbeit mit Trennungsvätern ermittelt,
daß in 96 Prozent der von ihr untersuchten Fälle die Männer mit
zum Teil schweren seelischen und psychosomatischen Erkran-
kungen auf die Situation reagieren. Das widerspricht natürlich
dem Klischee des gleichgültigen Vaters, der sich nach der Scheidung aus dem Staube macht. Weshalb Kodjoes Erkenntnisse in
den meisten populären Veröffentlichungen ignoriert werden.

Ganz besonders leiden Väter, wenn sie spüren, wie ihre Kinder gegen sie aufgebracht werden und irgendwann regelrecht beginnen, den Vater zu hassen. Gemeinsam mit Rechtsanwalt Dr.
Peter Koeppel, einem der herausragenden deutschen Kind-
schaftsrecht-Spezialisten, legte Kodjoe zu Beginn des Jahres eine
Schrift über das «Parental Alienation Syndrome» (PAS) vor.

Das Syndrom bezeichnet die Hinwendung des Kindes zum
«guten» Elternteil und die kompromißlose Ablehnung des «bösen» Elternteils; denn oft werden Kinder vom alleinerziehenden
Elternteil gegen den ausgegrenzten Elternteil beeinflußt und auf-
gehetzt, in den meisten Fällen also von der alleinerziehenden
Mutter gegen den Vater.

Die traumatischen Loyalitätskonflikte, in die das Kind durch
derartige Gehirnwäsche gestürzt wird, rufen schwere seelische
Schäden hervor. Ja, das Kind wird zum «Schauplatz», auf dem

sich Besitzansprüche, Wut, Habgier, sogar Paranoia und Destruktion des alleinerziehenden Elternteils austoben.

Die Gesetzgeber in den Vereinigten Staaten haben die Ergebnisse dieser Forschung bereits in die Praxis übernommen. Die Kindesanhörung vor Gericht etwa muß schnellstmöglich nach der Trennung der Eltern erfolgen, um die Möglichkeit zur Manipulation zu reduzieren. Die Richter müssen nachweisen, daß sie Aussagen im Licht der PAS-Forschung bewerten können.

In Kalifornien und Utah, wo die gemeinsame elterliche Sorge der Normalfall ist, erhält bei Konflikten nur der Elternteil die alleinige Sorge, der den freien und häufigen Umgang mit dem anderen Elternteil am ehesten garantiert und dadurch PAS vermeidet.

Dr. Kodjoe will die Ergebnisse ihrer eigenen Arbeit nicht als Polemik gegen die alleinerziehenden Mütter verstanden wissen. Sie richtet sich mit ihren Bedenken eher an ein Justiz- und Beratersystem, das dem PAS Vorschub leistet, statt es zu bekämpfen. Jedes Urteil, das die Ausgrenzung eines fürsorglichen Vaters zementiert, ist ein Verbrechen am Vater – und am Kind.

Wie kaputt muß ein ideologisches System sein, das solche Erkenntnisse ignoriert, das Statistiken verbiegt und den gesunden Menschenverstand travestiert, nur um Munition im Scheidungskampf zu gewinnen? Wie zynisch eine feministische Argumentation, der das Glück des Kindes gleichgültig ist, nur um Mann und Familie zu bekämpfen und die sich am Ziel glaubt, wenn das Trennungskind schließlich sagen lernt: «Ich hasse Papa.»

Eine Trennung behebt schließlich den Partnerkonflikt nicht. Sie eskaliert ihn, bisweilen zu einer erbarmungslosen Vernichtungsschlacht, in der ohne Rücksicht auf die Kinder gekämpft wird. Daß das Credo der letzten Jahrzehnte – schnelle Trennung als Heilmittel – Betrug an Kindern ist, hat sich bei Forschern längst herumgesprochen.

In einer Langzeitstudie hat die amerikanische Scheidungsforscherin Judith Wallerstein herausgefunden, daß es sich lohnt, statt dessen für die Erhaltung einer Ehe zu kämpfen. Und daß selbst schlechte Ehen für den Nachwuchs besser sind als die schnelle Scheidung.

Paradoxerweise wissen das auch Paare, die sich trennen. Sie entwickeln Schuldgefühle. Um diese zu besänftigen, stilisieren sie nachträglich ihre Beziehung zum wahren Inferno. Gerade die Übertreibungen, die man vor Gericht hört, sind der Beweis, daß es diese Skrupel noch gibt. Man versucht sie nur zu übertönen.

Deshalb wird heutzutage jede Trennung zur dramatischen Befreiungstat, sogar zur Notwehr hochgelogen. In vielen Scheidungsverfahren geht es plötzlich um eheliche (männliche) Gewalt, um eine nicht länger hinzunehmende Marter.

Eine andere Strategie zur Bewältigung dieser Schuldgefühle bei einer Trennung wurde bereits eingangs erwähnt: mit einem immensen Aufwand an stützenden Theorien zu erklären, daß eine Scheidung für Kinder nicht schlimm, eigentlich die bessere Lösung sei. Schließlich würden sie auf diese Art selbständiger.

Trauriges Gestammel. Aus dem Beziehungsgefummel der Spätachtundsechziger hat sich eine Kultur sanktionierter Polygamie entwickelt, die nach dem Muster «Zusammenleben – Heirat – Scheidung – Zusammenleben – Wiederheirat» verläuft. Und heute sitzen sie traurig und grimmig mit dem dritten Ehepartner über ihrem Bier, während der Junge draußen Automaten knackt, blicken über die Fernsehillustrierte hinweg aneinander vorbei und murmeln «Schon das neue Buch von XY über das Glück von patchwork-families gelesen? Saugeil irgendwie!»

Während bei uns Therapeutinnen trennungswillige Frauen zu ihrer neuen «Individualisierung», ihrem neuen «Lebensmut» beglückwünschen, ist man in den USA ehrlicher. Und weiter.

Dort gibt es eine ganze Palette von familiären und ehelichen Durchhalte-Ermunterungen. Etwa das «Eheerhaltungsprojekt» der Scheidungsanwältin Lynne Gold-Bikin, die es satt hatte, mit anzusehen, «daß die Leute nicht bedenken, was sie da tun».

Sie tourt durch die Schulen und bringt den Kids bei, was diese zu Hause längst nicht mehr lernen können: wie man Beziehungen aufrechterhält. In Rollenspielen und Unterrichtsstunden über die Konsequenzen mörderischer Scheidungsschlachten erleben die Heranwachsenden hautnah, daß es sich lohnen könnte, nicht bei dem ersten Streit auseinanderzulaufen.

Mittlerweile interessieren sich lokale Verwaltungen und Betriebe für Gold-Bikins Trainingsprogramme. Denn längst haben auch Volkswirtschaftler die immensen finanziellen Folgekosten der Scheidungswut errechnet. Die Stadtwerke von Los Angeles, so der *Focus*-Report, haben bereits reagiert: Es gibt umfangreiche Väterprogramme, von kostenlosen Beepern für werdende Väter auf Montage bis zum Vaterschaftsurlaub.

Bereits in den dreißiger Jahren wurden in Kalifornien «conciliation services» eingeführt, die den Scheidungsgerichten angeschlossen waren. Damals war der Gedanke der Eheberatung vorherrschend. Als statt des Versöhnungsgedankens die Scheidungsregelung und die Frage des Sorgerechts allgemein dominierten, wurde hier Mediation praktiziert – eine gütliche, außergerichtliche Trennungsregelung durch unabhängige Dritte.

Seit 1973 wurde es zur Pflicht, sogenannte «conciliation courts» zu besuchen, die durchschnittlich 85 Prozent strittiger Sorgerechtsfälle regeln – zugunsten der Kinder, mit verbrieften Umgangsrechten für den getrennt lebenden Elternteil, meist eben die Väter.

Mittlerweile machen Familiengerichte darüber hinaus therapeutische «Grill-Stunden» zur Pflicht für Trennungswillige. Sie müssen sich die Schreckensstories derjenigen anhören, die eine Scheidung hinter sich haben: Erzählungen von nervlichen Zerrüttungen und wirtschaftlichen Katastrophen, von Kindern, die verhaltensauffällig werden, und Erwachsenen, die selten in glückliche neue Bindungen finden.

Solche Sitzungen dauern sechs bis acht Monate und führen auch bei denjenigen, deren Ehesituation hoffnungslos verfahren ist, zumindest zu «sanften Scheidungen» – Trennungen ohne Kriegsgeheul und Rachsucht, vernünftige Lösungsprozesse und Verständigung vor allem über die fortbestehende gemeinsame Verantwortung für den Nachwuchs. In manchen Fällen ist es der

Vermittler selber, der den Vertrag über Sorgerecht und Unterhaltshöhe aufsetzt.

Selbst um die Väter, die sich vor ihrer Verantwortung drücken und freiwillig aus dem Leben von Frau und Kind verschwinden, kümmert man sich anders. Das «Institut für verantwortliche Vaterschaft und Familie» in Cleveland bemüht sich seit fast zwei Jahrzehnten um pflichtvergessene Väter.

Bei uns beschränkt man sich jedoch darauf, säumige Zahlväter mit Detektiven und Polizeibeamten zu jagen – dort gibt es therapeutische Interventionen, die die Dramen von Vätern, die sich absetzten, ernst nehmen. Mit Erfolg: Rund 2000 von ihnen wurden wieder mit ihren Kindern zusammengebracht.

Väter sind anders, als es das bequeme Klischee will, wie auch das Deutsche Jugendinstitut herausgefunden hat. Knapp 40 Prozent der befragten Männer, die oft vom beruflichen Existenzkampf absorbiert sind, gaben sich familienorientiert. Autor Jürgen Sass: «Sie haben die Familie als wichtigsten Bezugspunkt angegeben.»

Der wissenschaftliche Referent des Jugendinstituts, Dr. Carsten Rummel, will jetzt eine Initiative für Schulen gründen, die, ähnlich wie in Kalifornien, schon Teenagern beibringen soll, daß sich das Durchhalten bei Beziehungskrisen lohnt.

Daß Kinder an ihren Vätern, Väter aber auch an ihren Kindern hängen, ist eine Erkenntnis, die nach den Rasereien der letzten Jahrzehnte besonders auch in den Institutionen der Scheidungsgesellschaft, den Gerichten und Behörden, neu etabliert werden muß.

Sie müssen neu sensibilisiert werden für die Erkenntnis, daß nicht wenige Frauen Väter deshalb ausgrenzen, weil sie wissen, daß diese ihre Kinder lieben und Kontaktverbote die Väter krank machen. Sie wissen: Ihre männlichen Gegner sind verwundbar. Sie treffen ihren empfindlichsten Punkt.

Welche Vernichtung ist totaler, als einen liebenden Vater zu entfernen und ihn zu zwingen, Gutachten über seine Vaterliebe einzufordern – die ihm dann letztlich doch nicht helfen?

① nicht Zwingofe

② erfochten nicht unerlebe

Welche Kapitulation schließlich ist gründlicher als jene, nach Jahren zermürbenden Kampfes gegen eine Mutter, die den Umgang boykottiert, aufgeben zu müssen. Viele Anwälte raten von vornherein dazu, gar nicht erst zu kämpfen. Väter verlieren vor Gericht fast immer. Doch selbst wenn sie dort gewinnen sollten, sorgt ein schleppender Vollzug und eine weibliche Jugend-Bürokratie dafür, daß sie doch verlieren.

Doch selbst die Väter, die sich schließlich das Recht erfochten haben, ihre Kinder jedes zweite Wochenende zu sehen, sind nur noch bessere «Onkel». Sie sind, so Judith Wallerstein, «Elternteile ohne Portefeuille».

Rechtsanwalt Koeppel empfiehlt daher den Vätern, nach einer Trennung für eine längere Zeitspanne – ein halbes oder ein ganzes Jahr – die Alleinversorgung des Kindes zu übernehmen. «Das wäre erstens fürs Kind sehr gut, weil es so den Vater besser kennenlernt. Zweitens kann der Vater sein emotionales Bedürfnis befriedigen, sein Kind aus der Nähe zu erleben. Drittens ist es für die Mutter eine große Entlastung. Sie kann zum Beispiel Weiterbildung machen.»

Es wäre vernünftig. Aber was zählt Vernunft schon in den Territories? Dort ist das Kind eine Geisel im Kampf gegen den Mann, und der ist brauchbar nur als Zahlvater.

Die Territories machen bereits mobil gegen das neue Kindschaftsrecht, das nun die gemeinsame Sorge ohne Sonderantrag ermöglicht. Sie empfehlen ihren Klientinnen die einseitige Kündigung dieser Regel. Und sie tun es so massiv, daß selbst die eher frauenbewegte Autorin des neuen Kindschaftsrechts, Margot von Renesse, in einem Brief an einen Vater genervt ihre Kapitulation eingestehen mußte.

Das neue Kindschaftsrecht sieht zwar das gemeinsame Sorgerecht vor – doch dieses ist jederzeit durch eine streitbare, uneinsichtige Mutter kündbar. Einem dagegen protestierenden, getrennt lebenden Vater schrieb die ehemalige Familienrichterin, immerhin Mitglied der rechts- und innenpolitischen Kommission der SPD: «Etwas anderes ist derzeit politisch nicht durchsetzbar.»

In einem einsichtigen Interview mit der FAZ verteidigt sie die gemeinsame elterliche Sorge als evident vernünftig und richtig. «Eltern können sich in ihrer Eigenschaft als Eltern nicht scheiden lassen.» Kinder brauchen beide, «und sie sollen die Verbindung zu beiden Eltern behalten, da sie von beiden abstammen und die korrigierenden Erfahrungen bei dem jeweils anderen Elternteil brauchen».

Als Familienrichterin weiß sie, wie niederschmetternd ein Umgangsboykott auf den ferngehaltenen Vater, das ferngehaltene Kind wirkt. Sie weiß auch, daß die «praktisch begründungslose Kündigung der Elternstellung durch den alleinerziehenden Elternteil verfassungswidrig» ist. Sie weiß, daß nahezu bei jedem Umgangsboykott Recht gebrochen wird. Dennoch gesteht sie, daß Sanktionen gegen solche Frauen und ein verbrieftes, unerschütterliches Recht für Väter «nicht durchsetzbar» sind.

Sie weiß, daß der fortgesetzte Zynismus der Gerichte die Väter zu immer verzweifelteren Kämpfern macht. Für sie ein Prozeß der «Brutalisierung». Sie kennt die Verhöhnungsspirale, in der ein Vater, der um sein Kind kämpft, als «feindselig» angesehen wird – gerade weil er um sein Kind kämpft. Und daß die Gerichte zum «Kindeswohl» gegen Väter entscheiden, obwohl genau dieses Kindeswohl durch einen störungsfreien, gesetzlich gesicherten Umgang mit dem Vater erheblich gefördert würde.

Nicht nur sie weiß es. Alle wissen es: die Gesetzgeber, die Behördenvertreter, die Jugendamtsangestellten. Doch keiner handelt, weil sich niemand anlegen möchte mit einem Gegner, der sich fest etabliert hat. Die Territories sind mächtig.

Ohne diese Macht zu brechen, wird die Gesellschaft auf einen Abgrund zutreiben. Kinder, als Geiseln im Geschlechterkampf mißbraucht, werden auf Dauer seelisch verkrüppelt. Noch einmal die amerikanischen Ergebnisse, zum Auswendiglernen für alle Diplompsychologinnen und Diakonie-Mitarbeiterinnen, für die man sich oft nützlichere Arbeitsgebiete vorstellen kann als den Familienbereich. Vielleicht Ackerarbeit. Auf dem Mond.

Also, noch einmal: Kinder, die ohne Väter aufwachsen, sind

- 5mal mehr gefährdet, Selbstmord zu begehen
- 32mal mehr gefährdet, von zu Hause wegzulaufen
- 14mal mehr gefährdet, Vergewaltigung zu begehen
- 9mal mehr gefährdet, frühzeitig aus der Schule auszusteigen
- 10mal mehr gefährdet, Drogen zu nehmen
- 9mal mehr gefährdet, in einer Erziehungsanstalt zu landen
- 20mal mehr gefährdet, sich im Gefängnis wiederzufinden
- 33mal mehr gefährdet, ernstlich körperlich mißhandelt zu werden
- 73mal mehr gefährdet, Opfer tödlichen Mißbrauchs zu sein. Alles klar?

Die Unterhaltslüge

Vergeblich hatte Walter M. versucht, mit seiner Frau zu einer vernünftigen Umgangsregelung für den gemeinsamen Sohn zu kommen. Aber sie hielt sich nicht an Absprachen. Mal war der Kleine krank, mal war sie mit ihm verreist, wenn er ihn abholen wollte. Wochenlang hatte er seinen Sohn nicht gesehen. Schließlich wandte er sich ans Jugendamt, wo er auf Unterstützung hoffte. Die Sachbearbeiterin war perplex, als er auftauchte. «Was wollen Sie denn hier?» fuhr sie ihn an. «Sie haben den Unterhalt doch schon überwiesen.» Der Fall war für sie erledigt: Die Frau hatte das Kind, und der Mann zahlte regelmäßig Unterhalt. Alles in Butter.

Unterhalt ist das zentrale Scharnier des feministischen Familiendiskurses. Unterhalt tritt dann in Kraft, wenn eine Ehe zerbrochen ist. Da statistisch jede zweite Großstadtehe nach relativ kurzer Dauer zerbricht, und zwar zu über zwei Dritteln auf Initiative der Frau, wird viel an Unterhalt bewegt. Die männliche Seite unserer Scheidungsgesellschaft verschmilzt zu einer Art Gesamtarbeitgeber, der Milliarden aufbringt, um die weibliche Hälfte der Gesellschaft zu alimentieren.

Jede Frau, die sich scheiden läßt, erwirbt sich – durch ebendie Scheidung – einen Unterhaltsanspruch. Die Qualifikation für diese finanzielle Zuwendung dauert ungefähr so lange wie eine Friseurlehre. Sie ist in einer etwa drei Jahre dauernden Kurzehe erworben. Doch die Gratifikation nach Abschluß dieser «Ausbildungszeit» ist in vielen Fällen weitaus höher.

Eine Friseuse muß Haare schneiden und Dauerwellen legen. Eine Frau, die einen Unterhaltsanspruch hat, muß es nicht. Im Gegenteil. Sie ist gut beraten, das genau nicht zu tun; denn nur wenn sie nicht arbeitet, fließt der Unterhalt in voller Höhe. Es ist also weitaus lukrativer für eine Frau, zur Friseuse zu gehen, als selber eine zu werden. Der Gesetzgeber begründet das so: Schließlich hat sie die Sorge für die Kinder, die in einem staatlichen Kindergarten von staatlich finanzierten Kindergärtnerinnen beschäftigt werden. Sie kann also nicht arbeiten gehen, sondern allenfalls zum Friseur.

Nicht nur Ehefrauen erwerben sich Unterhaltsansprüche, sondern auch jene, die den Mann nur als Zeuger wollen. Die Zeitschrift *Focus* berichtete über den Kölner Jungunternehmer Kai M., dem nach einer losen Liaison der Laufpaß gegeben wurde. Als Abschiedsgeschenk eröffnete ihm die emanzipierte Freundin: «Ich bin schwanger, aber ich will dich gar nicht, nur das Kind.»

Allerdings wollte sie mehr – und bekam es auch: drei Jahre «angemessenen Unterhalt» von einem Vater, der keiner werden wollte, für eine Frau, die ihn heimlich auch nie als solchen, sondern nur als Versorgungsunternehmen eingeplant hatte. Drei Jahre lang zahlt der Betrogene bis zur Hälfte seiner Einkünfte an die Betrügerin.

Unterhalt ist ein Euphemismus. Auf ihm liegt der sozialdemokratische Zauber, den auch Wohlfahrtsstaatsbegriffe wie «13. Monatsgehalt», «Krankengeld», «Urlaubsregelung» etc. ausüben. Er bezeichnet für Frauen irgend etwas, auf das sie Anspruch haben, weil sie Frauen sind. Unterhalt – nicht etwa mehr oder minder hart erarbeitetes Geld des Mannes, sondern weibliches Geburtsrecht. So etwas wie die Menschenrechte. Um den Unterhalt dreht sich alles.

Einst bezeichnete Unterhalt die Zuwendung, die eine Frau erhielt, der der Mann weggelaufen war. Die Unterhaltszahlung diente damit als moralische Strafe für den Mann und als Rachetrost für die Zurückgelassene. Gesetzliche Strafen für Frauen, die die Ehe verlassen, wurden nie erwogen.

Allerdings hatte sie bei ehelicher Untreue ihren Anspruch auf Unterhalt verwirkt. Doch mit der Aufhebung des «Schuldprinzips» in der Rechtsreform von 1977 wurde selbst das geändert. Nun kann jede Frau praktisch tun und lassen, was sie will. Sie kann gegen Loyalität und eheliche Treue verstoßen. Die Regel gilt: Der Mann zahlt fast immer.

Heute also bezeichnet Unterhalt vielfach die Summe, die eine Frau mit Hilfe eines Kindes aus ihrem Mann herausschlägt, bevor sie sich einem anderen zuwendet. Eine lebenslange Luxussteuer, die ein Mann für den fatalen Irrtum entrichtet, den Wunsch gehabt zu haben, mit ihr eine Familie zu gründen.

Autorin Gaby Hauptmann witzelt in einem *Stern*-Interview: «Nach drei Scheidungen muß es sich eine Frau einfach leisten können, einen Porsche zu fahren. Sonst hat sie was falsch gemacht.» Frauen lieben ihr Buch «Suche impotenten Mann fürs Leben» – ein Mega-Bestseller. Eine Schwarte, die gleichermaßen gutmütige Männer verspottet wie jene Frauen, die ihre Ehe immer noch nicht als zeitlich begrenzte Wegelagerei begreifen wollen.

Der Unterhaltsanspruch ist zur Vielzweckwaffe geworden, zum Beispiel für all jene, die sich rächen wollen. Die Leitfäden für die moderne Frau lassen die Elendsgeste, mit der Unterhalt normalerweise eingefordert wird, längst fallen wie eine überflüssig gewordene Attrappe. Etwa: «Er hat sie gekränkt. Kein Grund zum Schmollen. Die bessere Alternative: Treffen Sie ihn an seiner empfindlichsten Stelle: zahlen soll er!»

Das empfiehlt *Cosmopolitan*-Autorin Lena Kirchberg unter der Rubrik «Rachestrategie». Die moderne Frau mag es nun

mal nicht, gekränkt zu werden. Sie hat dann das Recht zur Vernichtung. Sie muß nur noch aufpassen, daß ihr der Kerl nicht
vor der Zeit unter den Qualen wegstirbt: «Dem Spiel sind natürlich Grenzen gesetzt. Soviel Geld hat er nämlich nicht. Irgendwann ist der Geschröpfte erschöpft. Daumenschrauben lassen sich fester ziehen. Und Forderungen lassen sich hinauf-
schrauben. Gnadenlos. Aber lustvoll.»

Das Wort Unterhalt birgt mehrere Lügen. Es ist geschlechts-
und rollenneutral, obwohl in Wahrheit fast ausschließlich Männer die Leistungsgeber und Frauen die Nutznießer sind. Es
klingt nach kurzfristiger Überbrückungsleistung, obwohl es in
Wahrheit eine dauerhafte Leibrente ist. Und es klingt nach barer
Überlebensnotwendigkeit, so als sei Unterhalt die einzige Möglichkeit, eine getrennt lebende Frau vor der Not zu bewahren.

Zunächst bedeutet die Unterhaltszahlung Härte für denjenigen, der arbeitet. Ein Schichtarbeiter, der vor der Scheidung
5000 Mark verdient hat, wird nach der Scheidung nur noch
knappe 1500 Mark für sich selber behalten können. Den Rest
hat er an seine Frau und – in Form erhöhter Steuern – an den
Staat abzuführen. Er liegt damit knapp über dem Sozialsatz.

Seine Frau käme auch ohne seine Hilfe auf den gleichen Tarif,
rechnet man die staatlichen Zuwendungen zusammen: Sozialhilfe, Kindergeld, Erziehungsgeld, Unterhaltsvorschuß, das alles
bei mietfreiem Wohnen. Selbstverständlich übernimmt der Staat
Kranken- und sonstige Versicherungen. «Man lebt nicht
schlecht als Alleinerziehende», versichert Tonia B., die auf einem Berliner Spielplatz mit anderen Alleinerziehenden in der
Nachmittagssonne sitzt.

Sie alle wissen: Der Staat schützt sie. Diejenigen aber, von
denen sie sich getrennt haben, bestraft er doppelt. Nun sollen
die Männer die Familien, die ihnen genommen wurden, weiter-
ernähren, und werden zusätzlich besteuert wie ledige Singles.

Da ist der Jungmanager Jürgen S., dessen neue Lebensgefährtin mich anrief. Von den 17 000 DM brutto, die er verdiente,
blieben ihm ganze 3000. Nun ist er arbeitslos. Wäre er noch ver-

Fallbeispiele nicht genug!

heiratet, stünde ihm der Höchstsatz von 3600 Mark Arbeitslosengeld zu. Als geschiedener, unterhaltspflichtiger Vater erhält er dagegen nur 2400 Mark. Seine Frau? Natürlich arbeitet sie nicht. Erstens ist Rache süß und zweitens das Nichtstun noch viel süßer.

Im sozialpolitischen Familiendiskurs wird so getan, als gäbe es das alles nicht. Als stürze ein Mann seine geschiedene Frau ins Elend, sollte er ihr – aus welchen Gründen auch immer – die Unterhaltszahlung verweigern. Es gibt gute Gründe dafür. Doch dazu später.

Zunächst einmal: Warum sollten Frauen, die sich von ihrem Mann getrennt haben, nicht arbeiten gehen? Der Gesetzgeber immerhin meint, daß auch Frauen arbeiten sollten, wenigstens irgendwann, dann zum Beispiel, wenn die Kinder vierzehn Jahre alt sind. Doch selbst dagegen machen Frauenverbände derzeit mobil.

Komisch. Als ob eine Frau nicht arbeitsfähig wäre. In der DDR etwa gab es bei Scheidungen keine Unterhaltsverpflichtung des Mannes, und es ist nicht bekannt, daß Frauen dort verelendeten. Ganz einfach: Sie arbeiteten, weil sie mußten, und das war durchaus von Vorteil. Kathrin Rohnstock, Autorin des Buches «Ost-westlicher Diwan», erinnert sich, daß Liebesbeziehungen im Osten aus einem einzigen Grund freier und romantischer waren: «Die Ehe hatte im Osten weitgehend ihre materielle Versorgungsfunktion verloren.» Abzocken hat nie eine Rolle gespielt, weil es nicht ging.

Fest steht doch: Auch die Alleinerziehenden, deren Kinder in Kindergärten und Horteinrichtungen unterkommen, können berufstätig sein. Und viele sind es auch, weil sie entdecken, daß Arbeit Teil der Identitätsgewinnung ist, ein Schritt zur inneren Emanzipation. Doch die Mehrheit will davon nichts wissen.

Eine Mehrheit von alleinerziehenden Müttern erschleicht sich fortdauernden Unterhalt, und sie setzen ohne Skrupel ihre Kinder als Joker ein. Da ist der Hamburger Versicherungsunternehmer Rainer N. Seine Frau trennte sich von ihm und lebt nun mit

ihrem neuen Lebensgefährten in N.s Haus. Die beiden sechs-
und achtjährigen Kinder leben die Hälfte des Monats bei ihm,
doch er zahlt regelmäßig Unterhalt, denn schon in der Tren-
nungsphase hatte seine Frau einen gutdotierten Job bei der Post
aufgegeben und sich eine Abfindung auszahlen lassen.

«Nun sitzt sie in meinem Haus und lackiert sich die Fuß-
nägel.» Doch Rainer N. ist gut beraten, die Einigung nicht in
Frage zu stellen. Seine Frau hatte unmißverständlich angekün-
digt, daß sie dann das alleinige Sorgerecht beantragen und er
seine Kinder womöglich nicht wiedersehen werde.

Arbeitsverweigernde Alleinerziehende verlassen sich auf die
Alimentierung durch den Exgatten oder den Staat. Sie schützen
Krankheit vor. Sie verschleiern Schwarzeinkünfte. Statt Arbeit
aufzunehmen, buchen sie Fortbildungskurse und brechen sie
wieder ab. Ihnen ist klar: Würden sie arbeiten, würden sie damit
gleichzeitig auch den verhaßten Ex von seiner Unterhaltsverpflichtung ganz oder teilweise befreien.

Und das wollen viele einfach nicht. Denen, die es tun, rufen
Frauenberaterinnen zu: «Sei doch nicht blöde.» Mittlerweile
gilt als feministischer Verrat, einen Mann nicht abzuzocken.
Den Mann, oder wenn er abgeschröpft ist, den Staat.

Englands neue Lichtgestalt, Premierminister Tony Blair, ließ
errechnen, daß dem Staat jährlich rund vier Milliarden Pfund
durch betrügerisch erschlichene Sozialleistungen verlorengehen,
genug, um damit 100 Krankenhäuser zu bauen. Er beschloß radikale Abhilfe. Künftig solle jeder gesunde Erwachsene, der
staatliche Hilfe kassiert, auch dafür arbeiten.

Blair bezog ausdrücklich die alleinerziehenden Mütter mit
ein. Wie zu erwarten, kam der erbittertste Widerstand gegen
sein Programm von der feministischen Lobby innerhalb seiner
eigenen Partei.

Blair jedoch handelt, während die deutsche Lösung immer
noch die der Treibjagd auf Väter ist, die keinen Unterhalt zahlen. Kampagnen gegen Männer gibt es zuhauf. Doch noch immer wartet man vergeblich auf eine staatliche Kampagne, die

sich gegen betrügerisch erschlichenen Unterhalt durch alleinerziehende Mütter richtet.

Im Gegenteil. Margot von Renesse, Rechtsexpertin der SPD,
signalisierte kürzlich ihrer Klientel, daß sie weiter an der Ver-
abschiedung eines Gesetzes arbeitet, das bisher am Widerstand
der CDU gescheitert ist: dem zeitlich unbefristeten Betreuungs-
Unterhaltsanspruch der Mutter. Diese soll weiterkassieren, auch
wenn die Kinder älter als vierzehn Jahre sind. Im Klartext
signalisierte sie: Ihr, liebe Schwestern, werdet nie selber arbeiten
gehen müssen, der abgehalfterte Mann zahlt bis an sein Lebens-
ende.

Frauen, so argumentieren Feministinnen, seien chancenlos
auf dem Arbeitsmarkt. Es gäbe nicht genug Teilzeitarbeit.
Längst haben Erhebungen ermittelt, daß die Wahrheit anders
aussieht. In einer von dem Magazin *Focus* im November 1997
zitierten Untersuchung wurden Frauen gefragt, was ihnen lieber
sei: mehr Möglichkeit zur Teilzeitarbeit oder mehr Geld vom
Staat? Nur 6 Prozent hatten Interesse an der Arbeit. Aber insgesamt 60 Prozent wollten mehr Staatsknete.

Nun, so argumentieren Frauenrechtlerinnen, könne man
Frauen schlechtbezahlte Service-Berufe nicht zumuten. Doch:
Hat man je einen Straßenfeger, einen Möbelpacker, einen Feuer-
wehrmann nach der Zumutbarkeit seiner Arbeit gefragt?

Das geisterhafte feministische Argument im Hintergrund lautet: Wenn wir überhaupt arbeiten sollen, dann, liebe Gesetzgeber, sorgt gefälligst dafür, daß wir in feinen Jobs beschäftigt
werden. So fällt Journalistinnen, die periodisch die Frauenfeind-
lichkeit der Redaktionen beklagen, bei denen sie gutes Geld verdienen, immer nur der gleiche Themenvorschlag ein: «Mehr
Frauen in die Chefetage». Vielleicht, liebe Kolleginnen, gibt es
doch einen anderen Weg dorthin als den der Quote. Nämlich
Leistung.

Seit der Gesetzgeber Scheidung und Kindersorge als Königs-
weg zu einem eigenen Gehalt für Frauen etabliert hat, ist der
Leistungsgedanke verkümmert. Gleichzeitig haben Frauen den

Mann nach einer Scheidung, ganz im klassischen marxistischen Sinn, völlig auf seinen Tauschwert reduziert, haben ihn entpersönlicht und quantifiziert. Seine Vaterrolle ist nur noch die Summe auf einem Überweisungsscheck. Und er hat nur dann Chancen, sein Kind gelegentlich zu sehen, wenn er regelmäßig überweist.

Er soll selbst bei «schwerwiegendem Fehlverhalten» der Mutter weiterzahlen müssen. Bisher droht der Gesetzgeber der Frau, etwa bei willkürlichem Umgangsboykott, bei rufschädigenden Rachekampagnen oder ähnlichem, ihren Unterhaltsanspruch zu verwirken. Es ist ein letzter, papierdünner Schutz des Mannes vor Schikanen einer Exfrau.

Nach Vorstellung von Sozialdemokraten soll sie in Zukunft alles tun dürfen – Männe zahlt trotzdem. Klar, daß Renesse ihre Reform dem eigenen Lager als «ganzheitlich feministisch» anpreisen konnte.

Die unappetitlichste Lüge im ganzen Unterhaltsstreit aber ist der moralische Hinweis auf das Los der Kinder. Mit dem Unterhalt würden getrennt lebende Väter deren Schicksal verbessern.

Zunächst einmal dient der Unterhalt einzig und allein der Ausstattung der Frau. Selbst der Kinderunterhalt wird vielfach von der Frau verkonsumiert. Nach der Düsseldorfer Tabelle etwa liegt der Höchstsatz knapp unter tausend Mark – welches dreijährige Kind verbraucht 1000 Mark im Monat, selbst wenn jeden Tag ein neuer Power-Ranger gekauft wird?

Bisweilen sind der Phantasie nach oben keine Grenzen gesetzt, wie im Falle des Filmstars van Damme, dessen Frau sich wegen «seelischem und körperlichem Mißbrauch» von ihm trennte. Neben dem Unterhalt wurden ihr von einem Richter in Los Angeles 27 000 Dollar Kindergeld zugesprochen. Monatlich.

Vor Gericht sind Kinder ein psychologisch wirksames Faustpfand, und sie werden genutzt. Als der Tübinger Arzt W. im Januar 1998 eine Unterhaltsminderung beantragte, weil er die monatlichen 6400 Mark an seine Frau nicht mehr aufbringen konnte, staunte er nicht schlecht. Seine Frau hatte die zehnjährige

Tochter Lucia in die Verhandlung mitgebracht. Er protestierte vergeblich bei der Richterin. So durfte W.s Tochter den Vater als ebenjenen hartherzigen Knauserer erleben, über den Mama sich immer furchtbar aufregen muß.

Die Ärztin, die ihn da in den letzten acht Jahren in insgesamt 41 Prozesse verwickelte, mehrfach pfänden ließ und in einer von ihm finanzierten Villa lebt, ist selber keine Verarmte – allerdings hatte sich ihr in die Ehe eingebrachtes Vermögen wundersam an die Minusgrenze gerechnet. Natürlich arbeitet sie nicht mehr. Ihre Arbeit besteht aus Schriftsätzen und Verhandlungen.

Mit ihren Unterhaltsrechten nehmen es diese Frauen sehr genau. Von ihren Unterhaltspflichten dagegen wollen sie selten etwas wissen. Tatsächlich gibt es Väter, die das Sorgerecht haben und die von ihren berufstätigen Frauen alimentiert werden müßten. Doch hier sind Vermögensverschleierung und Unterhaltsverweigerung selbstverständlich. Nach Auskunft eines Trennungsberaters liegt der Anteil der Mütter, die Unterhalt verweigern, «bei fast hundert Prozent – die sehen nicht ein, daß sie zahlen sollen, wenn sie sowieso nichts von ihrem Kind haben».

Als *Bild* unter dem Titel «Schämt euch, Männer!» einen Kommentar zur «laxen Zahlmoral» von geschiedenen Vätern brachte, wurde die Redaktion mit Briefen überschüttet, die auszugsweise auch abgedruckt wurden. Briefe von wütenden Männern, deren unterhaltspflichtige Frauen sich wie selbstverständlich weigern zu zahlen. Peter H. aus Berlin, einer für alle: «314 Mark sollte meine Ex-Frau für unsere Tochter (11) zahlen. Plötzlich war sie arbeitslos! Keinen Pfennig hat sie seit der Scheidung bezahlt!»

Doch in der Unterhaltslüge ist nur vom bösen Mann die Rede, der die junge Frau mit fünf Kindern sitzenläßt und in den Untergrund geht. Und die Lüge funktioniert prächtig. Der verengte weibliche Tunnelblick aufs Geld blendet alle anderen gesellschaftlichen Probleme aus.

Die bezeichnendste Reaktion auf den *Spiegel*-Artikel, in dem die Ausgrenzung der Väter von der Kindessorge verhandelt wurde, war daher eine asymmetrische Verschiebung der Diskussion auf unterhaltssäumige Väter.

Es kamen Rufe wie: Wir rächen uns an einem (eingebildeten oder tatsächlichen) gesellschaftlichen Gesamtunrecht, indem wir mit einzelnen Vätern barbarisch verfahren. Es ist überflüssig, darauf hinzuweisen, daß das die Logik von Terroristen ist, die das System verwunden wollen, indem sie die Repräsentanten erschießen. Also in diesem Falle das Patriarchat, das tatsächliche oder eingebildete, bekämpfen, indem man die Entrechtung des einzelnen Vaters beifällig quittiert: Laßt sie «greinen», es geschieht ihnen recht.

Interessant daran ist, daß dieses Argument nicht vom schrillen feministischen Flügel vorgetragen wird, sondern von der gemüthaft brummenden, parteiübergreifenden Mitte der Gesellschaft. Männer machen sich aus dem Staube, Männer sind an dem Elend schuld.

Je deutlicher wird, daß dies eine Propagandalüge ist, desto grimmiger hält die Politik an ihr fest. Sie spürt den moralischen und den wirtschaftlichen Bankrott, den ihr das von Frauen mißbrauchte Scheidungsrecht von 1977 gebracht hat, und sie befürchtet nun zu Recht, auf den Folgekosten sitzenzubleiben. Doch sie hält sich nicht an die Verursacher dieser Malaise, sondern an die Opfer.

Die Statistiken sind eindeutig. Männer sind nicht mehr bereit, sich zum Idioten zu machen und die Unterhaltslast für Familien zu tragen, für die sie nur noch ausgesperrte Arbeitsdrohnen sind. Sie schieben ihre finanzielle Verantwortung auf den Staat zurück, also auf denjenigen, der sie ihnen einst auflud, als er die verhängnisvolle Mechanik der Scheidungsindustrie in Gang setzte.

Sie können oft gar nicht anders. Die Bundesregierung hat das ein für allemal klargestellt. In ihrer Antwort auf eine parlamentarische Anfrage der SPD am 28. 5. 1993 gab sie zu Protokoll, daß «in etwa 70 v. H. bis 75 v. H. der Fälle die Strafverfolgung des Unterhaltsanspruchs des Kindes aussichtslos» sei, weil «Lei-

stungsunfähigkeit» vorliege. Leistungsunfähigkeit wird atte-
stiert bei Arbeitslosigkeit, Sozialhilfebezug, zu niedrigem Einkommen oder Inhaftierung.

Es komme, so die Bundesregierung, «ein nicht unerheblicher
Anteil der Fälle hinzu, ... in denen ... die Vollstreckung wegen
nachträglich eingetretener Leistungsunfähigkeit ausgeschlossen
ist. Dieser Anteil kann mit 10 v. H. bis 15 v. H. angenommen
werden».

Fazit: Bis zu 75 Prozent der unterhaltssäumigen Väter können
nicht zahlen, weil sie selbst aus verschiedenen Gründen mittellos
sind. Sie müssen die sozialfürsorgliche Dienstleistung demjeni-
gen überlassen, der als idealer Gesamtehemann ohnehin mit ihnen in Konkurrenz getreten ist: dem Staat.

Das System ist schlicht überreizt. Als die Gesetzesreformer
1977 das neue Unterhaltsrecht beschlossen, dachten sie daran,
dem Mann die Hauptlast aufzubürden, da sie ihn insgeheim sowieso für das Scheitern einer Ehe verantwortlich machten. Zunächst also sollte die Frau auch nach der Trennung Anspruch
auf den gleichen Lebensstandard haben, den sie in der Ehe ge-
wohnt war.

Da diese Klausel schnell dazu führte, daß Frauen die Erstehe
als Zwischenstation zu einem eigenen üppigen Gehalt nutzten,
wurde sie modifiziert. Doch der Mißbrauch setzte sich fort. Es
hat einen Grund, daß heute immer noch doppelt so viele Frauen
die Scheidung einreichen wie Männer.

Allerdings haben sich die Zeiten geändert. Die üppigen zieb-
ziger und achtziger Jahre sind den mageren neunzigern gewichen. Frauen können nach Scheidungen nicht mehr aus dem
Vollen schöpfen. Die finanziellen Parameter haben sich verscho-
ben. Nach einer nicht billigen Scheidung treffen sich oft beide
Eheleute auf dem Sozialamt wieder. Trotz aller Mahnungen, daß
das soziale System havariert ist, trotz aller Bremsbemühungen
brummt die Scheidungsindustrie weiter wie ein mächtiger Oze-
antanker, der Kurskorrekturen erst Kilometer später umsetzen
kann.

Mittlerweile ist klar, daß das System der automatischen Alimentierung der geschiedenen Frau durch ihren Exmann besonders für die unteren zwei Drittel der Gesellschaft versagt. Es ist überlastet. Daß es dennoch, bei Politikerinnen, Beamtinnen, Journalistinnen so hoch im Kurs steht, hat einen ganz einfachen Grund. Diese gehören dem oberen Drittel der Gesellschaft an. Und dort funktioniert die Wertabschöpfung prächtig.

Die Frau eines Rechtsanwaltes, eines Zahnarztes, eines Architekten hat selbst nach dreijähriger Kurzehe ausgesorgt. Und die Politikerinnen und Journalistinnen, die die Meinungsführerschaft im öffentlichen Diskurs übernommen haben, sind nicht mit Möbelpackern verheiratet, sondern mit der finanziellen und akademischen Elite.

So werden immer neue Kampagnen ausgeheckt, um säumige Zahlväter zur Strecke zu bringen, als seien diese das Problem. Der Öffentlichkeit machen sie glauben, daß es dabei um die Alleinerziehende in Steilshoop oder in der Plattenbauwohnung in Marzahn geht. Doch wenn sie Unterhalt sagen, meinen sie die Pferde auf der Privatkoppel, den Urlaub in Brasilien, den Boutiquenbesuch in Eppendorf.

Es gibt wohl nichts Trostloseres als die First-Wives-Clubs der Hamburger Mediensociety, die über das Unrecht in der Welt seufzen, ihre Probleme mit den Kindermädchen beim Kaffeeklatsch erörtern und das Schröpfen ihrer Exmänner als Emanzipation ausleben. Und als schiere Rache: «Zahlen soll er!»

Soziologen sprechen von «falschen Anreizsignalen», die mit dem neuen Scheidungsrecht gesetzt worden sind. Noch einmal: Einst war die Unterhaltszahlung eine tatsächliche Kompensation für den Notfall. Seit der Scheidungsreform ist sie eine Ermunterung zur Trennung.

Was hilft es, wenn sich mittlerweile herumgesprochen hat, daß die früh verhärmten Emanzipations- und Scheidungsveteraninnen nur noch schnatternde Karikaturen sind, ob sie sich nun in *Stern*-Interviews äußern oder im Kino vorgeführt werden, sich etwa in dem Film «Jerry Maguire» zum Kaffeeklatsch treffen und über die bösen Männer herziehen? Und was hilft es, wenn sie sich in stillen Stunden nach den Familien zurücksehnen, die sie einst aufgelöst haben. Die Mechanik, einmal in Gang gesetzt, läßt sich schwer wieder zurückdrehen.

In früheren Zeiten, so die Kulturhistorikerin Yvonne Knibiehler, fiel der weibliche Wunsch, über eigenes Geld zu verfügen, als Trennungsmotiv weg. «Niemand kam auf den Gedanken, den Vater zur Zahlungs einer Summe zu verurteilen, damit sich die Mutter um die Kindern kümmern konnte.» Wenn eine Mutter nach dem Erziehungsrecht verlangte, wurde es ihr – ohne das Versprechen finanzieller Kompensation – zugesprochen. «Die Kinder waren der Trost der unglücklichen Ehefrauen.» Doch meistens behielt der Familienernährer, der Mann, die Kinder bei sich, auch die kleinen.

Ein wesentlicher Gedanke wurde dem Scheidungsrecht in Frankreich nach 1884 hinzugefügt. Er behielt fast hundert Jahre lang Gültigkeit. Das Fairneß-Prinzip: «Dementsprechend erhielt der nichtschuldige Elternteil das Kind als eine Art Prämie zugesprochen.» Wiederum waren die Kinder als eigener, immaterieller Wert anerkannt. Vor allem aber: Das Schuldprinzip schuf Hürden. Wer mutwillig eine Ehe aufkündigte und eine Familie zerstörte, wurde mit dem Verlust der Kinder bestraft.

In ihrer Untersuchung rechnet Yvonne Knibiehler durchaus hart mit dem alten Scheidungsrecht ab, das Männern öfter die Kinder zugesprochen hat. Für sie war es eine typisch männliche Rechtsprechung, eine patriarchalische Bastion, die mit der neuen Rechtsreform geschliffen wurde. Allerdings kommt sie nicht umhin, nun einen soziologischen Paradigmenwechsel festzustellen, der die Männer aufwertet und wenig schmeichelhaft für Frauen ist.

Seit die Männer erkennen, daß ihnen die Kinder nicht mehr automatisch zugehören («daß sie entthront und bar der alten Macht sind»), kämpfen sie um ihre Kinder. War der gleichgültige Vater vielleicht doch von jeher nur eine Propagandaerfindung? «Der Mann kann sich seiner Vatersorgen entledigen;

darum bemerkt er bei sich selbst das Bedürfnis, diese Sorgen auf sich zu nehmen, er will sich von der Mutter nicht mehr verdrängen lassen.»

Kurz: Seit der Mann nicht mehr durch gesellschaftliche und historische Determinanten in die Vaterrolle gezwungen ist, nimmt er deren Pflichten freiwillig auf sich. Gleichzeitig erkennt Knibiehler, daß das Klammern der Mütter an ihren Kindern – seit die Regeln des neuen Scheidungsrechts gelten – «nicht immer von edlen Absichten» getragen ist. Sprich: Sie versuchen, Unterhalt herauszuschlagen.

Daher ein Vorschlag zur Güte an alle Parteien und Behörden, an Gesetzgeber und Richter. Der Vorschlag, den Staatsbankrott zu mildern, mehr Menschlichkeit ins Familienrecht zu bringen und die Unterhaltsdiskussion ein für allemal zu beenden, räumt denjenigen, die die Familie ernähren – also in den meisten Fällen den Männern –, zumindest die Möglichkeit ein, nach einer Scheidung grundsätzlich die Kinder zu behalten und für sie zu sorgen.

Gebt ihnen all die Unterstützung (Tagesmütter, Freibeträge, Mietzuschüsse etc.), die Frauen gewährt werden. Verpflichtet gleichzeitig die nun mit viel freier Zeit gesegneten Mütter, sich auf dem Arbeitsmarkt intensiv nach einer Beschäftigung umzusehen. Selbst mit einfachen Tätigkeiten läßt sich heutzutage soviel verdienen, daß zumindest der Kindesunterhalt überwiesen werden kann, der nun dem Mann zusteht.

Eine solche Maßnahme würde Wunder bewirken. Die Zahl der Scheidungsanträge würde über Nacht dramatisch zurückgehen. Die Unterhaltsfrage würde niemanden mehr beschäftigen, weil sie kein Problem mehr ist; denn anders als die Männer würden Frauen, die ja an nichts anderes denken als an das «Kindeswohl», begeistert ihren Unterhaltsverpflichtungen nachkommen.

Die Frauen wären endlich frei, das zu tun, was sie dem öffentlichen Gerede zufolge am liebsten tun würden: unbelastet in «sinnvolleren» Beschäftigungen endlich die Erfüllung zu finden, die ihnen durch die Kinderfürsorge bisher versagt geblieben ist.

ich bin deine Mutter ∧ ich liebe dich eben *weil*

Gleichzeitig würde man erstaunt sein, wie viele der als desinteressiert verschrieenen Männer sich ihrer Vaterschaft erfreuen werden.

Tatsächlich scheint die Gesellschaft, den weiblichen Verlautbarungen zufolge, an einem historischen Scheidepunkt zu stehen. Mutterschaft scheint von Frauen nur noch als Drangsal und zutiefst frauenfeindliche Last wahrgenommen zu werden, die finanziell entgolten werden muß. «Aufzucht der Brut» heißt es geringschätzig in dem Kampfartikel einer alleinerziehenden Journalistin, als sei die Sorge für Kinder eine Art Hamsterzucht, die Gewinn abwerfen sollte.

Womöglich stimmt es ja, was die französische Philosophin Elisabeth Badinter herausgefunden zu haben meint, daß Mutterliebe nämlich ein Gefühl ist, das erst im 17. Jahrhundert erfunden wurde; daß es also keine genetische, sondern eine pure historische Determinante ist.

Vielleicht ist diese historische Determinierung im Verschwinden. Vielleicht ist dies der Grund, daß Frauen ihre Kinder nur noch als Last empfinden können. Ein Grund mehr für Gesetzgeber, umzudenken. Laßt uns die Frauen von der Last befreien, ihre Kinder großziehen zu müssen. Das neue Zeitalter: eines der Väter.

Doch die Entwertung der Kinder zur puren «Last» ist stets der erste Schritt, der den zweiten für eine finanzielle Kompensation nach sich zieht. Oft wird er von gutverdienenden Journalistinnen getan, die für das angebliche Heer verelendeter alleinerziehender Mütter streiten.

Sie verschweigen oft dabei ihre gutbudgetierten Jobs und das Kindermädchen oder die Tagesmutter, die sie für «die Aufzucht der Brut» einstellen. Wie so oft benutzen Frauen aus dem oberen Drittel der Gesellschaft das untere Drittel, um ihre Pfründe zu verteidigen und ihre private Rache auszuleben.

Der muntere Aufruf zur Habgier, der mittlerweile salonfähig geworden ist, wechselt mit Therapieschablonen, die von ebendieser ablenken sollen. Trennung kommt bei Therapeuten immer nur als weibliche Notwehr vor. Männer, die emotionalen Krüppel, erspürten die Krisen einer Ehe weniger sensibel als Frauen, die sich irgendwann «emanzipieren». Daß die Männer im Falle einer Trennung oft wie überrumpelt dastünden und zukunftsängstlicher als Frauen seien, beweise, daß sie «psychisch und physisch labiler» seien.

Kann es sein, daß Männer von der Nichtigkeit der Trennungsgründe tatsächlich oft überrumpelt werden? Daß sie schockiert gewahr werden, wie rechtlos sie im Falle einer Trennung sind? Daß sie buchstäblich in einen Abgrund blicken? Tatsächlich schnellt das Selbstmordrisiko bei Männern im Fall einer Scheidung um das Vielfache nach oben. Doch die Gründe dafür werden von der therapeutischen Deutungsindustrie nicht zur Kenntnis genommen, nämlich, daß Männer die seelische und finanzielle Hauptlast einer Trennung zu tragen haben. Sie verlieren ihre Kinder und müssen sich auf ein Leben als ungeliebtes, ausgeplündertes Arbeitstier einstellen.

Der Feminismus – einst eine wirklich emanzipatorische Idee – ist ein reaktionäres, zynisches System zur Besitzstandswahrung geworden. Er hat es fertiggebracht, die traditionelle Ernährerrolle des Mannes gleichzeitig zu diskreditieren und sie für sich brauchbar zu machen.

In jedem zweiten Artikel einer Journalistin zur Unterhaltsfrage wird der Kniefall vor der Lebensleistung einer Mutter gemacht, die ihre Kinder großzieht. Jedoch der Kniefall vor dem Mann, der ein Leben lang schuftet, um dieser Familie finanzielle Sicherheit zu geben, fällt weg. Der Mann kommt bei dem feministischen Abrakadabra nur als Fehlleistung der Schöpfung vor.

Die gesetzliche Unterhaltungsmechanik tarnt nicht nur pure Ausplünderung, sondern sie entschuldigt mittlerweile auch die Ausgrenzung von Vätern. Eine weibliche Lösegeldindustrie. Wer nicht zahlt, darf sein Kind nicht sehen. Wenn der Gesetzgeber sich dazu bekennt, daß beide Elternteile für die Erziehung der Kinder wichtig sind, dürfte er das nicht zulassen.

So gut wie gar nichts dürfte zum Umgangsboykott führen. Selbst ein Mann, der fremdgeht, hat Anspruch auf Umgang mit seinen Kindern. Er kann ein Weiberheld sein oder ein Kriecher, einer mit Pickeln, ein Stotterer, einer, der den Unterhalt nicht zahlen kann, er kann der Mann sein, den die Frau nicht mehr riechen kann, der Mann, mit dem es regelmäßig Zoff gibt – er ist der Vater, und er bleibt es sein Leben lang.

Er hat ein Naturrecht auf seine Kinder, und seine Kinder haben dieses Recht auf ihn, und dieses Recht wird in mehreren Artikeln des Grundgesetzes bestätigt. Doch der Staat besinnt sich nicht mehr auf den Schutz der Familie, sondern beschränkt sich auf die «Förderung der Frau».

Die Allmacht, die der Gesetzgeber den Frauen gegeben hat, führt mittlerweile dazu, daß ihre Geldgier bisweilen auch ein *Glücksfall* für den Mann sein kann, eine Art Berechenbarkeit. Eine Frau, die nur von Rache getrieben ist, will verletzen. Sie reagiert – in der Medea-Tradition – auch zum eigenen Nachteil extrem, bis hin zur psychischen und physischen Schädigung ihrer Kinder. Doch eine, die Geld erpressen will, läßt eventuell mit sich reden – zum Nutzen der Kinder. Weiblicher Eigennutz ist manchmal die letzte Chance für Väter, die Väter ihrer Kinder bleiben wollen. Auch das ist die Realität des heruntergewirtschafteten Familienrechts.

Im allgemeinen jedoch ermuntert das Unterhaltsrecht zum wirtschaftlichen Vernichtungskampf, ganz besonders gegen Leistungsträger. Im Leserbrief zu einem *FAZ*-Artikel kann Renate Rebmann vom «Bürgerbund für eine faire Scheidung» nur bitter feststellen: «Hatte vor 1977 der schuldig Geschiedene die Lasten zu tragen, so ist nun an seine Stelle der Besserverdienende getreten, der automatisch und oft ruinös lebenslang in die Pflicht genommen wird. Während die Empfängerseite vor Gericht problemlos sichere Einkünfte ohne Gegenleistung durchsetzen kann, muß die Geberseite verzweifelt versuchen, die Früchte ihrer beruflichen Bemühungen und damit die Arbeitsmotivation für sich zu retten.»

Seit der Bundesgerichtshof festgelegt hat, daß auch nachehelich erzielte Einkommensverbesserungen teilweise abgetreten werden müssen, wird sich keiner der geschiedenen Packesel anstrengen, mehr zu leisten als unbedingt erforderlich. Die so herbeigeführte Motivations- und Leistungsfeindlichkeit mag dem Ideal eines sozialdemokratischen Alimentestaates entsprechen – die Volkswirtschaft hingegen hat darunter zu ächzen.

Renate Rebmann schließt ihren Brief mit der Forderung nach einer zeitlich begrenzten Unterhaltzahlung, nicht nur um die Leistungsgeber zu entlasten, sondern auch um die Arbeitsmotivation der Alimente-Empfänger zu stärken.

Die Statistiken im Unterhaltsrecht sprechen eine deutliche Sprache. Zwei Drittel der Geschiedenen leben an der Grenze zur Verelendung, ein Drittel gedeiht. Gibt es in diesem Drittel Väter, die sich vor Zahlungen drücken? Und ob.

Von denjenigen, die rein statistisch zahlen könnten und es nicht tun, sind es wiederum zwei Drittel, bei denen das Jugendamt feststellen muß, daß nichts mehr zu holen ist. Bleibt ein relativ kleiner Prozentsatz von Vätern, die zahlen könnten, aber nicht zahlen wollen. Das Bemerkenswerte hier ist nur, daß die Zahl nicht weitaus höher ist und daß nicht viel mehr Väter den Unterhalt boykottieren.

Zunächst einmal kann der Unterhaltsboykott ein Mittel der Selbstbehauptung sein. Welcher Mann, der noch bei Trost ist, wird sich freiwillig zum Deppen machen wollen, indem er eine Ex alimentiert, die ihn wegen eines anderen verlassen hat? Oder wer will sich freiwillig von einer rachsüchtigen Geschiedenen – die, so *Cosmopolitan*, die «Daumenschrauben gnadenlos anzieht, lustvoll, bis er schreit» – ausplündern lassen?

Das Menschenbild, das die Rechtspsychologie mit der Scheidungsreform von 1977 entwarf, kann nur von wirklichkeitsfremden Narren zusammengekrakelt worden sein. Die Gesetzgeber rechneten mit der rousseauhaft-naturguten Frau, die die Machtfülle, die ihr gegeben wurde, mit großer Verantwortung nutzt. Den Mann dagegen sahen sie als schuldhaften Bösewicht, dem etwa Kinder nach einer Trennung nur selten anvertraut werden können.

Im Unterhaltsrecht dagegen kalkulierten sie ihn ein als endlos leidensfähigen, absurd sanften, selbstverleugnenden Zahler, der selbst Mißbrauch, Rache, Willkür still duldend erträgt. Sicher, den gibt es. Aber es gibt ihn – ein positives Zeichen – zunehmend weniger.

Der ausgemusterte Mann, der sich weigert, seine Frau zu alimentieren, tut dies nicht nur, um einen letzten Rest an Würde zu bewahren. Viel wichtiger ist der Unterhaltsboykott als letztes Mittel, Druck auf eine Mutter auszuüben, eine letzte Möglichkeit, die einem Vater bleibt, um eine streitsüchtige Frau dazu zu bewegen, ihren Kindern den Umgang mit ihm zu gestatten.

Tatsächlich ist der Weg zum Gericht für Männer, die ihre Kinder nicht verlieren wollen, eine Falle. Viele Väter lassen sich in dieses juristische Spiegellabyrinth locken mit dem Vertrauen auf die Selbstverständlichkeit ihres Anspruchs. Denn natürlich ist es durch und durch krank, einem Vater das Recht streitig zu machen, seine Kinder zu sehen.

Doch nach oft jahrelangen Prozessen erleben diese Väter, finanziell, nervlich und seelisch am Ende, daß es für sie keine Gerechtigkeit gibt, ja, daß das Faustrecht der Mutter gesiegt hat. Da ist Unterhaltsboykott die einzige verbliebene Gegenwehr.

Daß es tatsächlich noch Väter gibt, die, als Partner ausgemustert und als Erzieher entsorgt, für das Recht, alle zwei Wochenenden als guter Onkel für ihre Kinder zu fungieren, ihre Exehefrauen pünktlich alimentieren, grenzt ohnehin an ein Wunder.

Ein Wunder, das nur mit der historischen und gesellschaftlichen Konditionierung von Männern zu erklären ist. Männer sind als Ernährer und Wächter erzogen, und sie funktionieren in diesen Rollen selbst dann, wenn sie für ihre Familie nur noch abstrakt dasein können, nämlich als Zahler.

Es wird Zeit für Männer, diese Konditionierungen abzuschütteln, denn die Zeiten haben sich endlich geändert. Und sie tun es, zögernd. Sie bestreiken ihre Rolle. Sie tauchen unter. Rund

33 000 Männer sollen nach Angabe von Frauengruppen derzeit in der sozialen Selbstauslöschung leben.

Männer lernen von Frauen. Sie melden sich ab in die Arbeitslosigkeit, sie suchen das, was Frauen als selbstverständliches Recht einklagen: Sie bleiben zu Hause, kümmern sich um die Kinder. Zunehmend haben Gerichte mit Männern zu tun, auf die das alte, bequeme Rollenklischee des Arbeitstiers nicht mehr paßt. Zunehmend mit Männern, die beweisen können, daß sie genauso viel Zeit für die Kinderfürsorge haben wie ihre Frauen.

Und dieser Zustand wird sich weiter verschärfen. Immer weniger Männer werden einsehen, daß sie sich kaputtschuften sollen, damit ihren getrennt lebenden Frauen die Kinder zugesprochen werden und diese mit ihrem Geld eine ruhige Kugel schieben. Sie beginnen, den Spieß umzudrehen.

Sie haben jeden Grund, sich von der schuftenden und alimentierenden Arbeitsfront zu verabschieden. Wie soll man einem Möbelpacker, der sich für 15 Mark in der Stunde die Bandscheiben kaputtschleppt, klarmachen, daß er die Hälfte seiner Einkünfte an eine Frau abzutreten hat, die ihn beschimpft? Wie einem Arzt, daß er seine Praxis verpfänden muß für eine Frau, die ihn verhöhnt, ihm die Kinder streitig macht und diesen womöglich befiehlt, einen neuen Lebensgefährten als Papa zu akzeptieren und dafür den alten zu vergessen?

Zunehmend weichen solche Männer, die ihren Kindern ohnehin nicht mehr Vater sein dürfen, aus in den schwarzen Arbeitsmarkt, um ihren Lohn an Exfrauen und deren ideellen Gesamtehemann – dem Staat – vorbeizuschmuggeln.

Der passive Streik, die Verweigerung der Arbeitskraft, der zivile Ungehorsam, letztlich der Gesetzesbruch – all das sehen sie mittlerweile als akzeptable und akzeptierte Kampfmittel in einer Situation, in der das Recht versagt und ein Unrecht anders nicht zu bekämpfen ist.

So wie der Schriftsteller Henry David Thoreau als Steuerverweigerer ins Gefängnis ging, weil er den amerikanisch-mexikanischen Krieg nicht mitfinanzieren wollte, so weigern sich zu-

der passive Widerstand

nehmend mehr Männer, den familiären Zerstörungskrieg der Scheidungsgesellschaft zu finanzieren. Sie nehmen sich das Recht, einer geschiedenen Frau Luxusalimente zu verweigern, besonders dann, wenn diese ihrem Kind das Recht auf den Vater streitig macht. Der Unterhaltsboykott als Druckmittel ist dann legitim, wenn das Elementarrecht von Kind und Vater gebrochen wird.

Männer lernen zunehmend, unbequem zu sein. Sie werden diesem Staat, der sie im Stich läßt, die Loyalität aufkündigen. Scheidungsväter werden sich bei der nächsten Wahl genau überlegen, wen sie da wählen. Wer etwa eine der Quotenfrauen der Grünen wählte, muß lebensmüde sein.

Darüber hinaus werden sich Männer in weit stärkerem Maße schon zu Beginn von festen Beziehungen mit Verträgen gegen das Ende absichern. Umfragen unter Teenagern signalisieren, daß diese sich bereits an das Zwielicht gewöhnt haben, das die Frauenbewegung hinterlassen hat: Viele sind gar nicht mehr bereit zu heiraten, und wenn, dann nur noch mit Ehevertrag. Und diejenigen, die den Schritt vor den Altar gewagt haben, werden bei den ersten Anzeichen einer Krise mit der gleichen Umsicht vorgehen müssen, die Frauenbüros ihren Klientinnen empfehlen.

Der weibliche Mißbrauch des Scheidungsrechts besonders in der Unterhaltsfrage hat in den letzten dreißig Jahren einen gigantischen Müllhaufen aufgetürmt. Er hat Liebe durch Haß ersetzt, Vertrauen durch Mißgunst, Familiensinn durch Egoismus, Loyalität durch Habgier. Es wird Zeit, Bilanz zu ziehen und aufzuräumen.

Die Helferlüge

Schilder wie dieses hängen an tristen Korridorwänden und in Dienstzimmern jener Innenstadtklötze, die sich euphemistisch «Jugendämter» nennen: «Zur Beachtung! Nichtsorgeberechtigten Elternteilen dürfen die Jugendämter nur Hinweise auf die gesetzlichen Bestimmungen geben.» Dazwischen dann die üblichen Plakate von «Wildwasser» und Co.: «Jedes vierte Mädchen wird vom Vater, Onkel oder Nachbarn sexuell mißbraucht ...»

Gut möglich, daß einem verzweifelten Trennungsvater Folgendes passiert. Suchend irrt er durch die Linoleumgänge, bis ihm eine Schmetterlingsbrille über den Weg huscht, die aus Versehen die Wahrheit stottert: «Eigentlich sind wir nur für Frauen da ...» Und es kann sein, daß dieser männliche Besucher dann brüllt: Nein, ihr Schwummen! Eigentlich seid ihr verdammt noch mal für die ganze Familie da, also auch für Männer, vor allem aber für die Kinder.

Doch die Wirklichkeit ist anders. Jugendämter sind in der Praxis Mütterämter geworden. Was die sozialpädagogischen Seminare in den siebziger Jahren an lila Brei und Brotbeutelrevolutionärinnen in Birkenstocksandalen ausgewürgt haben, verstopft nun die Planstellen der Sozial- und Jugendbehörden. Und die fühlen sich fast ausschließlich nur noch für das Wohl von Frauen zuständig.

Zuständig für Teebeutel, Kummermienen und das weibliche Solidarschicksal, das sie, die Angestelltinnen, mit der überwältigenden Mehrheit von alleinsorgeberechtigten Müttern verbindet in einer vermümmelten Allianz gegen den Feind: den Mann.

Viele von ihnen sind selber alleinerziehende Mütter. 75 Prozent aller geschiedenen Frauen sind es. Für Jugendämter scheint diese Horrorzahl in Wahrheit eine Erfolgsquote zu sein. «Frauen schaffen es alleine», mit ein wenig Hilfestellung des Amtes natürlich. Und dieses Amt wird alles tun, um dafür zu sorgen, daß die Quote nicht gefährdet wird, etwa durch jene Frauen, die

Sorgerechtsberechtigte

sich hilfesuchend an die Behörde wenden, weil sie ihre Ehen retten wollen und noch nicht soweit sind, daß sie ihren Mann bis aufs Messer bekämpfen.

Jugendamtsmitarbeiter haben eine seltene Allmacht, und sie sind korrumpiert durch diese Macht. Sie können Gott spielen. Sie sind Zwerge mit Riesenknüppeln und entscheiden etwa darüber, ob der Umgang eines Vaters mit seinem Kind dem «Kindeswohl dienlich» ist oder nicht.

Sie sind der Transmissionsriemen der Gerichte in die soziale Wirklichkeit. Sie können Kindeswegnahmen anordnen. Sie können mit ihren Gutachtern für Mißbrauchsbeschuldigungen sorgen. Sie können sogar Einweisungen in geschlossene Anstalten veranlassen. Und sie können, wenn der Alte mal wieder knapp mit der Kohle ist, eine Umgangssperre mit den Kindern verhängen.

Jemand, der über ein solches Arsenal an sozialen Druckmöglichkeiten verfügt, müßte weise sein wie Buddha und klug wie Einstein. Doch der Ausbildungsstand der durchschnittlichen Jugendamtsmitarbeiterin geht über Gewerkschaftsausweis, Frauenkalender und die genaue Kenntnis des Kantinenplans der laufenden Woche selten hinaus.

«Ich kenne so viele Einzelschicksale, so viele verschiedene Jugendämter, wo in der Person der Vertreter sich Inkompetenz, Willkür, Naivität bis hin zur Dummheit paaren, und das Ganze eingebunden in eine einzige Macht.» Das sagte kein radikalisierter Väter-Punk, sondern der renommierte Professor Dr. Uwe Jopt im TV-Magazin «Report».

Der Jugendamtsalltag ist männerfeindlicher Dienst nach Vorschrift. Er besteht aus absurden Aktenvermerken wie dem des Nürnberger Sozialamts: «Der Vater ist nicht bekannt, aber er ist ungeeignet zur Kindessorge.»

Zwischendurch allerdings begeben sie sich auf Treibjagd, die Jugendamtler. Wie im berühmten Wormser Massenprozeß, dem «größten Kinderschänderprozeß aller Zeiten», den sie gemeinsam mit der feministischen Organisation «Wildwasser» ange-

zettelt haben. Damals waren Dutzende von Eltern des Kindesmißbrauchs angeklagt worden. Ihre Kinder wurden in Blitz-
aktionen in Heime oder zu Pflegeeltern verbracht.

Mittlerweile sind alle Angeklagten freigesprochen. Doch
wenn eine Planstelleninhaberin sich darauf versteift, daß sie
recht hat, dann bleibt sie dabei: dreizehn Eltern warten noch immer darauf, daß ihre Kinder zu ihnen zurückkehren.

Die Jugendamtsmitarbeiter sehen das mit dem Freispruch der
Eltern nämlich anders: «Wir betrachten es als eine Unterstel-
lung, daß wir den Kindern das Mißbrauchsgeschehen erst einge-
impft hätten – uns gegenüber haben sie sich anders geäußert.»
Im übrigen sei eine Zusammenführung der zerrütteten Familien
nicht mehr nötig – die hätten sich mittlerweile doch sowieso
auseinandergelebt. Und in den Heimen seien die Kinder gut aufgehoben.

Solche Wahnkampagnen sind dann die Highlights, Skandale,
über die sogar die Presse berichtet. Dann gibt es öffentlich
Schelte für bestimmte Jugendämter, doch die bleiben ungerührt.
Heimlich schwärmen sie sogar davon und sonnen sich in der öffentlichen Ablehnung, und sie bilden Wagenburgen und haben
das Gefühl eigener Bedeutung. Offen unrechtmäßige Aktionen
wie in Worms sind eine Art Elends-Kamikaze für manche Sitz-
riesen in den Ämtern, um auf sich aufmerksam zu machen – wirr
wie Sportflieger Mathias Rust, der einst auf dem Roten Platz
landete.

Rust allerdings gefährdete nur sich selber, die Jugendamtsmitarbeiter aber entrechten Väter, zerstören die Familien, zersetzen
die Rechtssicherheit und damit die Gesellschaft. Das alles besor-
gen sie mit der täglichen Routinebarbarei aus Stempelkissen,
Phrasen und Fehlurteilen.

Wie im Fall Detlev W., der sich vergeblich um das Sorgerecht
seines zweiten Kindes bemühte. Das erste Kind hatte seine Frau
einst in einem Anfall von Depressionen getötet. Sie blieb straffrei. Das Jugendamt entschied jetzt dennoch gegen Detlev W. als
Sorgeberechtigten.

Selbst den Kindesumgang erschwert es dem Vater. Er darf seinen Sohn, um den er verständlicher Weise Angst hat, nur in der Wohnung seiner Schwiegereltern besuchen. Das Jugendamt erkannte bei ihm auf «Fluchtgefahr». Der erwiesenermaßen labilen Kindstöterin kommt das entgegen; denn ihr Kind ist ständig in der ihr vertrauten Umgebung.

Es ist das Aktengeraschel der untersten Kategorie, mit dem die Mitarbeiter der Sozialbürokratie ihren Arbeitstag vertreiben, jeweils gespickt mit der eigenen Gehässigkeit und Schäbigkeit, die nur in diesem Milieu überlebt. Jugendamtsarbeit – das ist für fast jeden familiären Krisenfall ein 3-Phasen-Schritt in die Katastrophe.

Erste Phase: Eine Mutter hat Ärger mit dem Vater und wendet sich an eine der Mitarbeiterinnen, die angeblich die Männer kennt und schon so viel Elend gesehen hat. Womöglich ist sie selbst Alleinerziehende – willkommen im Club.

Beratung? Besänftigung? Womöglich Einlenkungsversuche, Paargespräche? Keineswegs. Zunächst das Wichtigste, nämlich die Trennung. Gibt es Anzeichen für Gewalttätigkeit, für Kindesmißbrauch? Läßt sich da irgend etwas konstatieren? Na bitte. Schon eine Andeutung genügt, und das Jugendamt verschafft Mutter und Kind einen geheimen Aufenthaltsort, meist einen Platz in einem Frauenhaus, denn Gefahr ist im Verzuge.

Natürlich liegt hier bereits Beihilfe zur Kindesentziehung nach § 235 StGB vor. Doch das wurde noch nie gegen ein Jugendamt angewandt. Und das bei rund 20000 Fällen im Jahr, in denen der Vater von der Arbeit in eine halbleergeräumte Wohnung zurückkehrt.

Rund 80 Prozent der Belegungen in Frauenhäusern, schätzen Insider, fallen mittlerweile auf Simulantinnen – einst als Schutz vor prügelnden Ehemännern mit großem propagandistischen und finanziellen Aufwand in vielen Stadtbezirken gegründet, sind sie heute bessere Übergangshotels für die Vorbereitung auf Sorgerechts- und Unterhaltsauseinandersetzungen.

Sind Frau und Kind erst einmal derart in der Obhut einer Behörde, werden anhand eines in Tausenden von Verfahren bewährten Katalogs Gründe gesucht, die eine alleinige Sorgerechtsentscheidung der Mutter befürworten lassen. Väter werden selten befragt. Sollte sich doch einer der Kerle vorwagen, ist darauf zu achten, alle Behauptungen der Mutter für glaubwürdig zu halten und alle Einwendungen des Vaters mit gesundem Zweifel zu behandeln. Widerspricht der Vater vehement, so könnte man ihm womöglich die eine oder andere Entgleisung entlocken und seine «Aggressivität» aktenkundig machen. Richter – man kennt sich – mögen solche Typen überhaupt nicht.

Zweite Phase: Statt Frau und Mann an einen Tisch zu bringen und Versöhnungsmöglichkeiten zum Besten der Kinder zu unterbreiten, bestärke man die Frau in der Rolle des Opfers. Dann macht man sie auf ihre Erpressungschancen im Umgangsrecht aufmerksam. Ein widerborstiger Vater kann leicht matt gesetzt werden. Allein die Floskel. «Das Kind muß erst einmal zur Ruhe kommen» erwirkt jene monatelange Unterbrechung des Umgangs, die wichtig ist, um für das bevorstehende Sorgerechtsverfahren Fakten zu schaffen.

Eine andere beliebte Floskel ist das «Wohl des Kindes», das stets zu berücksichtigen sei. Und oft diene es eben nicht dem Wohl des Kindes, wenn es seinen Papa (an dem es hängt) weiterhin sieht.

Hierzu wieder Professor Jopt: «In der Lebenswirklichkeit ist die ohnehin ‹schwierige› Formel vom ‹Kindeswohl› längst zu einer inhaltsleeren Worthülse verkommen, zu einer Blankovollmacht, mit der alles, aber auch alles, was der gesunde Menschenverstand sich vorzustellen vermag – nein, selbst auch all das, was sich seiner Vorstellungskraft entzieht –, gerechtfertigt und ‹begründet› wird. Mag dies sinnvoll oder vernünftig sein, mag es fragwürdig erscheinen, oder mag es einem ob der erkennbaren Absurdität die Haare zu Berge stehen lassen.»

Grundsätzlich ist jede Entscheidung zur Ausgrenzung eines Vaters, die mit dem Kindeswohl begründet wird, eine Perversion des Wortes. Es hat sich mittlerweile bis in die Gesetzestexte hinein herumgesprochen, daß Kinder ihren Vater brauchen. Sie haben ein Anrecht auf ihn, selbst wenn sich die Mutter nicht mehr mit ihm verstehen sollte.

Es gibt nur eine einzige Ausnahme, die einen geregelten Umgang verbietet – sollte der Vater Gewalt gegen das Kind ausüben. Jugendmitarbeiter wissen das. Deshalb werden Zigtausende von Fällen jedes Jahr damit begründet, nur um der Mutter die Alleinverfügung zu sichern und den rechtswidrigen Umgangsboykott zu legitimieren.

Zigtausende von Vätern sehen sich so in ihrem Kummer über den Verlust des Kindes zusätzlich als Gewalttäter beschuldigt, sozusagen aus Gründen eines Junktims. Da sie keine Gewalttäter sind, hätten sie Recht auf ihr Kind. Deshalb müssen sie zu Gewalttätern gemacht werden, um diesen Anspruch zu annullieren. Ein Junktim, das den Rechtsbruch mit der Falschbeschuldigung so eng verknüpft, daß viele Väter erst gar nicht um das Sorgerecht kämpfen.

Die Beschuldigung alleine genügt; denn der Richter entscheidet aufgrund der «freien Beweisführung». Das heißt, er kann Gegenzeugen einfach ignorieren, was in der Praxis oft geschieht. Ein klarer Verfassungsbruch, da es in diesen Fällen um grundrechtsrelevante Eingriffe geht. Geahndet wird er nie.

Mit dem Kindeswohl haben diese Bürokratenschikanen längst nichts mehr zu tun. Dennoch, mit dem «Kindeswohl» können Jugendamtsmitarbeiter nicht nur den simplen Umgangsboykott legitimieren. Mit dem gleichen Freibrief können auch Entführungen inszeniert, Hexenjagden veranstaltet und Polizeitruppen in Bewegung gesetzt werden.

Etwa jene Streife, die bei Landwirt B. in der Nähe Detmolds vorfuhr, um die beiden vier und sechs Jahre alten Kinder abzuholen. B. hatte das alleinige Sorgerecht, weil seine Frau zu dem 600 Kilometer entfernt lebenden Liebhaber gezogen war. Nun war es ihr wieder zuerkannt worden, doch keiner hatte den Landwirt über den Beschluß informiert. Die drei Vollstrecker gingen ins Haus, weckten die Kinder und nahmen sie gegen die

Proteste des Vaters noch im Schlafanzug mit. Draußen über-
gaben sie die weinenden Geschwister dem Liebhaber der Mutter – sie selber war zu Hause geblieben.

Bisweilen kommt die Mutter auch mit, wie bei jenem anderen
Streifeneinsatz zum «Wohle des Kindes». Der achteinhalbjäh-
rige Klaus war immer wieder zu seinem nicht sorgeberechtigten
Papa geflohen, weil er von der Mutter regelmäßig geschlagen
wurde. Der Einsatzbeamte in seinem Protokoll: «Klaus ver-
steckte sich hinter mir und zitterte am ganzen Körper, und wir
hatten deutlich den Eindruck, daß Klaus Angst vor seiner Mutter hatte.»

Das «Kindeswohl» ist wahrscheinlich das zynischste Lügen-
wort, das sich ein deutscher Justiz- und Behördenapparat seit
über fünfzig Jahren hat einfallen lassen. Eine Worthülse, um
noch das größte Verbrechen gegen Kinder zu decken. Ausgerüstet mit diesem Schreckenswort bereiten die Jugendamtsmitarbeiter die «Opfer»-Mutter auf den nächsten Schritt vor: die
Offensive.

Phase drei besteht im erfolgreichen Abschluß des Sorgerechts-
prozesses und der nun erforderlichen Unterhaltsklage, für die
das Jugendamt selbstverständlich bewährte Anwaltsadressen
zur Verfügung stellt.

Der Vater wird kämpfen; vor allem will er nach wie vor sein
Kind sehen. Nun wird die Mutter zu spielen lernen. Erst wenn
alle finanziellen Forderungen erfüllt sind, wird sie womöglich einen störungsfreien Umgang ermöglichen. Vielleicht aber auch
selbst dann nicht, einfach weil es ihr nicht in den Kram paßt.
Schließlich hat sie mittlerweile gelernt, wie reibungslos ein Umgangsboykott durchgeführt werden kann – dank des guteinge-
spielten Teams vom Jugendamt. Mittlerweile gibt es gedruckte
Leitfäden zur Umgangsvereitelung, die Frauenbüros zirkulieren
lassen.

Es soll keinesfalls verschwiegen werden, daß es auch Jugendämter gibt, die gute Arbeit leisten. Eines davon ist in München,
das Trennungswilligen generell die gemeinsame Sorge vor-

schlägt, Konfliktberatung betreibt und tatsächlich zum Wohl des Kindes arbeitet. Ergebnis: 40 Prozent der Eltern dort sorgen auch nach der Trennung gemeinsam und liegen damit einsam über dem Bundesdurchschnitt. Beweis dafür, wie positiv Jugendämter tatsächlich wirken könnten zum Wohle der Kinder. Wenn sie wollten.

Doch das Gros ist eine triste, lebensfeindliche, verdrossene Planstellenschwemme mit Pensionsanspruch. Gutmeinende, gar idealistische Helfer halten dieses Milieu nicht lange aus. Sie steigen aus und brechen ihr Schweigen. Aussteiger, die sich der Zeitschrift *ex* anvertraut haben, berichten von Ritualen der Hilfsverweigerung für Väter, von Floskelsprache, von Aktenfälschungen, Umdatierungen und von verschwitztem Corpsgeist.

So sorgt der Planstellenleiter in der Regel dafür, daß Beschwerden über Mitarbeiter meist von den betreffenden Mitarbeitern selber beantwortet werden. Eine übergeordnete Beschwerdestelle gibt es ohnehin nicht – Jugendämter arbeiten ohne Fachaufsicht. Es gibt nur rein formal eine Rechtsaufsicht.

Ein durchaus lustiges Milieu. Stirbt ein Vater, wird schon mal eine Flasche geköpft, weil es nun einen Stänkerer weniger gibt und damit eine Akte geschlossen werden kann. Flaschen werden im übrigen auch ohne direkte Anlässe geköpft – der Anteil von Alkoholikern und Tablettensüchtigen ist hoch.

«Die meisten», so ein Aussteiger, «haben den Schritt zur Familienbildung, oft auch nur zur Paarbildung, selbst nie geschafft, führen sich in ihrem Beruf aber als Übereltern auf, die stets wissen, wie eine Familie zu funktionieren hat.»

Fast unnötig zu sagen, daß ein hoher Prozentsatz von Heimkindern von Alleinerziehenden aus der Helferindustrie stammt. Jeder neuen «Kundin» wird sozusagen das Fangnetz der eigenen Lebensniederlage übergeworfen, der eigenen Beziehungsskepsis und vor allem der eigenen verschlagenen Sozialstaatsmentalität. Wo gibt es etwas zu holen? Im Zweifel immer beim Mann.

Jugendämter sind die Hölle des sozialdemokratischen Wohlfahrtselends. So erscheinen sie eine Art Endlagerung für alles, was unbegabt, arbeitsunlustig, verquasselt und frühvergreist, von festen Arbeitszeiten, festem Gehalt und festen Feindbildern träumt.

Daß der Stuttgarter Sozialbürgermeisterin, die auch die Dienstherrin über die Jugendämter ist, im vergangenen Jahr eine Bombendrohung zugestellt wurde, ist ein kleines Wunder. Das Wunder besteht darin, daß sie nur diese einzige Bombendrohung erhalten hatte und nicht jeden Tag eine. Und daß tatsächlich noch keine Bomben in Jugendämtern wie dem von Düsseldorf-Eller gezündet wurden, zeigt einmal mehr, wie groß die Langmut der Elendsklientel ist, die sich von diesem Haufen inkompetenter Planstelleninhaber(innen) drangsalieren läßt.

Diese sind selbst dann noch tückisch, wenn ein Vater seine Kapitulation unterschreibt. Zermürbt von den Katz-und-Maus-Spielen der Mutter – sie hatte sich selbst an die vereinbarten vierzehntägigen Besuchszeiten von drei Stunden nicht gehalten –, gab ein Arzt auf. Er hatte seinem Anwalt einen Zeitungsausschnitt geschickt, in dem von einem Amokläufer im Gerichtssaal die Rede war. So möchte er nicht enden, schrieb der Arzt an seinen Rechtsvertreter, er wolle das gerichtliche Gezerre um seine Kinder nicht mehr fortsetzen.

Eine Kopie dieser Kapitulationserklärung hatte er dem Jugendamt geschickt. Das reagierte prompt: Wegen des beigefügten Zeitungsausschnittes wurde der Arzt angeklagt, «einen anderen mit der Begehung eines gegen ihn gerichteten Verbrechens bedroht zu haben».

Tatsächlich gestand die Sozialbürgermeisterin, daß es öfter Morddrohungen gäbe, nicht nur gegen sie, sondern auch den Jugendamtsleiter und die Mitarbeiter. Tätlichkeiten seien mittlerweile an der Tagesordnung. Es brodelt. Es kracht. Und bald wird der Zorn überkochen.

Schon vor geraumer Zeit bildeten sich Initiativen von Jugendamtsgeschädigten, die Widerstand organisierten. Sie dokumentierten Hunderte von Fällen von Amtsmißbrauch. Sie begleiten Betroffene bei ihren Gängen zum Jugendamt, reichen Beschwerden nicht nur an den nächsten Vorgesetzten weiter, sondern an Landesjugendämter, die Minister für Justiz und Familie, die Kinderkommission des Deutschen Bundestages, Bundestagsabgeordnete, den Bundespräsidenten. In einigen wenigen Fällen hat die Beschwerdeschwemme Erfolg. Das berüchtigte Jugendamt in Wuppertal zum Beispiel wurde geschlossen.

Die Arbeit von Jugendämtern ist mittlerweile Gegenstand von Symposien. Auf der Tagung der Evangelischen Akademie Bad Boll Ende November 1996 («Kindeswohl – Dilemma und Praxis der Jugendämter») sprachen Betroffene, übten Referenten massive Kritik am System der «professionellen Helfer», forderten Fachleute strengere Kontrollen, verbesserte Ausbildung, Qualitätsaufsicht.

Da bürokratische Allmacht im Wesen immer reaktionär ist, egal wie links die Phrasen sind, in die sie sich hüllen, übte Katharina Rutschky linke Kritik an den Jugendämtern, ja an den Kartellen von Wohlfahrts- und Frauenbürokratie insgesamt: «Es wird Zeit, daß wir lernen, in Analogie zum militärisch-industriellen Komplex und zur Diktatur der Ökonomie den pädagogisch-therapeutischen Sozialstaatskomplex und die Diktatur seiner Experten als Bedrohung zu erkennen.»

Dazu gehören, nach Ansicht der Sozialwissenschaftlerin, nicht nur die sichtbaren Trümmerberge der jugendamtlichen Tätigkeit, sondern auch der subversive Sumpf der Helfer im Umfeld: «Die unfrisierte Bilanz der ganzen Notrufe und Frauenzufluchtseinrichtungen steht aus.»

Mittlerweile hat sich ein staatlich gefördertes feministisches Tunnelsystem ausgebreitet, das wirkungsvoll und unbemerkt von der Öffentlichkeit operiert. An dieses System sind dann interne Strategiepapiere gerichtet wie jenes, das Margot von Renesse, die Mutter der «Kindschaftsrechtsreform», verfaßt hat.

Sie verspricht noch mehr Kompetenzen für Jugendämter, noch weitere staatliche Einmischungen in die Situation trennungswilliger Eltern, selbst solcher, die ohne staatliche Destruktionen einvernehmliche Lösungen finden. Diese etwa haben in

Zukunft Auskunftspflicht gegenüber dem Familiengericht – es soll «nicht dem Zufall überlassen (bleiben), ob es (das Gericht, der Staat) etwas dazu erfährt». Der Status der Alleinerziehenden, so Renesse, werde weiter aufgewertet. Mit Hinweis auf das Kindeswohl könne die Bürokratie auch in Zukunft das gemeinsame Sorgerecht aufheben.

Die Wohlfahrtsbürokratie hat einen Helfertypus kreiert, der Probleme schafft, statt sie zu lösen. Der auf Trennungen spezialisierte Helfer wird Trennungen befördern, wo immer er Chancen dazu sieht. Viele Frauen sind erst in Strategieberatungen durch Jugendämter auf den eskalierenden, bösen, bürokratischen Kampf gegen ihren Mann eingeschworen worden. Wenn das alle tun, denken sie sich, wenn es sogar die Behörden empfehlen, dann kann es so schlecht und unmoralisch wohl nicht sein.

Einst waren Jugendämter gegründet worden, um humanitär zu wirken, um Schwache zu stützen, Hilfe zur Selbsthilfe zu leisten, Wogen zu glätten und mit Augenmaß und Klugheit dort zu intervenieren, wo Gefahren für Kinder drohten.

Heute sorgen Helfer durch ihre Interventionen für weitere Problemfälle, um die sie sich kümmern müssen. Jeder Helfer konkurriert mit anderen Helferkraken um seinen Fall. Mittlerweile tauschen sich Helfer nur noch mit anderen Helfern über ihre Helferhorizonte aus. Die Helferindustrie ist ein erfolgsfeindliches Paradox: Ihre Auftragslage schwillt an, je mehr sie versagt. Je schlechter sie arbeitet, desto besser ihre Geschäftsgrundlage. Ein Kreislauf, ein Wasserkopf von Helfern, der immer neue Planstellen schafft.

Auch im neuen Kindschaftsrecht fehlen Kontrollregelungen für die Jugendämter. Es gibt weiterhin keine zentralen Beschwerdemöglichkeiten. Weiterhin keine Verpflichtung zur Fortbildung. Weiterhin keine Zulassung konkurrierender freier Träger für Beratungen in Trennungskonflikten; sie könnten schließlich das Allmachtsmonopol der Jugendämter gefährden.

Vor allem gibt es auch weiterhin keinerlei Haftung für behördliches Handeln. Auch in Zukunft wird keiner dieser Stempelkissen-Diktatoren sich persönlich für die Katastrophen verantworten müssen, die er nicht selten verschuldet.

Die Hexenjagd gegen Väter geht weiter.

Die Gerechtigkeitslüge

Vor dem Gesetz steht ein Türhüter. Zu diesem Türhüter kommt ein Mann vom Lande und bittet um Eintritt in das Gesetz. Aber der Türhüter sagt, daß er ihm jetzt den Eintritt nicht gewähren könne. Der Mann überlegt und fragt dann, ob er also später werde eintreten dürfen. «Es ist möglich», sagt der Türhüter, «jetzt aber nicht.»

Kafkas Parabel verhandelt den Zustand der Welt und nicht den des Rechtssystems. Aber er wählt die Gesetzesmetapher nicht von ungefähr. Das Recht hat Magie – es verspricht besonders dem «Mann vom Lande», dem Naiven, die Ordnung der Welt wiederherzustellen.

Die Welt in Kafkas Romanen ist eine bürokratische Phantasmagorie, in der jeder Versuch, sich zu orientieren, zum Scheitern verurteilt ist. Jede eingenommene Position wird ins Gegenteil verkehrt. Nirgends, so Kafka-Experte Emrich, «gibt es Sicherheit, Klarheit, Wahrheit, menschenwürdige Existenz».

Kafkas Welt ist real. Sie gehört zur Grunderfahrung jedes Vaters, der in der Rechtsprechung Schutz vor einer rachsüchtigen Frau sucht und sich den Umgang mit seinen Kindern erstreiten möchte.

In einer soeben erschienenen Studie von Dr. Dietrich Schlegel werden die subjektiven Einstellungen von Richtern belegt, die zu extremen Schwankungen in der Vergabe des Sorgerechts führen. In einigen Familiengerichten, etwa in Rathenow, liegt die gemeinsame Sorgerechtsvergabe bei 65,7 Prozent – einzelne Inseln des Rechts in einem familienpolitischen Unrechtssystem.

Überwiegend nämlich erhalten Mütter das alleinige Sorgerecht, bundesweit rund 75 Prozent, und in vielen Bezirken, etwa in Dannenberg, liegt die Sorgerechtsvergabe für Väter bei 0 Prozent.

Das «Recht» gibt es nicht. Es gibt nur Richter, die Recht sprechen. Diese Richter aber bewegen sich auf den Schienen, die Behördengewohnheiten und Vorurteile gelegt haben, und sie laufen ganz besonders spursicher im Familienrecht. Wenn die Familienrichter sich weniger von feministischen, familienfeindlichen Alltagstheorien leiten ließen, so der Autor, ließe sich ein friedliches Miteinander in der gemeinsamen nachehelichen Sorge für Kinder erreichen.

Doch Richter sind nicht so. Richter eskalieren und radikalisieren durch Urteilssprüche, die in vielen Fällen eine geradezu groteske Ignoranz verraten. Die bundesdeutschen Familienrichter – sie sind die Türhüter in Kafkas Parabel. Sie sprechen nicht Recht, sie verwehren es.

Wohl kaum ein Berufsstand hat in den letzten Jahren einen rasanteren Prestigeverlust erlebt als der der Richter. Und keiner mit größerer Berechtigung, nicht erst, seit die «Abzock-» oder «Raffke-Richter» in Frankfurt aufgeflogen sind, die ihre Verfahren auf die lange Bank schoben, um sich in Nebentätigkeiten als Gutachter Millionen zu verdienen. Wie so oft bringt die *Bild*-Zeitung Volkes Stimmung auf den Punkt: «Saustall Justiz».

Nur noch eine kleine Minderheit hat, Umfragen zufolge, «volles Vertrauen» zu den Richtern. Der Rest wendet sich ab. Für den «Verein gegen Rechtsmißbrauch» (VgR) ist der «Anteil der Fehlurteile unvertretbar hoch». Immer öfter muß das Bundesverfassungsgericht «Entscheidungen aufheben, weil offensichtlich die Grundsätze des rechtlichen Gehörs verletzt worden sind».

Mit ihren Beschwerden gegen richterliche Willkür dringen Bürger immer weniger durch, da sie von Dienstvorgesetzten stets mit dem Hinweis auf richterliche Unabhängigkeit abgewiesen werden. Dabei, so der VgR, sei klar, daß «bei offensichtlichen Fehlentscheidungen die Dienstaufsicht sehr wohl berechtigt ist, dienstrechtliche Maßnahmen zu ergreifen».

Doch nicht nur Geschädigte kritisieren die Justiz. Die Kritik kommt von Fachleuten, von Juristen, Anwälten, von Richtern selbst – sie kommt von innen. Dr. Egon Schneider im *Justizspiegel*: «Die deutsche Elendsjustiz nimmt immer schärfere Konturen an. Der Niedergang der Rechtsprechung ist flächendeckend.»

In der *FAZ* beklagt Dr. Mehmel, Vorsitzender der Arbeitsgemeinschaft sozialdemokratischer Juristen (AsJ): «Das Ansehen der Justiz ist noch nie so schlecht gewesen wie heute. Ihr Erscheinungsbild leidet unter den langen Verfahrungsdauern mit teilweise existenzbedrohenden Folgen, Binnenorientierung statt Zuwendung hin zum Bürger und obrigkeitsstaatlichem Auftreten von Geschäftsstellen und Richtern.»

Wie gesagt: ein Sauhaufen. Und dieser Haufen ist für manche Väter die einzige Instanz, die ihnen dazu verhelfen könnte, ihre Kinder wiederzusehen. Dieser Haufen ist ihr Licht in der Nacht, ist die Gerechtigkeit, die Kafkas naiver Mann vom Lande sucht.

Die Ausgangslage ist immer die gleiche. Ein Vater kehrt nach Hause zurück und sieht, daß die Frau fort ist und die Kinder entführt hat – manchmal zu Verwandten, manchmal zum neuen Liebhaber, manchmal ins Frauenhaus. Der Vater mag das Ende der Ehe hinnehmen, doch nicht den Verlust der Kinder.

Der Vater denkt sich: Es gibt doch Gesetze dagegen. Eindeutige. Das Kind ist nicht Besitz der Mutter, das mitgenommen werden kann wie ein Koffer. Das Kind hat Recht auf beide Eltern. Wer sich so benimmt wie die Mutter, sagt sogar das Recht, hat unter Umständen das eigene Sorgerecht für die Kinder verwirkt. Und so wendet sich der Vater an einen Anwalt, an die Behörde, schließlich ans Gericht.

So dachte auch Peter S. Voller Vertrauen auf die eigene Sache war er vor die Schranken getreten. Ein Jahr später ist er gedemütigt, geschreddert, zerschlagen, und er hat seinen Sohn immer noch nicht gesehen und ist weiter entfernt davon denn je. Er muß sogar erkennen, in dem Moment verloren zu haben, als er den ersten Schritt tat.

Mittlerweile kämpft er verzweifelt auf Nebenschauplätzen, legt Beschwerden ein, die abgewiesen werden, und erhält Bußgelddrohungen am laufenden Band. Er wird verhöhnt. Die gegnerische Anwältin stellt bei ihm «psychopathische Neigungen» fest. Der Vater, der von seinem Sohn nicht lassen will, habe wohl «eine schwere Neurose». Sie sagt: «Sein Verhalten läßt sich als nicht mehr der Norm entsprechend bezeichnen.»

Innerhalb eines Jahres ist Peter S. selber zum Gegenstand gerichtlicher Auseinandersetzungen geworden, ein Außenseiter, ein Querulant, ein Partisanenkämpfer.

Auf vertrackte Weise stimmt der Satz der Anwältin – Peter S. entspricht nicht der Norm. Er glaubte an das Gesetz. Er kämpfte, statt zu resignieren wie es viele Väter tun, die die Rechtswirklichkeit realistischer einschätzen. Im Grunde hat die Anwältin das wohl verheerendste Urteil gefällt, das über die Norm zu fällen ist: über ein System der Rechtsverweigerung, der Rechtsverschleppung, der Ignoranz im System der vaterlosen Gesellschaft. Peter S. entspricht nicht der Norm.

Die Norm sieht das Kind bei der Mutter und den Mann bei der Arbeit. Die Norm sind Trennungsväter, die Unterhalt zahlen und Umgang erflehen. Die Norm ist, daß Väter klein beigeben, wenn Gerichte und Behörden die Kinder bei einer Scheidung der Mutter zusprechen. Die Norm ist, daß der Vater den Kampf aufgibt und versucht, sich «den Kummer über den Verlust seiner Kinder wegtherapieren zu lassen», wie es Dr. Schuh, betroffener Vater und Therapeut, in einer Fernsehsendung sagte.

Aus Sicht dieser Norm verhält sich Peter S. gewiß nicht normgerecht. Er ist ein Störenfried.

Er hatte die Aussiedlerin Ljuba B. aus St. Petersburg 1993 auf einem EDV-Kurs im Ruhrgebiet kennengelernt. Sie war mit ihrem Mann und den beiden Kinder herübergekommen, doch sie war gerade dabei, sich von ihm zu trennen. Peter S. – den Tagebuch und Fotos aus jenen glücklichen Tagen als leicht tapsigen

Mittdreißiger zeigen – meinte, die Liebe seines Lebens getroffen zu haben.

Ein Jahr später zieht er mit der Rußland-Deutschen in eine gemeinsame Wohnung. Sie hat sich nun endgültig von ihrem Mann getrennt. Die Scheidung läuft. Daß sie viele Männerbekanntschaften hat, erscheint Peter S. nur natürlich, denn seine Ljuba ist eine begehrenswerte Frau. Ihre Kinder wollen lieber beim Vater bleiben. Ihr ist es recht. Sie möchte frei sein für diese neue Beziehung.

Peter S. möchte eigene Kinder haben mit ihr, und als sie schwanger wird, will er mit ihr aufs Standesamt und das Aufgebot bestellen. Doch Ljuba zögert diesen Schritt hinaus, und ihr Verhalten wird während der Schwangerschaft immer rätselhafter. Er hat den Eindruck, sie lagere persönliche Gegenstände aus der gemeinsamen Wohnung aus.

Eines Tages, zwei Monate vor der Entbindung, schickt sie ihn zum Einkaufen und küßt ihn überaus zärtlich zum Abschied. Als er zurückkehrt, findet er einen Zettel vor: «Ich bin weg. Ich gehe ins Frauenhaus. Ich erkläre Dir alles im Brief. Tut mir leid. L.»

In seinem Tagebuch notiert S. seine Verstörung, seine Ratlosigkeit, aber auch das Aufatmen, als sie sich abends meldet. «Ljuba ruft um 22 Uhr 30 an, sie will zurück.» Im Frauenhaus sei derzeit kein Platz frei. Später erklärt sie ihm ihr rätselhaftes Verhalten. S. notiert: «Sie wollte nicht, daß ich das Kind sehe, wenn es geboren wird, sie wollte es ganz alleine für sich haben.»

Wie kann das sein? Wie kann ihm als Vater gekündigt werden? Immer noch wehrt er sich gegen den Gedanken, daß sie Katz und Maus mit ihm spielte, und das womöglich schon von Anbeginn an.

Sie bleiben zusammen, und als sein Alexander Daniel Oliver geboren wird, ist er im Krankenhaus dabei. Stolz und hoffnungsvoll schreibt er: «Er ist genauso geworden, wie ich es mir gewünscht habe ... Ich hoffe, jetzt wo das Kind da ist, wird alles wieder gut und L. endlich vernünftig.»

Er sollte sich täuschen. L. verfolgt ihren Plan weiter. Als er ein paar Monate später von einer Dienstreise zurückkehrt, ist sie ausgezogen. Sie hinterläßt ihm einen Brief. «Mein lieber Schatz. Ich weiß, daß Du schockiert bist, daß ich so gemacht habe. Ich weiß, daß ich Dich in die schwere Zeit verlassen habe ... Du bist ein sehr liebevoller Mann, aber Du hast Dir eine falsche Frau ausgesucht.»

Was soll er mit diesem Brief anfangen? Soll er sich mit dem zärtlichen Abschiedskitsch aus einer Zukunft als Vater katapultieren lassen? Da ist ja nicht nur sie. Wenigstens seinem Sohn will er ein guter Vater bleiben. Dieser Sohn ist mehr als nur das Souvenir seiner Liebe zur Mutter. Es ist sein Sohn, sein Fleisch und Blut. Er hat eine Verantwortung, irgend etwas Großes ist in sein Leben getreten, etwas, das jenseits vom üblichen Karussell aus Flirts und Liebesschwüren und Abschiedstränen existiert. Etwas, das bleibt. Ein Mensch.

Der Weg zu diesem Kind führt nur über sie. Was ist mit ihr? Verkauft sie ihn für dumm? Warum mußte sie gehen? Und wenn sie es von Anfang an vorhatte – warum wollte sie dieses Kind überhaupt? Sie liebe Kinder, sagte sie ihm einmal. Irgend etwas stimmt nicht. Er kennt sie schwärmerisch, aber gleichzeitig auch berechnend, abwägend, sorgfältig.

Plötzlich erinnert er sich an Gespräche über ihre beiden anderen Kinder. Eigentlich, sagte sie, sei sie verpflichtet, Unterhalt für die beiden zu überweisen und zusätzlich auch ihrem arbeitslosen Exmann Unterhalt zu zahlen. Nun müßte sie eigentlich arbeiten gehen, um Geld zu verdienen, aber sie habe überhaupt keine Lust dazu. Mit einem eigenen Kind hätte der andere Mann keine Ansprüche mehr. Ein eigenes Kind wäre der Ausweg.

Was stimmt? Wer ist sie? Damals, vor und nach der Geburt, hatte er ihr Verhalten mit einer Schwangerschaftspsychose erklären wollen und postnatalen Depressionen. Körper und Seele einer Frau geraten durcheinander bei einer Geburt, das hatte er gelesen. Ist sie krank oder berechnend, seelisch labil oder nur bösartig auf ihren finanziellen Vorteil bedacht?

Will sie das Kind, um Unterhaltsempfängerin zu werden, statt

Unterhalt zahlen zu müssen? Denn selbstverständlich hatte er sich dem Jugendamt gegenüber verpflichtet, Kindesunterhalt zu bezahlen, um seine Vaterschaft aktenkundig zu machen.

Er hatte ihr, ein paar Monate nach der Entbindung, eine Reise in die russische Heimat finanziert, zu ihren Eltern, damit sie sich erholen könne – sie sagte, sie hätte Heimweh. Jetzt erfährt er, daß sie bei ihren Eltern nur kurz eine Stippvisite gemacht hatte und dann weitergefahren war in eine andere Stadt. Und daß sie von dieser Reise mit einem Mann zurückkehrte, mit einem, den sie schon von früher kannte. Kurz darauf heiratete sie ihn.

Was sie ihm erzählte, stimmte wohl hinten und vorne nicht. Er war ausgenutzt und hereingelegt worden. Er war mit Vorsatz zum Zeuger und Zahlvater gemacht worden. Doch der Alptraum beginnt erst jetzt: Es gibt kein Amt, keine Partnereinrichtung, keine Behörde, die das Karussell der lebensverwüstenden Spielchen seiner Exfreundin aufhalten würden. Und das Schlimmste: Auf diesem Karussell sitzt auch sein Sohn.

Sie tut, was sie will, mit dem gemeinsamen Kind und mit ihm, und Justiz und Behörden werden sich den Pendelschlägen ihrer Launen anpassen. Eine Zeitlang noch läßt sie ihn das Kind jedes zweite Wochenende sehen. Dann bricht sie den Umgang ab. Er schreibt ihr Briefe, die durchsetzt sind mit gefühligen Appellen und rechtlichen Ermahnungen, liebevoll, verzweifelt, wütend, versöhnend und altklug.

Irgendwann meldet sie sich wieder bei ihm. Wieder einmal hat sie beschlossen, ins Frauenhaus zu ziehen, da sie auch in der neuen Ehe nicht glücklich werden könne. Dieser Mann, sagt sie, habe sie zur Heirat gezwungen, um eine deutsche Aufenthaltsgenehmigung zu bekommen.

Es klingt wirr, was sie erzählt. Aus Angst, daß sie nun ganz mit seinem Sohn untertaucht, setzt er sich mit ihrem Mann in Verbindung. Peter S. braucht Berechenbarkeit. Eine feste Adresse ist berechenbar. Selbst ihre Ehe mit einem anderen Mann ist berechenbarer als ein Verschwinden im Wohlfahrts-Bürokratendschungel. Polizeipsychologen kennen das aus Verhandlungen mit Geiselnehmern – Berechenbarkeit ist alles. Peter S. will Berechenbarkeit. Er will ja nicht seine Freundin zurück. Er hat Angst um sein Kind.

Erneut bricht sie den Kontakt zu ihm ab. In einem Telefongespräch erklärt sie ihm, daß das Kind nie erfahren soll, wer sein wirklicher Vater ist. Von Anfang an habe sie das so geplant. Ihr russischer Mann solle der Vater sein. Und da zu Hause nur russisch gesprochen würde, wachse auch das Kind russisch auf.

Nun will Peter S., im Vertrauen auf Rechtsstaat und Grundgesetz, sein Recht auf Umgang gerichtlich erzwingen. Irgendwann, das Kind ist mittlerweile fast zwei Jahre alt, kommt es zu einer ersten Anhörung. Maßnahmen gegen die Mutter werden nicht beschlossen. Im Gegenteil: Peter S. hat das Gefühl, selber auf der Anklagebank zu sitzen.

Er sieht sein Kind gar nicht mehr. Weitere Monate verstreichen. Er klagt wegen Prozeßverschleppung. Die Klage wird abgewiesen. Er stellt einen Befangenheitsantrag gegen den Richter. Der Antrag wird abgewiesen. Bis heute wartet Peter S. auf ein Urteil. «Vielleicht später», sagt Kafkas Türsteher vor dem Gesetz.

In der Zwischenzeit versucht er, den Druck auf die Mutter selber zu erhöhen auf Anraten eines Anwalts, der seinen Fall dann doch nicht übernimmt, weil er ihm nicht lukrativ genug ist. In Briefen warnt Peter S. die Mutter seines Sohnes, sie verwirke ihr Sorgerecht, wenn sie dessen Umgang mit dem Vater vereitele. Diese Drohung hat er im Familienrecht gefunden.

Da das Gericht untätig bleibt, muß er selber tätig werden. Er mahnt die Rechte des Kindes auf den Vater an. Er zitiert das Grundgesetz, ja das Menschenrecht. «Ich fordere Dich hiermit auf, die UN-Kinderrechtskonvention und die Menschenrechtskonvention zu achten!!» Naiv? Aber klar. Verzweifelt? Und wie! Er appelliert an ihre Vernunft, an ihr Herz. Er schreibt: «Wir beide lieben unser Kind. Und unser Kind liebt uns beide.»

Längst hat sie eine Anwältin. Ihm dagegen ist Prozeßkostenhilfe verweigert worden, weshalb er sich selber vertritt. Seine Exfreundin fühlt sich durch seine Briefe «belästigt». Über ihre

Anwältin läßt sie ihm mitteilen, daß sie keine Briefe mehr wünsche.

Immer noch ist Peter S. von der Justiz allein gelassen. Doch allmählich setzt sie sich in Betrieb – gegen Peter S. In der ganz gewöhnlichen deutschen Justiz-Alchimie wird aus einer offenbar labilen Frau, die sich über geltendes Recht hinwegsetzt, ein Opfer. Und Peter S., den seine Frau in ihrem Abschiedsbrief als liebevollen Mann bezeichnet hat, wird durch nichts anderes als den Versuch, sein Vaterrecht einzuklagen, zur «Bedrohung».

Nachdem vor Behörden und Gericht erst einmal diese Positionen bezogen sind, nachdem also die Rollen normgerecht verteilt sind, kann für die Mutter des Kindes nichts mehr schiefgehen. Der Rest läuft von alleine.

Nun wird das Gericht auch den abwegigsten Begründungen der Mutter für einen Umgangsboykott verständnisvoll lauschen. Etwa dem, daß die Mutter Angst habe, «der Vater könne sich zwischen sie und das Kind schieben». Die Mutter, erkennt das Protokoll der Verhandlung mitfühlend, sei schon traumatisiert durch den Verlust der beiden anderen Kinder, die sie an ihren ersten Mann habe abtreten müssen. Im übrigen, kann sie ausführen, habe das Jugendamt vor Peter S. gewarnt. Der würde wohl alles tun, um ihr das Kind wegzunehmen.

Die Streitsucht von Peter S. dagegen wird schon dadurch dokumentiert, daß er vorbereitet im Gerichtssaal erscheint. «Herr S., der mit zwei Leitz-Ordnern voll Schriftstücken und Fotos ausgestattet ist, hat das Wort und führt aus ...»

Während also den lebensgeschichtlichen Talfahrten der Mutter verständnisvoll hinterhergenickt wird, gilt Peter S., der an das Recht seine letzte Hoffnung auf ein Wiedersehen mit seinem Sohn knüpft, als schräger Vogel.

Der Boden unter ihm wankt. Und als man ihm Anfang des Jahres sogar verbietet, in Briefen an L. gegen das Unrecht zu protestieren, gibt er seinen Glauben an das System auf. Sein letzter Brief: «Seit nunmehr 15 Monaten boykottierst Du den Umgang zwischen Vater und Sohn. Das heißt:

15 Monate Unrecht Daniel gegenüber

15 Monate Menschenrechtsverletzung

15 Monate, in denen Du elementare Rechte von Daniel miß-
achtest

15 Monate seelische Mißhandlung von Daniel

15 Monate, in denen Du Daniel geschadet hast

Jeder einzelne Tag davon ist einer zuviel!

Beende den Umgangsboykott sofort!

Ich werde Dich hierzu auch weiterhin auffordern, solange Du
diese Vergehen nicht beendest.»

In einem Urteil, das ihm zugestellt wird, nachdem er sich mir anvertraut hatte, wird ihm mit einer Geldstrafe von 500 000 Mark
gedroht, sollte er weiterhin versuchen, Kontakt zur Mutter seines Sohnes aufzunehmen.

Aus dem Briefporto von 1,10 Mark kann nun eine halbe Mil-
lion Mark Strafe werden, nur weil ein Vater Kontakt mit seinem
Kind wünscht. Weiterhin wird Peter S. verboten, über seinen
Fall, der auch der Fall seiner Frau ist, mit Dritten zu reden.

Seit diesem Zensur- und Horror-Urteil fühlt sich Peter S. wie
ein Dissident in China. Seinen Prozeß versteht er jetzt als politischen Prozeß. Er wäre sogar bereit, ins Gefängnis zu gehen.
(Obwohl er sich mit mir bereits vor dem Urteil in Verbindung
gesetzt hatte, ändere ich seinen Namen, um ihn zu schützen.)

Eine halbe Million Mark Strafe gegen einen Vater, der zu dem
Unrecht, das ihm zugefügt wurde, nicht schweigen möchte. Das
ist die Norm heutiger Rechtsprechung. Ein Wahnsystem.

Peter S. wurde sozusagen juristisch «stillgelegt». Er muß warten, bis ihm von der Höhe der Rechtsprechungs-Allmacht herab
möglicherweise Gerechtigkeit widerfährt und die Mutter seines
Kindes gezwungen wird, ihren Boykott aufzugeben. «Später»,
sagt Kafkas Gesetzeshüter, und dieses später wird auf ein «nie»
hinauslaufen.

Die Zeit läuft Peter S. davon. Je länger er sein Kind nicht sieht,
desto vager und abstrakter wird seine Vaterschaft – und desto

gefestigter die Bastion der Mutter als Alleinsorgende. Ihre Rechnung ist aufgegangen. Mit Unterstützung des Jugendamts und einer parteiisch-passiven Justiz hat sie die Schlacht gewonnen.

Sie läßt Gerichtstermine platzen, und der Richter gibt zu verstehen, daß er alle Zeit der Welt habe. Er kann darauf vertrauen, daß sich auch dieses Problem irgendwann von alleine gelöst haben wird. Wer sollte ihn noch gefährden. Die Dienstaufsichtsbeschwerde, die Peter S. gegen ihn einreichte, hat er schließlich erfolgreich ausgesessen, und irgendwann wird er verkünden: «Um Schaden vom Kind abzuwenden, sollte der Umgang mit dem Vater ruhen, bis sich die elterlichen Verhältnisse normalisiert haben.»

Oder er wird verlauten lassen, daß ein Umgang nun nicht mehr «kindgerecht» sei; denn das Kind «muß wissen, wo es hingehört». Mit diesen erprobten Leerformeln wurde bereits in Tausenden von Prozessen verfahren, die das Schicksal der vaterlosen Gesellschaft Schritt um Schritt, Spruch um Spruch besiegeln.

Das Bundesverfassungsgericht selber hat in einem Urteil von 1997 auf diesen Skandal hingewiesen. Sechseinhalb Jahre lang hatte ein Vater um Umgang mit seinem Kind gebeten. Sechseinhalb Jahre hatte er demütig vor den Toren des Gesetzes gewartet. Sechseinhalb Jahre hat es gedauert, bis das Bundesverfassungsgericht einen Amtsrichter anwies, einen Umgangstermin anzusetzen.

Doch in der Dialektik des feministischen Diskurses und in der Mechanik der mütterfixierten Rechtsprechung sind es Väter wie Peter S., die «Feindseligkeit» zeigen. Peter S. wird zum Aufwiegler gemacht. Und irgendwann wird er diese Rolle annehmen, mit kalter Wut.

Und seine Wut wird steigen, wenn er jene Kommentatorinnen in Talkshows herumsitzen sieht, die die verzweifelten Männer lässig auffordern, doch «den Haß» und die «Feindseligkeit» zu unterlassen, denn «so komme man doch nicht weiter». Schicke Redakteurinnen, die klarmachen, daß das Problem der gestörten Geschlechterbeziehungen doch darin läge, daß Männer sich weigerten, Hausarbeiten zu übernehmen.

Er sieht sie und all die Expertinnen und dröhnenden Juristen, und er gerät ins Phantasieren: So ähnlich äußerten sich die Aristokraten und ihre Schranzen auch vor der Französischen Revolution. Auch sie forderten Ruhe und Gelassenheit. Und dann war es mit ihnen vorbei. Eine neue Revolution, denkt er dann, muß auch diese grauenhaften Leute davonjagen, muß eine neue Bastille erstürmen, muß alle Galanterien vergessen. Es geht um seinen Sohn.

Täglich produziert das Rechtssystem potentielle Terroristen wie Peter S. Wohl kaum eine Institution erscheint so durchgefault, so korrumpiert, so zynisch wie die Justiz zum Familienrecht. Doppelzüngigkeit, Allmachtswahn, Inkompetenz und ein kompletter Mangel an sozialer Intelligenz zeichnen diesen wohl sensitivsten Bereich der Rechtsprechung aus – in so erschreckendem Maße, daß selbst ein Insider, der Gerichtsgutachter Uwe Jopt, ausrief: «Die rechtliche Lösung selber *ist* das Problem.»

Es ist das Gefühl kompletter Ohnmacht, das Peter S. radikalisiert. Denn gegen schlechte Richter gibt es keine Einspruchsmöglichkeit. So schrieb der Staatsanwalt an einen streitenden Vater: «Mit ihren ständigen Strafanzeigen (gegen den Richter) kämpfen Sie an der falschen Front. Das Strafrecht hilft Ihnen auch dann nicht, wenn Richter N. objektiv falsch entscheiden sollte. Strafrechtliche Tatbestände in diesem Bereich verlangen vorsätzliches Handeln, was man einem Richter kaum nachweisen kann.»

Nein, er handelt nicht «vorsätzlich falsch». Im Gegenteil, er handelt «richtig» im Sinne allgemeiner Vorurteile, und das ist gerade das Problem. Der Richter, der zum «Wohle des Kindes» oft gegen dieses Wohl entscheidet, paßt seine Fehlurteile dem herrschenden Konsens an, dem familienfeindlichen, väterfeindlichen Gesamtdiskurs. Anders gesagt: Er handelt falsch, weil er handelt wie alle; er delegiert seine Verantwortung an die Politik, an das allgemeine Gesumme, an den Zeitgeist.

Diese Verknüpfung von «Zeitgeist und Rechtsprechung» hat keiner präziser umrissen als Wolfgang Zeidler in einem gleichnamigen Aufsatz. Einer, der es wissen muß. Zeidler war Präsident des Bundesverfassungsgerichts: «In den konkreten Fragen ihres individuellen Lebensschicksals von meist existentieller Bedeutung begegnen die Menschen einer von der gnadenlosen Härte abstrakter Ideologien geprägten Rechtsordnung. So werden sie in ihrem ureigensten Privatbereich zum Spielball und Opfer des jeweils staatlich verordneten ‹Zeitgeistes›. Seine Flüchtigkeit hüllt sich in den trügerisch tarnenden Mantel der Wahrheit mit Absolutheitsanspruch.»

Der Konstanzer Rechtsprofessor Bernd Rüthers hat in seiner umfassenden Untersuchung über die «Ideologie-Anfälligkeit geistiger Berufe am Beispiel der Juristen» die bundesdeutschen Richter als «Systemfunktionäre» beschrieben, deren Widerstandskraft in einem einmal etablierten Unrechtssystem äußerst gering ist. Erfahrungen mit der NS-Justiz und der Unrechtsprechung in der DDR belegen diese deutsche, «fürchterliche» Richterei eindrucksvoll.

Es gibt Ausnahmen wie den Potsdamer Familienrichter Prestien. Ein Exot in der Szene, weil er sich um seine Klienten kümmert. Typisch für ihn ist sein unkonventionelles Vorgehen. Bisweilen besucht er die Eltern beziehungsweise die Kinder zu Hause. Und manchmal kommt er unangekündigt.

Er versteht sich als Anwalt des Kindes, das auch nach einer Trennung Anrecht auf beide Elternteile hat. Schon vor der Kindschaftsrechtsreform hat er bei Scheidungen in 70 Prozent der Fälle das gemeinsame Sorgerecht ausgesprochen.

Die Praxis des Richters Prestien läßt ermessen, wie mangelhaft sein Kollege N. im Falle des Peter S. gearbeitet hat.

Prestien berät über Folgen der Trennung; Richter N. hüllte sich in Schweigen.

Prestien dringt auf psychologische Beratung und Partnergespräche; Richter N. erlaubte der Mutter den völligen Rückzug.

Prestien ermuntert die Parteien, aufeinander zuzugehen; Rich-

ter N. bedrohte die Kontaktversuche des Vaters mit einem Bußgeld von 500 000 Mark.

Prestien sorgt für zügige Abwicklung bei Umgangsregelun-
gen; Richter N. verschleppt.

Prestien drängt auf «Bindungsakzeptanz». Das heißt, daß der
sorgeberechtigte Elternteil akzeptiert, daß das Kind Bindungen
auch zu dem oder der nicht Sorgeberechtigten unterhält. Für
Richter N. ist die Angst der Mutter vor der Bindung des Kindes
an den Vater ausschlaggebend dafür, den Umgang zu verhindern.

Für Prestien ist die Bindungsakzeptanz in der Sorgerechtsentscheidung maßgeblich. Nur der, der auch die Bindung an den
anderen Elternteil zuläßt, ist zur Sorge geeignet, weil ihm das
Kindeswohl tatsächlich am Herzen liegt. Für Richter N. dagegen
wird das Kontinuitätsprinzip ausschlaggebend sein. Wer das
Kind längere Zeit bei sich hat, soll es haben.

Schließlich aber: Prestien bedroht Umgangsverhinderungen
umgehend mit Sanktionen. Und er bewirkt Wunder. Schon die
Androhung, so seine Devise, sorgt oft für einen Sinneswandel.
Richter N. dagegen läßt Umgangsbehinderungen zu, fördert sie
passiv sogar.

Die Ergebnisse sind eindeutig. Prestiens Klienten lernen, auch
nach der Trennung verantwortliche Eltern zu bleiben. Richter
N. dagegen hat das Kind um einen Elternteil betrogen. Er hat
aus einem liebevollen Vater einen Unruhestifter gemacht, hat die
Mutter in ihrer trotzig-passiven Opferrolle bestärkt und hat dadurch einen Streit eskaliert, der endlose Papierberge produzieren
wird.

Rechtskritiker Rolf Lamprecht hat in seinem Buch «Vom Mythos der Unabhängigkeit» vom «Kaspar-Hauser-Syndrom» der
Richterschaft geschrieben, einem merkwürdigen berufsspezifi-
schen Autismus, einem System des Realitätsverlusts, das irgendwann die ganze Rechtsordnung gefährden wird und das auch
von den kreativen Richtern (wie Prestien) kaum geändert werden kann.

Lamprecht sieht «hochgestellte, sensible Individualisten» auf der einen Seite, «auf der anderen Seite ein autistisches, immobiles und reflexionsscheues Kollektiv. Beide Aspekte lassen sich nicht zur Deckung bringen.»

Der Autismus der Richterschaft wurde von namhaften Therapeuten in der Zeitschrift *Psychologie heute* (1/96) diskutiert. Richter «nehmen sich und ihre Überzeugung für die letzte Instanz», und sie bestehen «in aggressiver Weise darauf, daß man sich ihrem Rat beugt». All das hat Richter N. im Verfahren um Peter S. hinlänglich bewiesen: mit Repressionsurteilen, die das eigene Vorurteil schützen sollen, das auch ein gesellschaftliches Vorurteil ist.

Richter, so fanden die Psychologen in ihrer Studie heraus, sind dem Wesen nach bindungsschwach und beugen sich schnell den Forderungen des Beamten-Establishments. «Beamte aber werden dafür honoriert, Unruhe zu vermeiden ... So entwickelt sich leicht lethargisches, mechanisches Verhalten.»

Sie nutzen das Paragraphenwerk zur Ich-Stützung, kaschieren ihre Unsicherheit mit der Amtsautorität, die ihnen Distanz zum Volke schafft, in dessen Namen sie sprechen. «Daß menschliche Nähe ihnen nicht liegt, scheint in ihrem Beruf eine Tugend», kommentiert Raimar Keintzel in dem Periodikum *Betrifft JUSTIZ* (Juni 96).

Keintzel sieht in der Krise der Richterschaft, in ihrer mangelnden Bereitschaft zur Kreativität, zu echter, anteilnehmender Rechtsprechung auch das Syndrom der Postmoderne. In ihr ersetzt das Zitieren von bereits Gedachtem das eigene Denken und läßt eigene Rede nur insoweit zu, als sie von der Konsensgesellschaft gedeckt wird, und die wird vom frauenrechtlernden Diskurs in wesentlichen Bereichen gesteuert. Die Konsensgesellschaft aber unterdrückt wirksamer als jede offene Zensur, denn diese produziert immerhin noch Aufbegehren.

Das Rechtssystem, zu dem mancher flieht wie zu einem unzeitgemäßen Bollwerk gegen den Zeitgeist, ist dessen heimliches Zentrum. Recht ist Mode, und die Mode ist frauenbewegt, männerfeindlich, väterfeindlich. Wer im Recht Zuflucht sucht, flüchtet in die Höhle des Löwen.

Einer der bekanntesten Gerichtsgutachter in Sorgerechtsstreitigkeiten, Professor Wolfgang Klenner, spricht von der Zweiklassengesellschaft des Sorgerechts: den «Hochmütigen», die es haben, und den «gedemütigt Entrechteten», die es nicht haben. «Das Kind», so Klenner, «wird als eine Art menschlichen Zugewinns aus der bestehenden Beziehung mitgenommen.» Und mit diesem Zugewinn wird gewuchert. Massenhaft.

«Die Zahl widerspenstiger Sorgerechtsinhaber unter den Eltern, sowohl gegenüber außergerichtlichen als auch gegenüber gerichtlichen Bemühungen zur Respektierung der Umgangsbefugnis, hat derart zugenommen, daß darüber nicht mehr einfach zur Tagesordnung übergegangen werden kann», diagnostiziert Klenner. Klartext des renommierten, international geachteten Sachverständigen: Alleinsorgende Mütter schikanieren ausgemusterte Väter in einem Ausmaß, das nicht mehr geduldet werden darf.

In der Zwischenzeit aber produziert das System «Siege» für Väter, die nur noch mit Zynismus quittiert werden können. So etwa das kürzliche Urteil des Frankfurter Oberlandesgerichts, das einem jahrelang prozessierenden Vater das Recht auf – ein Foto seines Kindes zuerkannte: «Der Vater des nichtehelichen fünfjährigen Kindes hatte zunächst versucht, einen persönlichen Kontakt und ein Umgangsrecht mit dem Kind gerichtlich gegen den Willen der Mutter durchzusetzen. Dies war nach Einschätzung eines Sachverständigen mit der Begründung abgelehnt worden, daß die negativen Spannungen zwischen den Kindeseltern sich nachteilig auf das gemeinsame Kind auswirken könnten.

Als die Mutter auch jede Auskunftserteilung und die Übersendung eines Lichtbildes verweigerte, nahm der nichteheliche Vater erneut – diesmal mit Erfolg – gerichtliche Hilfe in Anspruch. Der 20. Zivilsenat des Oberlandesgerichtes Frankfurt am Main bestätigte die Entscheidung des Amts- und Landgerichts in

Wiesbaden, wonach die Mutter verpflichtet ist, dem Vater halbjährlich ein Bild des nichtehelichen Kindes zu überlassen.»

In Kafkas Parabel sitzt der Mann vom Lande ein Leben lang vor der Tür des Gesetzes. Irgendwann entdeckt er dort im Dunkeln einen «Glanz». Kurz vor seinem Tod fragt er den Türhüter: «Alle streben doch nach dem Gesetz ... Wieso kommt es, daß in den vielen Jahren niemand außer mir Einlaß verlangt hat?»

Der Türhüter muß sich niederbeugen und brüllen, um sich verständlich zu machen: «Hier konnte niemand sonst Einlaß erhalten, denn dieser Eingang war nur für dich bestimmt – Ich gehe jetzt und schließe ihn.»

Die Gewaltlüge

Ein ganz besonderer Mordfall sorgte im Januar 1998 in New York für Schlagzeilen. Vor der Strafkammer in Brooklyn wurde gegen Denise Solero verhandelt, die gemeinsam mit ihrem Freund die eigene Tochter getötet hatte. Was die New Yorker erregte, war nicht nur das scheußliche Verbrechen – es war das vergleichsweise milde Strafmaß, das die Mörderin erhielt. Sie hatte sich zur Kronzeugin gegen ihren Freund gemacht und war dafür mit einer Bewährungsstrafe davongekommen.

Als freie Person verließ sie das Gerichtsgebäude und trat glücklich ins milde Januarlicht, hinaus vor die Kameras. Sie war mit Auflagen entlassen worden. Von nun an darf sie mit ihren anderen Kindern, eines davon aus einer früheren Ehe, nicht ohne Erlaubnis Kontakt haben, und sie wird, sollte sie in den nächsten fünf Jahren schwanger werden, ihr Neugeborenes zur Adoption freigeben müssen – keine Unbilligkeit bei einer Kindsmörderin. Darüber hinaus muß sie zum Psychologen gehen und zweimal die Woche ihren Bewährungshelfer aufsuchen. Ihr Freund, selbstverständlich, wurde sofort ins Zuchthaus transportiert.

Empört waren die New Yorker auch nicht nur über die Straf-
milde, sondern über die Art, in der Denise Solero von Staatsanwalt Charles Hynes verteidigt wurde. Er hatte ihr für eine
belastende Aussage gegen den Freund Haftverschonung versprochen. Um diesen Handel in der Öffentlichkeit zu rechtfer-
tigen, hatte er Denise Solero im Gerichtssaal als Paradebeispiel
einer mißhandelten Frau vorgestellt.

«Sie war buchstäblich die Sklavin dieses Mannes», rief er. Der
habe sie zur Tat angestiftet. Noch immer gäbe es ein Riesenheer
von mißhandelten Frauen in dieser Gesellschaft, und noch immer werde zu wenig für sie getan. Dann setzte der Ankläger dramatisch hinzu: «Wir alle sind ein wenig schuld an dieser Tragödie.»

Anderntags platzte der Kolumnistin der *New York Post*, Andrea Peyser, sonst eine Aktivistin für mißhandelte Frauen, der
Kragen. In ihrer Zeitungskolumne ging sie sowohl mit der Angeklagten wie mit dem Chefankläger zu Gericht.

«Für eine 2-Penny-Peepshow-Stripperin mit den Mutter-
instinkten einer tollwütigen Klapperschlange – wobei ich
Schlangen nicht beleidigen will – hat sich Denise Solero als ziemlich ausgekocht und smart erwiesen.» Denise Solero, schrieb sie,
habe den Chefankläger aufs Kreuz gelegt und «lache sich nun
ins Fäustchen».

Von Anfang an, so Peyser, habe die Mörderin eine bestimmte
Karte klug ausgespielt. «Sie hat die übermächtige Industrie der
mißhandelten Frauen auf ihre Seite gezogen.» Sie habe das Opfer ehelicher Gewalt gemimt – «eine Schlange, die ihre kleine
Justina niedergehalten hat, während ein Mann dem Mädchen
den letzten Atem herauspreßte».

Den ersten kalkulierten Schritt tat Denise Solero, als die Tat
aufflog. Sie versicherte sich der Dienste eines Anwalts, der mit
seiner «battered-women-defense», der «Verteidigungstaktik für
mißhandelte Frauen», schon Freisprüche für Angeklagte erreicht hatte, die ihre Männer getötet hatten.

Sodann zog sie mit Sack und Pack um – in eines der Häuser für geschlagene Frauen, die auch in den Vereinigten Staaten eine Art heiliger Bezirk sind, geschützter Boden, so wie es die Kirchen im Mittelalter waren, in denen Verbrecher Asyl finden konnten. «Beschützt und abgeschirmt in der fürsorgenden Umarmung dieser Industrie für geschlagene Frauen, lehnte es Solera sodann ab, mit der Anklagebehörde zu kooperieren – sofern sie nicht einen für sie günstigen Deal bekommen würde.» Der Deal war königlich: Freiheit.

An diese Zusage fühlte sich der Chefankläger selbst dann noch gebunden, als sich im Prozeß herausstellte, daß Solero nicht etwa hilflos mit angesehen hatte, wie ihr Freund die Tochter tötete, wie sie zunächst angegeben hatte. Nein, sie hatte ihm aktiv dabei geholfen.

In der New Yorker Politszene gilt Staatsanwalt Hynes als ehrgeiziger Aufsteiger, der höhere politische Ämter anstrebt. Schauprozesse wie dieser helfen normalerweise dem öffentlichen Ansehen. Auch der jetzige New Yorker Bürgermeister hatte einst als Staatsanwalt ersten Schlagzeilenruhm geerntet.

Für die Kommentatorin war es von Anbeginn klar, daß Hynes sich mit seiner Verteidigungsstrategie bei den mächtigen feministischen Lobbys der Stadt einschmeicheln wollte. Doch diesmal hatte er sich verrechnet. Frauen beginnen, gegen den Mißbrauch mit dem Mißhandlungsvorwurf mobil zu machen. Sein Freispruch für die Mörderin, so Kolumnistin Peyser, hat nicht nur der kleinen Justina unrecht getan. Er hat auch all jenen Frauen geschadet, die tatsächlich von ihren Ehemännern geschlagen werden.

«Dieser Prozeß hat dem Kampf gegen eheliche Gewalt mehr Schaden zugefügt als eine ganze Busladung von besoffenen Rednecks, deren Team bei der Superbowl verloren hat.»

Dabei hat Solero nichts getan, als einen gesellschaftlich sanktionierten, kugelsicheren Schutzraum zu betreten. Eine Frau, die behauptet, eine geschlagene Frau zu sein, hat die Öffentlichkeit, die Gerichte, die Behörden hinter sich. Sie kommt, buchstäblich, «mit Mord davon», wie es in der Schlagzeile heißt.

Solero hat mit einem Schläger zusammengelebt. Sie ist nicht etwa davongelaufen oder hat die Polizei alarmiert, sondern sie hat gemeinsam mit ihrem Freund die Tochter getötet. Ihr Fall beweist, daß manche Frauen im Alltag weniger von männlicher Gewalt beeindruckt sind als von dem Wirkungszauber, den sie in der Öffentlichkeit erzielen können, wenn sie sich als deren Opfer hinstellen können.

Frauen selbst durchschauen den Diskurs-Mythos «eheliche Gewalt», und sie wissen, daß er himmelweit vom Alltag entfernt ist. «Eheliche Gewalt» ist oft nichts anderes als nonverbale Auseinandersetzung, ist Tellerschmeißen, Brüllen, Schubsen, und selbstverständlich ist sie beiderseitig.

Besonders dort, wo man nicht durch die höhere Schule modetherapeutischen Artikulationstrainings geht – «ich höre dich und nehme deine Gefühle wahr» –, wird körperliche Auseinandersetzung durchaus nicht als Schwerverbrechen gesehen, sondern einkalkuliert.

«Ich weiß ganz genau, daß ich mir eine einfange, wenn ich bestimmte schlimme Dinge anstelle», sagte mir eine schwarze Taxifahrerin in New York. «Aber ich tu's trotzdem. Und wenn er nichts machen würde, würde ich denken, ich bin ihm gleichgültig und er liebt mich nicht mehr.» So ist die Wirklichkeit auch.

Der Fall Solero zeigt, daß Frauen ebenfalls gewalttätig sind, daß auch sie morden. Doch er demonstriert gleichzeitig, daß sie oft straffrei bleiben, weil das Vorurteil nur männliche Gewalt wahrnehmen will.

Für das Talkshow-Thema «Gewalt in der Ehe» sind Täter- und Opferrollen eindeutig verteilt, und es sorgt nur noch für Schmunzeleien, wenn die Abfragungsroutine mal ins Stottern gerät wie bei einer Biolek-Sendung im vergangenen Jahr. Dort hatte der Talkmaster bei der «Peep»-Moderatorin Verona Feldbusch nach sinistren Details ihrer Frischvermählten-Prügelei mit Kurz-Ehemann Bohlen gefragt.

Es sei nicht so doll gewesen, meinte die kecke Hamburgerin.

Er habe ihr halt eine geballert, und dann sei sie unglücklich gefallen. Aber, insistierte Biolek, «Gewalt in der Ehe ist doch ein
Thema», und schüttelte den Kopf über soviel ordinäre Unkennt-
nis gängiger intellektueller Salonwalzer.

Allerdings hatte Feldbusch an diesem Abend überhaupt keine
Lust, auf dem bio-gotten Diskursschleim mit Biolek herumzu-
rutschen. Sie hätte ihn, den Bohlen, ja schließlich auch provo-
ziert, gab sie zu verstehen. Na ja, und dann seien ihm eben die
Sicherungen durchgebrannt, und sie sei unglücklich gegen die
Heizung gefallen.

Natürlich war an diesem Abend mehr Wahrhaftigkeit und politisch inkorrekte Courage in Feldbuschs rotlackierten Finger-
nägeln und getönter Mähne als in dem hausierenden Elendsblick
Bioleks, der doch eigentlich die todsichere Nummer gebucht
hatte – «es ist doch ein Thema » – und der nun nach lüsternen
Details japste vom prügelnden Kerl und seiner blutenden Schönen.

Wie jeder Psychologiestudent im ersten Semester weiß,
mischt sich Gewalt in jede Beziehung, vor allem jede erotische
Beziehung. Sie mischt sich in einem Tanz über Abgründen aus
Macht und Ohnmacht, Verführung und Verführbarkeit. Es ist
ein wechselseitiges Spiel von seelischer und körperlicher Gewalt, von Anziehung und Abstoßung, Unterdrückung und Aufbegehren, und natürlich ist die Gewaltbereitschaft nicht geschlechtsspezifisch.

Frauen schlagen bei Auseinandersetzungen genauso zu wie
Männer, und manchmal ist eine Ohrfeige – beileibe kein Unter-
schichtenproblem wie die Statistiken zeigen – sogar humaner als
all die Anwälte, Behörden und Gutachter, die eine rächende
Frau für einen jahrelangen Vernichtungsfeldzug gegen den
Mann zu instrumentalisieren in der Lage ist.

Auch wenn sie in den frommen Katechismusbildern der Frau-
enbewegung nicht vorkommt, gibt es Gewalt von Frauen an
Männern, und sie ist genauso alltäglich wie der umgekehrte Fall.
Dabei ist es nicht nur der spektakuläre Mord wie etwa der

Fall der Drücker-Frauen, die einen Angestellten zu Tode gequält und dabei fotografiert haben. Es ist die ganz gewöhnliche körperliche Gewalt durch Frauen im Ehealltag.

Nur die bizarrsten Fälle schaffen es in die Zeitung. Etwa der des Schweizer Richters, der, einer Meldung des *Tagesspiegel* (Januar 1997) zufolge, von seiner Frau jahrelang schwer mißhandelt und zum Teil lebensgefährlich verletzt wurde. Die Ermittlungen hatten unter anderem einen Gartenschlauch, einen Stock, eine Vorhangstange und ein Elektrokabel zutage gefördert. Der Staatsanwalt hatte nach Betrachten der Fotos erklärt, das Gesicht des Opfers sehe aus «wie ein Hacksteak».

Zu ihrer Verteidigung behauptete die Frau, ihr Mann sei masochistisch veranlagt und habe es nicht anders gewollt. Da sie auch ihren aus erster Ehe stammenden Sohn geschlagen hatte, forderte die Staatsanwaltschaft eine Haftstrafe.

Bizarr war, was die Frau tat, als sie aus der U-Haft entlassen wurde. Wie die Kindsmörderin aus Brooklyn zog sie um – in ein Heim für geschlagene Frauen. Dort wurde sie entsprechend umsorgt. Eine Sozialarbeiterin sah bereits in der Länge der U-Haft eine Art Männergewalt an Frauen: «Das wäre mit einem Mann, der seine Frau geschlagen hat, nie passiert.»

Merkwürdigerweise wird die Gewalt durch Männer ernster genommen als die durch Frauen. Während Männer als erwachsene, selbstverantwortliche Wesen rigoros zur Rechenschaft gezogen werden, gelten selbst die brutalsten Frauen noch als Opfer – der Männer, der Gesellschaft, der Hormone. Feministinnen tun alles, um diese Unzurechnungsfähigkeitsklausel im Diskurs zu verankern. Wer diesen Freibrief hat, darf straffrei prügeln und hetzen. Und tut es.

Da die deutsche Feldforschung immer noch dünn ist, müssen wir wiederum den Blick nach Amerika werfen, wo bereits in den achtziger Jahren große, national angelegte Untersuchungen über Gewalt in der Familie durchgeführt wurden. In einem Artikel der *Los Angeles Times* (21. 6. 1994) zieht das Forscherteam Judith Sherven und James Sniechowski die Bilanz ihrer Arbeiten über häusliche Gewalt unter dem Titel «Frauen sind genauso verantwortlich».

Seit Jahren etwa stabil ist die Zahl der ehelichen Morde: Rund die Hälfte werden von Frauen verübt. Auch wenn die Mythen vom brutalen männlichen Aggressor und den unschuldigen weiblichen Opfern gebetsmühlenartig repetiert werden, sind sie, so die Forscher, dadurch nicht wahr.

Innerfamiliäre Tätlichkeiten verteilen sich auf Frauen und Männer etwa gleichmäßig, wobei, erstaunlich genug, die Frauen öfter die Aggressoren sind. Die Forscher zitieren den *National Family Violence Survey* von 1985, dessen Befunde seither von zahlreichen anderen Befragungen gestützt wurden. Da Frauen «meistens Waffen nutzen, um den körperlichen Nachteil auszugleichen», könne nicht behauptet werden, daß Frauen «im Prinzip nur aus Notwehr handeln».

Rund 1,8 Millionen amerikanische Frauen jährlich erleiden Tätlichkeiten von Freund oder Ehemann, gegenüber 2 Millionen Männern, die dergleichen von Freundin oder Ehefrau erdulden. Das ergab eine Studie, die das *Journal of Marriage and Family* veröffentlichte. In der gleichen Studie wird ausgeführt, das 54 Prozent aller Verletzungen, die als «schwerwiegend» eingestuft wurden, von Frauen beigefügt wurden.

Das *Journal for the National Association of Social Workers* bestätigte diese Befunde mit einer Befragung unter Teenagern. Hier sind die Mädchen öfter gewalttätig als die Jungen.

Da Männer insgesamt gelernt haben, Hiebe «einzustecken wie ein Mann», und da sie fürchten, sich der Lächerlichkeit preiszugeben, wenn sie gegen eine prügelnde Frau um Hilfe suchen würden, wenden sie sich selten an die Notdienste. Die Wahrscheinlichkeit, daß Frauen diese in Anspruch nehmen, ist neunmal häufiger als bei Männern. Auch das ein Grund für die Verzerrungen in der öffentlichen Wahrnehmung zum Nachteil der Männer, wenn es um eheliche Gewalt geht.

Für Soziologen und Fachleute dagegen präsentieren die beiden Forscher keine überraschend neuen Befunde. Allerdings stießen sie auf den gleichen feministischen Widerstand, den schon ihr Kollege Professor R. L. McNeely von der Universität in Wisconsin zu spüren bekam, als er das Buch «Die Wahrheit über eheliche Gewalt» veröffentlichte, eine genaue Beschreibung des Ausmaßes weiblicher Gewalt gegen Männer.

Er durfte allerdings nur das neu erleben, was die politischkorrekten Schwadronen Susan Steinmetz antaten, die als Direktorin des Family Research Institute an der Universität von Indiana ihr Buch «The Battered Husband Syndrome» («Das Syndrom des geschlagenen Ehemannes») veröffentlichte. Man drohte ihr schlicht, ihre Kinder umzubringen. Tatsächlich wurden sie von radikalen Frauengruppen angegangen und eingeschüchtert.

(In Deutschland ist man noch nicht soweit. Hier beschränken sich die feministischen Truppen darauf, Lesungen von unbequemen Wissenschaftlerinnen wie Katharina Rutschky mit Pfeifkonzerten und Beschimpfungen zu sprengen.)

An Gewalt, diesem schrecklichen «Tanz gegenseitiger Zerstörung», so die Forscher, sind beide beteiligt. Doch wenn die Frauenbewegung gebetsmühlenartig gleiche Rechte verlangt, meint sie stets den Freibrief fürs eigene Lager. Vor dessen Verantwortungen und Pflichten jedoch verschließt sie die Augen. Selbst eine prügelnde Frau ist in dieser Dialektik immer eine Frau in Notwehr, eine Frau, die sich gegen Demütigung wehrt, gegen seelische Verletzung, gegen die männliche Grausamkeit schlechthin.

Aus dem komplexen Thema der Gewalt zwischen Mann und Frau haben die Frauenverbände eine Comicversion zugeschnitten, in denen Männer die Bösen und Frauen die Guten und unbequeme Wahrheiten wegretouchiert sind. Der Vorteil dieser kindischen Broschüre liegt auf der Hand: sie ist bekömmlich, appelliert an die Instinkte, schafft Allianzen und ist politisch überaus verkäuflich.

Frauen haben gelernt, mit der Schuldvermutung männlicher Gewalt auch in Vorbereitung von Sorgerechtsstreitigkeiten zu spielen. Sie beschuldigen, und manchmal helfen sie nach.

Viele Väter berichten von sorgfältigen Provokationsszenarien mit Tätlichkeiten, die zum Vorwand genommen wurden, die Polizei zu benachrichtigen. Welcher Polizist glaubt schon einem Mann, daß er es war, der geschlagen wurde?

So bekam ein Arzt aus Düsseldorf überraschend Besuch von seiner Ehefrau, die sich von ihm getrennt hatte und mit der er im Streit um Kinder und Unterhalt lag. An einem Samstag vormittag stürmte sie in Begleitung eines Freundes in seine Praxis. Sie brüllte ihn an und begann, sein Büro zu verwüsten. Als er sie an den Schultern packte, um sie zur Tür hinauszubugsieren, schrie sie um Hilfe. Ihren Freund hatte sie als Zeugen mitgebracht.

Was beide übersahen, war der Patient, der hinter einer Stellwand saß und das Geschehen verfolgte. Die Absicht war klar: Einen «Gewalt»-Vorfall zu inszenieren, um den Arzt als erziehungsuntauglich hinstellen zu können. Durch seinen Patienten-Zeugen wurde er – zumindest bei diesem Vorfall – gerettet.

Andere haben weniger Glück. Oft bedarf es auch gar keines realen Vorfalls. Oft genügt die Schuldvermutung, mit der Frauen virtuos zu operieren gelernt haben.

Dabei können durchaus auch eingebildete Schädigungen vehement behauptet werden. Halluzinierte Leiden, die sich, besonders im Zeitalter der Massenmedien und Talkshows und Frauengruppen-Hysterien, virenartig verbreiten, wie die amerikanische Kultursoziologin Elaine Showalter in ihrem jüngsten Buch über «Hysterien» feststellt.

Anders als um die Jahrhundertwende, als die Hysterie zwischen Medizinmann und (meist weiblichem) Patienten abgehandelt wurde, wuchern die Hysterien heutzutage zwischen Massenmedien und ihren Konsumenten.

Moderne Syndrome wie Eßstörungen, chronische Müdigkeit, Kontakte mit Außerirdischen werden als unmittelbare Wirkung des Mediengetrommels am Körper des einzelnen faßlich und theatralisiert.

Diese «psychologischen Seuchen» befallen, so Showalter,

sehr viel mehr weibliche als männliche Patienten. Etwa 80 Prozent aller an chronischer Müdigkeit erkrankten Patienten sind Frauen, ebenso wie 90 Prozent aller Personen, denen Erinnerungen an frühen sexuellen Mißbrauch und Vergewaltigungen hochkommen.

Vor ein paar Jahren machten die «hidden memory»-Therapien Schlagzeilen, in denen Therapeuten mittels Hypnose «verdeckte Erinnerungen» auszugraben behaupteten. Plötzlich fanden sich unbescholtene, grauhaarige Väter und Großväter auf der Anklagebank, die von schluchzenden Frauen der Vergewaltigung angeklagt wurden. Sie hätten sich dieser «Vorfälle», die sich teilweise Jahrzehnte zuvor ereignet haben sollen, plötzlich während der Therapie «erinnert».

Viele der Beschuldigten mußten, seelisch und finanziell zerrüttet, Jahre um ihre Rehabilitierung kämpfen. Mittlerweile sind diese «Erinnerungs»-Techniken als Scharlatanerie entlarvt. Es wurde bewiesen, daß das umstrittene Material mit Hilfe von Suggestionen während besonders lebhafter Settings den Patienten untergeschoben worden war.

Nun läuft die Prozeßwelle rückwärts. Patientinnen verklagen ihre Therapeuten, die in ihren Sessions den Schmutz erst hinterlegten, den sie dann als überraschend geförderten Tiefenfund präsentierten. Doch kaum ein frauenbewegter Richter würde in der Alltags-Rechtsprechung je in Betracht ziehen, daß die bisweilen grotesken weiblichen Beschuldigungen vielleicht hysterischer Natur sind.

Frauen müssen in ihren Anschuldigungen immer und überall ernst genommen werden, darauf besteht der politisch-korrekte Diskurs. Mit einer einzigen Ausnahme: Wenn diese Anschuldigungen erwiesenermaßen falsch sind und die Urheberinnen mit Strafe zu rechnen hätten. Dann allerdings waren sie nicht bösartig, sondern unzurechnungsfähig. Oder sie hatten sich einfach «geirrt».

Auf jeden Fall ist die Frau dann nicht verantwortlich. Mag das Leben des Prozeßgegners auch zerstört sein – sie wird nicht zur

Rechenschaft gezogen werden dürfen, denn man müßte ihr den Vorsatz einer Falschaussage nachweisen. Doch selbst wenn diese Unmöglichkeit gelänge und sie tatsächlich verurteilt werden würde, wäre sie wiederum das Opfer einer «männerbeherrschten» Justiz geworden. Es ist eine wasserdichte Idiotenspirale, die im Grunde genommen jeden Exzeß erlaubt.

Alarmiert über ständig steigende Horrorzahlen von Vergewaltigungen, die Frauenverbände seit Jahren in Umlauf bringen, hat der Bundestag ein neues Gesetz verabschiedet, das Vergewaltigung in der Ehe unter Strafe stellt. Nun wurde es zum ersten Mal angewandt. Ein Mann erhielt eine dreijährige Gefängnisstrafe, weil er seine Frau vergewaltigt haben soll. Stutzig daran machen die Umstände. Die Frau hatte einen Tag vor der behaupteten Tat die Scheidung eingereicht.

Vergewaltigung ist ein schlimmes Verbrechen. Doch die Falschbeschuldigung dieses Verbrechens ist ebenso schlimm. Erwiesenermaßen ist der Prozentsatz von Falschbeschuldigungen gerade in Scheidungsverfahren besonders hoch, und die Anschuldigung der Vergewaltigung läßt sich besonders leicht erheben. Die Anklage selber dient gemeinhin als Beweis, da Zeugnisse Dritter schlecht möglich sind.

Die Beweislast ist umgedreht. Der Angeklagte muß seine Unschuld beweisen, und auch das ist in Ermangelung von Zeugen schlecht möglich. Es gibt im Falle der Vergewaltigungsklage keine andere Versicherung gegen einen Justizirrtum als die Redlichkeit der Anklägerin, meist einer Frau während der Scheidungs- und Sorgerechtsfehde.

Das Gesetz passierte den Bundestag ohne allzu heftige Debatte; denn besonders hier wirken die Vergröberungen der feministischen Bewußtseinsindustrie. Wer vor diesem Gesetz warnte, weil das Mißbrauchsrisiko zu hoch sei, setzte sich prompt dem Vorwurf aus, daß er für Vergewaltigung in der Ehe plädiere.

Wie problemlos sich der getürkte Vergewaltigungsvorwurf ins Spiel bringen läßt, erfuhr ein Rundfunkjournalist am Tage vor der Sorgerechtsverhandlung. Er wurde von der lesbischen Freundin seiner Frau angerufen. Wenn er seinen Sorgerechtsantrag nicht zurückziehe, sagte sie, würden sie «die Atombombe» werfen. Als der Journalist am nächsten Tag trotz dieser Drohung vor die Schranken trat, erfuhr er, was mit der «Atombombe» gemeint war: Seine Frau beschuldigte ihn der Vergewaltigung.

Der Hinweis auf Vergewaltigung ist ein Joker für alle Gelegenheiten. Während einer TV-Debatte über ausgegrenzte Väter sprang eine Frau auf und rief, daß Frauen das Recht hätten, Väter am Umgang mit ihren Kindern zu hindern, weil es schließlich auch Kinder gäbe, die das Ergebnis von Vergewaltigungen seien.

Natürlich war ihr Argument abwegig. Unter den Vätern, die dort für ihr Recht protestierten, war sicher kein Vergewaltiger. Umgekehrt: Welcher Vergewaltiger würde in einem Fernsehstudio um das Recht kämpfen, sein Kind zu sehen. Doch der mit den Vätern sympathisierende Moderator war zunächst sprachlos. Die negative Magie, die der Begriff «Vergewaltigung» ausübt, ließ ihn zögern.

Der Vergewaltigungsvorwurf arbeitet ausschließlich für die Frau. Er wird genutzt, und er ist beileibe keine Erfindung unserer Tage: Jeder kennt die Geschichte von Potiphars Frau, die sich Joseph unsittlich näherte und von ihm abgewiesen wurde. Sie rächte sich an ihm mit dem Vorwurf der Vergewaltigung.

Natürlich war sie es, die vergewaltigen wollte, und Potiphar, der seine Frau kannte, hatte Verdacht geschöpft. Mit Potiphars Weisheit allerdings kann, unter den Bedingungen des feministischen Diskurses, heute nicht gerechnet werden. Welcher Richter würde einem Mann Glauben schenken, der angibt, seine Frau habe ihm Gewalt angetan?

Vergewaltigung, ein weibliches Exklusiv-Argument, das im übrigen endlos ausgedehnt werden kann. Für manche Frau ist sie schon erfüllt, wenn der Beischlaf für sie freudlos war und ihr nicht den gewünschten Höhepunkt gebracht hat. Für die Feministin Andrea Dworkin ist überhaupt jede Vereinigung zwischen Mann und Frau «Vergewaltigung».

Während der «Sexual Harrassment»-Welle besonders im

amerikanischen Unimilieu gab es Umfragen, nach denen drei Viertel aller Frauen angaben, schon einmal vergewaltigt worden zu sein – oft mit prekären Folgen für Mitstudenten, aber auch Professoren und Konkurrenten im akademischen Milieu. (Das Kapitel «Hexenjagden – Geschlechterkampf in Amerika» beschäftigt sich mit diesen Geschlechter-Vendettas.)

Die Gewaltlüge hat mehrere Vorteile. Sie produziert Frauenhäuser und Notrufsäulen und vor allem viele, viele öffentlich finanzierte Helferinnen, die wiederum dafür sorgen, daß stets neue, oft schlicht erfundene Statistiken produziert werden, die wiederum neue Planstellen, neue Frauenhäuser nötig machen.

Weiterhin kann sie als Allzweckwaffe gegen Männer eingesetzt werden, wann immer sie gebraucht wird. Ihr größter Vorteil aber wohl ist der, daß sie von der Gewalt im eigenen Lager ablenkt.

Die Mißbrauchslüge

Für ihr erratisches Benehmen ist Sinead O'Connor, die irische Balladensängerin, mindestens ebenso berühmt wie für einige ihrer Hits. Als sie während eines Auftritts ein Foto des Papstes zerriß, fanden das viele ihrer Fans, besonders in den USA, überhaupt nicht komisch.

Doch das Interview, das sie im Januar 1998 gab, verschlug manchen Kommentatoren schlicht die Sprache, weil es an dunklere Schichten rührte. O'Connor hatte ein lang gehütetes, bedrückendes Geheimnis offenbart: Sie war von ihrer Mutter, die sie allein erzog, jahrelang sexuell mißbraucht worden.

Weiblicher Mißbrauch, ein Tabu im öffentlichen Diskurs. Was für den Vorwurf männlicher Gewalt in der Ehe gilt, gilt für den des sexuellen Mißbrauchs an Kindern erst recht. Die notorische Verdächtigung des Mannes lenkt indes vom Mißbrauch in den eigenen Reihen ab – vom weiblichen Mißbrauch, der unbemerkt und unbeanstandet im Schatten blüht.

Keine Lüge ist widerwärtiger als die Mißbrauchslüge, und sie wird vom feministischen Diskurs doppelt genutzt. Sie erklärt Kindermißbrauch zur ausschließlichen Männersache, und sie ist selbst als Falschbeschuldigung wirkungsvoll. Rund 90 Prozent aller Mißbrauchsvorwürfe in Familienrechtssachen sind erwiesene Falschbehauptungen.

Obwohl ernsthafte Forschungen und Kriminalstatistiken, ja schon die tägliche Zeitungslektüre die feministische Propaganda vom Mann als Gewalttier und der Frau als Opfer widerlegen, hält sich der Mythos fast unbeschadet. Und er wird in ehelichen Auseinandersetzungen vor Gericht stets neu herbeizitiert.

Ebenso wie die Gewaltlüge hält sich auch die Mißbrauchslüge, die lediglich Männer als Täter sieht und deren Täterschaft noch öfter erfindet, so hartnäckig, weil sich eine mächtige Berater- und Helferindustrie davon ernährt. Wiederum sind es die Amerikaner und Engländer, die auf diesem Gebiet länger und genauer gearbeitet haben. Der deutsche Diskurs hinkt um mindestens zehn Jahre hinterher.

Englische Sozialwissenschaftler haben weiblichen Mißbrauch als Problem erkannt, und sie halten mit erschreckenden Zahlen nicht hinterm Berg. Nach einer Befragung der «Children's Right Coalition» bei staatlichen Kinderschutz-Organisationen mißbrauchen Mütter ihre Kinder zweimal so häufig wie Väter.

Bei uns dagegen sind immer noch 98 Prozent der angezeigten Mißbrauchstäter Männer. Doch, so berichtete die *taz* im letzten Jahr anläßlich eines Kongresses, beginnt man sich allmählich auch hier mit dem Tabuthema weiblichen Kindesmißbrauchs zu beschäftigen.

Mittlerweile wird bei uns der Anteil von Frauen bei sexuellem Mißbrauch offiziell auf 10 Prozent geschätzt. In der Arbeit von Betreuungseinrichtungen allerdings ähneln die Zahlen eher den amerikanischen und englischen Erhebungen. Beim Hamburger Landesverband des Kinderschutzbundes etwa sind drei Fünftel der behandelten Kinderschänder Frauen (70 Prozent der Opfer sind Jungen).

Interessant ist das Mißverhältnis zwischen angezeigten Fällen und der vielfachen Zahl tatsächlicher Übergriffe. «Frauen werden seltener entdeckt», meint die *taz*. Das hat seine Gründe, und die liegen im Alltag einer vaterlosen Gesellschaft.

Immer deutlicher wird, daß die Mauer, die der Kult um die Alleinerziehende errichtet, bisweilen ein wirksamer Schutz ist vor dem begründeten Verdacht weiblichen Mißbrauchs und daß in der Ausgrenzung der Väter nicht selten der Versuch stecken kann, lästige Zeugen für mütterliche Delikte loszuwerden.

Doch auch umgekehrt: Viele Frauen werden durch die Alleinerziehenden-Isolation erst verführt. Viele, die ihre Ehe verlassen haben, um sich «zu emanzipieren», finden sich anschließend in einer lähmenden Beziehungsleere wieder, mit einem Mangel an erotischen Kontakten, der nun durch die mitgenommenen Trophäenkinder kompensiert werden kann.

Doch die Festungen des weiblichen Opferkultes sind kaum zu schleifen. «Wer bei uns am Mutterbild kratzt, wem die Wahrheit über das schöne Ideal geht, muß mutig sein.» Das ist die Lehre, die die Psychologin Annegret von Osterroth aus ihren Erfahrungen mit Familienrichtern, mit Kolleginnen und Kollegen, vor allem aber mit Feministinnen gemacht hat. «Schon Andeutungen genügen, daß man als unglaubwürdig angefeindet wird.»

Erst in den letzten Jahren begann an der Hamburger Universität eine Forschungsreihe zum Thema «Weibliche Gewalttäter». Auf einem Kongreß unter dem Titel «Wege aus dem Labyrinth» versuchte man in Berlin im vergangenen Oktober, mit dem Vorurteil des männlichen Gewaltmonopols aufzuräumen.

Die *taz*: «Frauen, die Kinder sexuell mißbrauchen, bleiben oft unbehelligt – weil viele nur Männern solche verletzenden Übergriffe zutrauen.» Vor allem aber auch, weil sie unter staatlichem Schutz mit den Kindern allein sein können. Die staatlich garantierten Umgangsboykotte für Väter werden von Müttern ja nicht selten mit dem frivolen Vorwand durchgesetzt, der Vater könne das Kind schädigen.

«Ich hatte das Gefühl, dieses Kind ist mein Besitz.» Wie ein

Refrain durchzieht der Satz die Protokolle über Frauen, die des Kindesmißbrauchs überführt wurden. Wie auch anders: Es ist ein Satz, der sich wie selbstverständlich aus den Echoräumen von Gerichten und Behörden ins mütterliche Bewußtsein senkt, eine marmorne Gewißheit, die durch die Selbstverständlichkeit, mit denen Frauen nach einer Trennung die ausschließliche Sorge für die Kinder übergeben wird, täglich neu bestätigt wird. Kinder sind Frauenbesitz.

Frauen haben gelernt, genau hinzuhören. Sie kennen zwar die frommen Gesetzesverlautbarungen, nach denen das Kind eigene Rechte hat und vor allem das Recht auf seinen Vater. Aber sie kennen auch die Rechtswirklichkeit. Sie kennen das Augenzwinkern, mit dem Richter selbst grobe mütterliche Pflichtverletzungen übersehen, Jugendämter leidenden Vätern kaum Beachtung schenken und Justizbeamte jene Kinder mit Gewalt zu ihren Müttern zurückbringen, denen sie zu entfliehen suchten.

Das Kind ist mütterlicher Besitz und unbegrenzt verfügbar. Wohin diese Verfügbarkeit führen kann und welche Verführung mit ihr verbunden ist, hat eine Kolumnistin des *New Yorker* in einem ironisch-plaudernden Essay auf den Punkt gebracht: «Was brauche ich andere Männer – als Mutter bringe ich mir meinen eigenen Liebhaber zur Welt.»

Wie die Grenze von mütterlicher Liebe zu Amouren überschritten wird, hat die englische Soziologin Hilary Eldridge in einem aufsehenerregenden Report beschrieben. In unzähligen Gesprächen in Haftanstalten und Kliniken hat sie ihre Klientinnen immer wieder nach diesem Sprung befragt. Sie hat festgestellt: Es ist kein Sprung, sondern ein sanfter Übergang. «Warum hast du deinen Sohn mißbraucht?» fragt die Therapeutin. «Weil ich dachte, ich hätte ein Recht darauf.»

Seit 22 Jahren betreut die Britin Sexualstraftäter. Mittlerweile hat sie sich ganz auf Frauen spezialisiert, die ihre Kinder mißbrauchen. Ein «unwegsames Gelände», wie die *taz* feststellt. Denn Frauen, die Kinder angreifen, verletzen und verstümmeln,

«passen nicht zum Klischee der fürsorglichen Mutter. Noch weniger fügen sie sich ins feministische Bild von der Frau als Opfer
männlicher Gewalt».

Die englische Erfahrung zeigt, wie sehr schon die Kinder
durch diesen Mythos geprägt sind. In vielen Fällen behaupten
sie zunächst, so die *taz*, «sie seien von einem *Mann* mißbraucht
worden, weil das glaubwürdiger klingt.»

Daß diese Anschuldigung gegen den Mann als Notlüge gebraucht wird, um einer quälenden Situation zu entkommen, an
der in Wahrheit die Mutter schuld ist, wirft ein bezeichnendes
Licht auf die Allgewalt, mit der die feministische Diskussion die
familienpolitische Debatte beherrscht und lahmlegt. «Übergriffe
von Frauen werden von Außenstehenden kaum ernst genommen», befindet die *taz*. «Für die Opfer kann das verheerend sein
– Überlebende nennen sich die teilweise schwerverletzten Opfer
des Mißbrauchs.»

In ihrem Buch «Frauen als Täterinnen» schildert die Kinder-
psychologin Michele Elliott, wie dieser Mißbrauch passiert
und wie sich Kinder vergeblich zur Wehr setzen. Die kleine Elea-
nor pinkelte sich absichtlich voll, damit die Mutter aufhörte,
ihr zwischen den Beinen herumzufummeln. Gilliam rammte die
Mutter den Stiel einer Haarbürste in die Vagina. Lynne wurde
von der Mutter mit der Schere an den Schamlippen herumge-
schnippelt, wurden brennende Zigaretten eingeführt. Richard
wurde von der Tante gezwungen, sie oral zu befriedigen, bis er
sich erbrach. Oder Paul, der mit dem Keilriemen verprügelt
wurde, als er sich weigerte, mit seiner Adoptivmutter zu schla-
fen. Oft werden diese Kinder von Frauen aus der engsten Umgebung mißbraucht: von Mutter, Tante oder Großmutter.

Der Befund des Heritage-Instituts in Washington, nach dem
besonders solche Kinder mißbrauchsgefährdet sind, die ohne ihren leiblichen Vater aufwachsen, wird in den Protokollen des
Buches von Eldridge auf beängstigende Weise bestätigt. Die von
ihr befragte Janet Robinson etwa, die es für «völlig normal und
selbstverständlich hielt», daß sie ihren Sohn mit sexuellen At-

tacken quälte, ist alleinerziehende Mutter. Und sie ist selber das Kind einer Alleinerziehenden.

Amerikanischen Statistiken zufolge sind Kinder alleinerziehender Mütter 33mal mehr mißbrauchsgefährdet und 77mal mehr mordgefährdet als Kinder, die mit beiden biologischen Eltern zusammenleben.

Viele von Eldridges Klientinnen sind Alleinerziehende. Statistisch machen sie rund die Hälfte aller Straftäterinnen aus. Unter den übrigen 50 Prozent sind viele Geschiedene, die mit einem Freund zusammenleben: nach Angaben des Heritage-Instituts eine prädestinierte Mißbrauchsgruppe. Neue Lebenspartner sind weit weniger als die biologischen Väter in der Lage, emotionelle Bindungen zu einem bereits vorhandenen Kind zu entwickeln und Verantwortung zu empfinden.

Das wissen auch die Väter, die von Müttern am Kontakt mit ihren Kinden gehindert werden. Zu ihrem Verlangen, das eigene Kind in die Arme zu schließen, gesellt sich oft die verzweifelte Sorge um das Wohl des Sprößlings. Daß Behörden und Gerichte oft helfen, eine Bannmeile um die Mütter zu legen, kann ausgegrenzte Väter in einen realen Alptraum treiben.

Vor allem, wenn sie erleben, daß dieser Schutzwall um so höher wird, je mehr sie versuchen, ihn zu überwinden. Bürokratische Hilfstruppen riegeln die Frau ab, der während der Geburt der Kindsvater einst die Hand gehalten hat, und sie schirmen das Kind ab wie die obskure Teufelssekte in dem Polanski-Thriller «Rosemaries Baby». Die Väter geraten in Panik. Sie sprechen in ihren Gerichtseingaben von Isolationshaft, von Folter, von Verletzung der Menschenrechte.

Sie wirken irre, denn sie stellen sich das Allerschlimmste vor. Und sie haben, wie die Mißbrauchsstatistiken beweisen, manchmal eben völlig recht damit. Das Schlimmste tritt tatsächlich ein.

Wie im Falle des zweieinhalbjährigen Melvin, der von seiner Mutter und ihrem neuen Freund zu Tode gequält worden war. Die Mutter begann in dem Moment mit ihrem Umgangsboykott, als sie ihren neuen Partner kennenlernte. Das Jugendamt gab die übliche bürokratische Hilfestellung. Selbst als erste Anzeichen von Mißhandlungen offenkundig wurden, stritten Kindergärtnerinnen darüber, ob sie berechtigt seien, dem nicht-sorgeberechtigten Vater davon Mitteilung zu machen. Sie unterließen es. Melvin starb unter Qualen.

Wie unverfroren im feministischen und lesbischen Milieu mit dem sexuellen Kindesmißbrauch umgegangen wird, sofern er nur von einer Frau betrieben wird, berichtete eine schockierte Autorin in der Zeitschrift *Cosmopolitan*. Sie war über die Widerwärtigkeit in einem Frauenkalender gestolpert. Auf holprigen vierzig Zeilen unter dem Titel «Zwischen Angst und Lust» schilderte eine Frau die Wonnen der Inzestbeziehung mit ihrer fünfjährigen Tochter.

Die «alltäglichen Zärtlichkeiten und erotischen Spiele» bereiteten ihr «unbändige Lust». Detailliert beschrieb sie eine dieser Bettszenen, die in Zungenkuß und Masturbation gipfelten. Sie fühlte sich dabei absolut schuldfrei: «Meine Tochter und ich, wir machen, was wir schön finden.» Folgt ein ideologischer Rechtfertigungsversuch, der an den Sexpol-Aktivismus der sechziger Jahre erinnert, als die Antiautoritären gerade begannen, Freuds Theorie von frühkindlicher Sexualität mißzuverstehen: «Sex mit Kindern (ist) natürlich wichtig ... und ganz anders als mit Erwachsenen.» Natürlich.

In den meisten Fällen, in denen Frauen des Mißbrauchs mit Kindern überführt werden, sind die Mütter selbst die Täterinnen. Als häufigster Tathintergrund, so *Cosmopolitan*, gilt nach wie vor, daß «der kleine Sohn oder die kleine Tochter bei der Mutter den Platz des fehlenden Partners ausfüllen» muß. «Am Tag wird das Kind überfordert mit Erwachsenensorgen, nachts schläft es in Mutters Bett und gerät in tiefe Verwirrung.»

So kommt es vor, daß ein Vierjähriger, schon «ganzer Kerl», auf eine Kindergärtnerin zutritt und fordert: «Komm, laß uns ficken.» Dann setzt er sein verführerischstes Lächeln auf und sagt: «Du darfst auch meinen Pischermann lecken.» Feministinnen mögen sofort mit dem Aufschrei zuschnappen, daß dieser

Vorgang beweise, daß ein Mann eben als Triebtäter schon zur Welt komme. Das Kind hatte den Spruch allerdings von einer Frau gelernt, die sich an ihm befriedigte und ihm beibrachte, daß er Liebe nur im Zusammenhang mit Sexualität haben könne.

Daß weibliche Sexualität weniger aggressiv und empfangender sei als die männliche, mit diesem Mythos war schon zwei Jahrzehnte früher aufgeräumt worden. Etwas ganz Neues jedoch ist es, daß sich nun auch die sanfte Ikone Mütterlichkeit als bisweilen mißbrauchend, quälend, aggressiv erweist. «Die Mutterrolle», so die Psychotherapeutin Osterroth, «ist ungeheuer ideologiebeladen, die gilt immer noch fast als etwas Heiliges. Deshalb setzt sich das Unbewußte heftig zur Wehr, wenn solche Vorstellungen angegriffen werden.»

Zu spüren bekam der Hamburger Filmemacher Hark Bohm diese intuitive Erkenntnisabwehr mit seinem Thriller «Für immer und immer». Für das Publikum war besonders die Anfangsszene verstörend, in der eine Mutter ihr Neugeborenes erstickt.

Noch verstörender war, was Hark Bohm in Interviews äußerte. Sein Mords-Anfang sei keine Kinoerfindung, sondern stütze sich auf Untersuchungsberichte von Medizinern in Los Angeles. Bei vielen der plötzlichen «Kindstod»-Fälle, dem durch Bauchlage der Babys verursachten Erstickungstod in der Krippe, vermuten amerikanische Ärzte mittlerweile kaschierte Morde durch die Mütter.

Ihre Vermutungen werden durch Statistiken gestützt. Rund 55 Prozent aller getöteten Kinder wurden von ihren biologischen Müttern ermordet; bei 6 Prozent ist der Vater der Täter. Es ist also neunmal wahrscheinlicher, daß ein Kind von der eigenen Mutter getötet wird als vom biologischen Vater.

Ein Tabuthema, das nur selten aufgegriffen wird. Doch wenn tatsächlich einmal in aller Öffentlichkeit von weiblichem Mißbrauch, ja, von Müttern als Mörderinnen die Rede ist, wird geradezu reflexartig die Reißleine des Auffang-Diskurses gezogen: Hinter jeder Täterin stehe ein Mann, der sie angestiftet oder

mißbraucht habe, als sie selber noch ein Kind war. Womit sich
am Beginn jeder Verursacherkette wiederum ein Mann findet.

Ließe sich die Begründungsschraube nicht, mit ein wenig Ge-
duld, noch ein bißchen weiterdrehen? Etwa so: Hinter jedem
Triebtäter, jedem Vergewaltiger, jedem Kindesmißhandler steht
eine Frau und Mutter, die ihn – oft alleine – aufgezogen hat?

Tatsächlich ist es, wie bereits festgestellt, das Milieu der Alleinerziehenden, das für barsch ausgelebte Allmacht prädesti-
niert. Das beginnt, wie Untersuchungen vielfach belegen, beim
übermäßigen Aufbürden von Hausarbeiten an die Kinder und
endet längst nicht in der seelischen Überforderung als Tränenbank und Sündenbock für den Lebensfrust der Mutter. Die
Grenzen vom Mißbrauch sind fließend.

Psychologin Nele Glöer vermutet Einsamkeits- und Verloren-
heitsmotive als häufiges Motiv. Alleinlebende Mütter mißbrauchen im übrigen nicht in erster Linie kleine Jungen, wie es der
Revanchegedanke nahelegen würde. Sie vergehen sich genauso
an kleinen Mädchen.

Eine Zweiunddreißigjährige, die sich sieben Jahre lang an
ihren beiden Söhnen und der Tochter vergangen hatte, erklärte
ihre Taten damit, daß sie sich isoliert und vernachlässigt gefühlt
und von ihrem «Freund nicht genügend Sex bekommen» habe.
So simpel und einfach ist das Verbrechen jenseits aller feministischen Parolen vom «ganzheitlicheren» Geschlecht. Und so einfach ist es zu begehen. Die Territories auszuleuchten, wagt selten
einer.

Cosmopolitan hatte sich bereits 1989 des weiblichen Mißbrauchs angenommen. Ohne allzu große Wirkung. Damals
befand die Psychologin Glöer: «Es gibt hierzulande eine un-
heimliche Angst vor diesem Thema. Wir hinken mit unserem Er-
kenntnisstand mindestens zehn Jahre hinter den USA hinterher.»
Daran hat sich bis heute wenig geändert.

Nach wie vor wird der weibliche Anteil an Gewalt und sexuellen Mißbrauchsdelikten nahezu totgeschwiegen, nach wie vor
wird der männliche Anteil in abenteuerliche Höhen gerechnet.

Nicht ohne Grund. In deutschen Großstädten leben unzählige
Beratungsbüros prächtig von der feministischen Panikindustrie
gegen den Mann. Mit staatlichen Fördergeldern prämiert wird
der, der am lautesten schreit.

Die Industrie ist effektiv. Jährlich werden bei uns rund
140 000 Kinder den Eltern weggenommen, weil sie mißbraucht
oder mißhandelt würden oder auch nur in schlechten Verhält-
nissen leben. Dieser Übereifer zum «Wohl des Kindes», der eine
ganze Helferbranche mit Brot und Arbeit versorgt, erweist sich
oft als fataler Irrtum und als Tragödie für Zehntausende betroffener Kinder.

«Die Hälfte aller Kindeswegnahmen sind schon auf den ersten Blick unberechtigt», sagt Peter Stosshoff, Vorsitzender der
«Sozialhelferstation Menschen in Not» (SEM e. V.). Zusammen
mit Psychologen und Ärzten überprüfte die Organisation 1200
Kindeswegnahmen. Nur in 10 Prozent der Fälle war die Maßnahme wegen tatsächlich schlechter sozialer Verhältnisse ver-
tretbar.

Jedoch: Von 726 Fällen, in denen sexueller Mißbrauch meist
durch den Vater beklagt wurde, bestätigte sich nur ein einziger.
Ebenso hielt bei 72 Kindern, die angeblich von ihren Eltern mißhandelt wurden, nur ein einziger Fall der Überprüfung stand.

Die Sozialhelferstation hat es sich zur Aufgabe gemacht, un-
rechtmäßig weggenommene Kinder wieder in den Kreis ihrer
Familien zurückzubringen. Bisher immerhin 300. Jetzt hat die
verdiente Organisation Strafanzeige gegen die Branche und ihre
Helfercliquen gestellt. Zentrale Vorwürfe: Vortäuschung von
Straftaten, üble Nachrede, Verleumdung, Nötigung, seelischer
und körperlicher Mißbrauch an Kindern.

Die Klage richtet sich gegen Familienministerin Nolte, die
radikale Gleichstellungsbeauftragte Ilse Ridder-Melchers aus
Nordrhein-Westfalen sowie 111 Beratungsstellen, also den ganzen Reigen prominenter und berüchtigter frauenbeherrschter
Kampfverbände wie «Alraune», «Wildwasser» oder «Zartbit-
ter».

Das Karussell ist immer das gleiche. Stosshoff: «Selbsternannte Kinderschützer entdecken angebliche Symptome auf Mißbrauch und melden ihn den Behörden. Dann werden rein vorsorglich Kinder aus intakten Familien gerissen und ins Heim gesteckt. Die Kinder leiden, die Eltern sind geächtet. Damit muß Schluß sein.»

Zumindest könnte das Geld besser angelegt werden, denn die Arbeit dieser Gruppierungen kostet. 16 Milliarden Mark überweisen Bund und Länder jährlich an Heime und Ersatzeltern. Mindestens die Hälfte dieser Summe wäre bei den Familien besser aufgehoben. Allerdings: Wenn sich aus familiärem Elend so prächtig Kapital schlagen läßt, wenn schon Politik, Justiz, Behörden und Frauenverbände so einig und geradezu begeistert die vaterlose Gesellschaft wollen, ist es nur logisch, auch die noch verbliebenen Familien zu trennen.

Wie der gesamte feministische Diskurs ist auch der Mißbrauch mit dem Mißbrauch vor allem ein Geschäft mit der Gutmütigkeit des Publikums. Absurdes Beispiel: die Spendensammler des «Deutschen Kinderschutzbundes Frankfurt am Main e. V.», die mit grell plakatierten und erlogenen Schreckenszahlen über gewalttätige Väter abzukassieren versuchen.

Etwa: «In Frankfurt wird alle 17 Minuten ein Kind mißhandelt.» Oder: «In Frankfurt schlagen 2 von 23 Vätern ihre Kinder mit dem Gürtel.» Oder: «In Frankfurt kriegen 8 Prozent aller Kinder zu Weihnachten Prügel.»

Nach dieser Aktion ist Frankfurt nicht mehr die Stadt von Goethe und Würstchen, sondern das Mekka pädophiler Prügelmänner – aus jedem Wohnzimmerfenster ein Wimmern. Natürlich ist das alles Unsinn und nichts als die erhitzte Phantasie professioneller «Helferinnen». Und keine (oder keiner) von ihnen hat eine Hand frei, um einen Taschenrechner zu bedienen.

Man müßte all diese Schwindler übers Knie legen, empfahl die Frankfurter Kolumnistin Dr. Jaqueline Kempfer in der Zeitschrift *blitz*, und zwar «alle 17 Minuten 2 von 23 Kinderschützern 8 Prozent des Tages, so lange, bis sie die Wahrheit sagen».

Die Verwüstungen, die derartige Kampagnen im öffentlichen Bewußtsein hinterlassen, haben jetzt die Allensbacher Forscher offengelegt. 66 Prozent aller Deutschen sind davon überzeugt, daß der sexuelle Mißbrauch von Kindern keineswegs selten sei. Bei Frauen ist die Überzeugung noch größer: 72 Prozent von ihnen vermuten, «daß dieses Sexualdelikt rings um sie herum häufig vorkommt».

Auf die Frage allerdings, ob ihnen persönlich ein Fall bekannt sei, müssen 83 Prozent aller Befragten mit «Nein» antworten. «Daß 14 Prozent der Befragten von einem Fall von Kindesmißbrauch gehört haben, heißt nicht, daß die Zahl der offenbar gewordenen Delikte dieser Zahl entsprechen würde. Denn im allgemeinen genügt ein einziger Fall, bzw. das Gerücht zu einem einzigen Fall, um Hunderte von Menschen darüber zum Reden zu bringen.»

Noch einmal: Rund 50 Millionen Deutsche sind überzeugt, daß Kindesmißbrauch in ihrem Umfeld oft vorkommt. Tatsächlich kam es, etwa im Jahr 1995, in ganzen 2009 Fällen zur Verurteilung. Man muß den Hut ziehen vor den feministischen Verbänden – erfolgreicher hat wohl kaum je eine Täuschungsoffensive gearbeitet.

In diesem Klima genügen Ferndiagnosen, um auf sexuellen Mißbrauch zu erkennen. Eine Mitarbeiterin des Kinderschutzbundes Hamburg bestätigte den Vorwurf der sexuellen Nötigung durch den Vater am Telefon, ohne das Kind je gesehen zu haben. Die Mutter brauchte die Bestätigung beim «Amt für soziale Dienste». Das hatte für den in Scheidung lebenden Vater zur Folge, daß er seine Tochter seit August 1994 nicht mehr sehen kann.

Doch obwohl die Scharlatanerie mittlerweile aufflog und als Falschaussage identifiziert wurde, wurden die Urheber dieses Rufmordes weder angeklagt noch dienstlich gerüffelt. Selbst der Vater wurde nicht salviert. Im Gegenteil, die Behörden beharren erfolgreich auf ihrem einmal erlassenen Umgangsverbot. Sie haben das Recht, auch gegen die Wirklichkeit, und sie behalten es.

Zu einem besonders tragischen Justizirrtum kam es im Fall des Realschullehrers Bernd Herbort. Seine Exfrau hatte ihn während des Scheidungsverfahrens beschuldigt, die gemeinsame Tochter Anna sexuell mißhandelt zu haben. Herbort müsse daher vom Umgang mit der Tochter ausgeschlossen werden. Mit der Unterstützung dubioser Gutachter, einschlägiger feministischer Helferdienste und gerissener Anwälte gelang es ihr tatsächlich, einem ignoranten Richter eine Verurteilung ihres Mannes abzuringen. Herbort erhielt eine Gefängnisstrafe auf Bewährung. Er verlor seinen Job, seine Freunde, seinen Ruf.

Wo immer er auftauchte, war er als Kinderschänder geächtet. Am schlimmsten jedoch: Seine Tochter, der die Mutter in langen «Verhören» eingetrichtert hatte, was sie zu hören wünschte, war ihm entfremdet worden. Er verlor jeden Kontakt zu ihr, und sie lernte tatsächlich, ihn zu hassen. Oder das Phantom, das aus ihm gemacht wurde.

Acht Jahre lang kämpfte Herbort nahezu durch alle gerichtlichen Instanzen um seinen Ruf und seine verlorene Würde. Schließlich wurde sein Fall wiederaufgenommen. «Ohne Zweifel», erkannte das Landgericht Detmold, «ist Herbort unschuldig.»

Bedauernd sprach der Vorsitzende der Strafkammer von der «langen Leidenstour», die Herbort zugemutet wurde. Leichtfertig sei mit den schwersten Anschuldigungen umgegangen worden. Die Tochter sei massiv unter Druck gesetzt worden, «um den Erwartungshorizont der Mutter zu bedienen». Beide können juristisch nicht belangt werden. Zu ihrer Entschuldigung gab die Mutter lapidar an: «Ich wußte nicht, was meine Anzeige anrichten würde.»

War sie nicht dabei? Hat sie dieses Verfahren nicht betrieben? Hat sie nicht miterlebt, wie sie ihren Exmann, den Vater ihres Kindes, in den Ruin trieb? Natürlich hat sie es. Doch sie erlebt nun, wie ihr durch einen knappen Satz die Unzurechnungsfähigkeitsklausel gutgeschrieben wird, die die Mißbrauchsindustrie für Fälle bereithält, die «schiefgehen».

Einige wenige Gerichte statuieren Exempel. Die falsche und arglistige Anzeige einer sexuellen Kindesmißhandlung durch den Vater, erstattet von der Mutter, veranlaßte kürzlich ein kanadisches Gericht, die Sorgerechtsentscheidung neu zu überdenken und zu entscheiden. Nun bekam der Vater das Kind zugesprochen.

Eine ähnliche Entscheidung gibt es auch durch das Oberlandesgericht in Celle. Einige wenige Richter erkennen also, daß die Mütter mit ihren Mißbrauchslügen nicht zuletzt ihre Kinder quälen. Es sind zu wenige.

Dem Kindeswohl förderlich ist immer nur eine Beziehung zu beiden Elternteilen. Wird das Kind aus dieser Beziehung herausgerissen und beeinflußt vom Haß der Mutter und gegen den Vater, wird es bewußt geschädigt.

Welche Gewalt kann grausamer sein als jene, die im Falle Herbort nicht nur dem Vater, sondern auch seiner Tochter zugefügt wurde? Eine Gewalt, die mit Hilfe von Bürokraten und Hexenjägerinnen auch am «Mann schlechthin» exekutiert wurde.

Seit seinem «Supergau bürgerlicher Disqualifikation» lebt Herbort von der Sozialhilfe. Selbst seine Wiedereinstellung als Beamter kann die achtjährige Hölle nicht ungeschehen machen, die hinter ihm liegt. Sein Leben ist zerstört. Und er darf von sich sagen, daß er Glück gehabt hat; denn er wurde öffentlich rehabilitiert.

Ihm gegenüber stehen Tausende von Männern, denen es nie gelang, Gehör zu finden gegen die Anschuldigungen ihrer Exfrauen und deren Unterstützung durch Hexenjäger. Sie verlieren ihre Kinder, wenn sie beginnen, um sie zu kämpfen; denn die weibliche Bereitschaft zur Schlammschlacht ist groß. In fast der Hälfte aller strittigen Sorgerechtsfälle wird sie mit der größten Seelenruhe und Kaltblütigkeit geführt.

Der Prozeßgutachter Dr. Uwe Jopt, Psychologieprofessor an der Bielefelder Universität, hat über den «Dilettantismus» des Justizapparats im Zusammenhang mit dem Fall Herbort geschrieben.

Gleichzeitig gestand er Angst, eine eisige, haarsträubende, kafkaeske Angst: «Könnte doch jeder von uns morgen in dieses Räderwerk geraten.»

Hexenjagden – Geschlechterkampf in Amerika

«Ich erkläre Ihnen noch einmal», sagte der amerikanische Präsident Bill Clinton am Schluß eines öffentlichen Auftritts, mit dem er eine neue Initiative zur Reform des Erziehungswesens präsentiert hatte, «ich habe keine sexuelle Beziehung zu dieser Frau gehabt.»

Wegen dieses Satzes waren sie gekommen. Kaum einer der Anwesenden interessierte sich wirklich für das marode amerikanische Schulsystem. Auch die anderen Reformschwerpunkte, mit denen der amerikanische Präsident seine zweite Amtszeit krönen wollte – Gesundheitswesen, Altersversorgung, Anhebung der Mindestlöhne, Sozialhilfereform –, waren aus dem Blickfeld verschwunden.

Weder die präsidiale Bewältigung dieser Aufgaben noch das Management außenpolitischer Krisenherde – die Nahostfrage, die sich zuspitzende Lage im Irak – interessierte. Eigentlich interessierte nichts von dem, was zum Job eines Präsidenten gehört.

Der einzige Job, den das Pressecorps in diesen Januartagen 1998 interessierte, war der blow job, den ihm eine Praktikantin im Weißen Haus verabreicht haben soll. Die größte Supermacht der Welt – paralysiert von der Frage, ob oraler Sex tatsächlicher Sex sei und ob der Präsident unter Eid die Wahrheit gesagt hatte. Und wie die Bibel die ganze Sache sieht.

Vollständiger und niederschmetternder kann der Erfolg eines kernfeministischen Diskurses nicht sein; denn die präsidiale Malaise war die Konsequenz einer Untersuchung, die sich mit dem Vorwurf des «Sexual Harrassment», der sexuellen Belästigung, beschäftigte.

Anstoß dieser Untersuchung, in der sich schamlose Bloßstellungssucht und Doppelmoral auf sensationelle Weise mischen, war ein anderer Fall, der länger zurücklag. Die Angestellte Paula Jones aus Little Rock in Arkansas hatte behauptet, der damalige Gouverneur Bill Clinton habe in einem Hotelzimmer die Hosen vor ihr heruntergelassen.

Diese bis dahin unbewiesene Anschuldigung hatte den Präsidenten mehrere Jahre lang verfolgt. Doch sie hatte erst Tempo und Gewicht bekommen, als ein republikanischer Sonderermittler – eingesetzt, um präsidialen Amtsmißbrauch zu untersuchen – diese Anschuldigung zum Anlaß nahm, nach weiteren Fällen zu suchen. Kenneth Starr hatte bereits 30 Millionen Dollar ausgegeben, um Clinton Verfehlungen nachzuweisen – soviel wie der gesamte jährliche Polizei-Etat der Bundeshauptstadt. Bis dahin ergebnislos.

Wie ein Geschenk des Himmels muß es für ihn gewesen sein, daß es im Weißen Haus plötzlich eine Angestellte gab, die sich offenbar in Clinton verliebt hatte und einer Freundin gegenüber damit angab, sie habe Sex mit dem Präsidenten gehabt.

Ein Twen aus Beverly Hills brüstet sich, den mächtigsten Mann der Welt – eine attraktive Trophäe! – erobert zu haben. Kein Fall von sexueller Belästigung, aber vielleicht ein Fall von Meineid. In einer Vernehmung der Paula-Jones-Anwälte hatte der Präsident die Liaison abgestritten. Auch die Praktikantin Lewinsky leugnete. Ihr Pech: Die Bekannte, der sie die Affäre am Telefon gestand, hatte die Gespräche heimlich mitgeschnitten.

Diese Frau, die Regierungsangestellte Linda Tripp, nahm Kontakt auf mit dem Sonderermittler. Der stellte dem Präsidenten eine weitere Falle. Er ließ Tripp vom FBI verkabeln und schickte sie los zu einem schwesterlichen Treffen mit dem ahnungslosen Backfisch, um nach weiteren saftigen Details zu fahnden. Starr hatte endlich seinen Fall.

Eine kleine, lächerliche Affäre, die plötzlich Weltpolitik ist. Ein dünner, verwickelter Beweisfaden, der mit einem angeblichen Fall sexueller Belästigung beginnt und schließlich die mögliche Handhabe für ein Amtsenthebungsverfahren gegen den mächtigsten Mann der Welt liefert. Ein Monsterfall des feministischen Diskurses.

Früher hatte die Frau zwei Möglichkeiten, wenn ihr ein Mann Avancen machte: Sie nahm dankend an, oder sie lehnte dankend ab. Vor allem schwieg sie taktvoll. Seit der Feminismus den Mann grundsätzlich als Täter und die Frau grundsätzlich als Opfer dechiffriert und jeden Flirt zum symbolischen Gewaltakt macht, gibt es noch eine dritte Möglichkeit: Sie verklagt ihn. Sie kriminalisiert ihn. Und sie schlägt Kapital daraus.

Mit all dem üblichen feministischen Begriffsklimbim war schon Paula Jones an die Öffentlichkeit getreten. Sie sei durch ihr Hotelerlebnis mit Clinton «seelisch traumatisiert» worden, erzählte sie, als sie drei Jahre nach dem behaupteten Vorfall zwei Millionen Dollar Schadensersatz verlangte. Als besonders demütigend empfand sie, daß sie in der Folge nicht befördert worden sei.

Nun ist bei sämtlichen amerikanischen Kultursoziologen nachzulesen, wie besonders amerikanische Teenager mit der mütterlichen Lebensregel heranwachsen, Kapital aus ihrem Aussehen, ihrem Körper zu schlagen. Sich an die Großen und Mächtigen und Schönen heranzupirschen ist Teenagersport. Der feministische Diskurs hat es geschafft, selbst diesen Sachverhalt auf den Kopf zu stellen.

Warren Farrell führt in seinem Buch «Mythos Männermacht» aus, welche zusätzliche Sanktionsmacht ihnen nun durch den Straftatbestand der sexuellen Zudringlichkeit gegeben wurde. Männer sind nun doppelt erpreßbar geworden: Die, die schwach werden, belasten sich; und die, die sich verweigern, müssen Rachsucht fürchten.

Liebe im Büro ist seither ein Selbstmordkommando für Männer, und sie sollten sich schon das Kompliment für ein hübsches Kleid verkneifen, wenn ihnen ihre Karriere lieb ist. Das flirtende Spiel zwischen Männern und Frauen ist paralysiert.

Der Paragraph spielt den Bigotten und den Rachsüchtigen zu,

den Liebhabern von Bettgeschichten und den Verstoßenen. Die
Sache zwischen Mann und Frau ist längst nicht mehr privat. Sie
ist politisch und wird politisch genutzt.

Clinton leugnete die Affäre mit Paula Jones. Außer ihren Aussagen gab es keine Beweise. Selbst die Merkmale, die sie an seinem Penis wahrgenommen haben wollte, gibt es nicht: Der
Präsident hatte tatsächlich die Hosen herunterlassen und sich
mustern lassen müssen – wegen der Beschuldigungen einer Mitarbeiterin, die einige Zeit später nackt im *Playboy* posierte.

Auf der symbolischen Ebene ist dieser Vorgang besonders interessant. Von charismatischen Politikern weiß man, daß sie ihr
Publikum erobern wie eine Frau und daß sich in ihren Auftritten
Macht und Sex-Appeal mischen. Anziehung und Angst sind am-
bivalent vorhanden. Offenbar hatte Paula Jones, als sie sich zu
dem behaupteten Stelldichein in Clintons Hotelzimmer begab,
Angst vor der eigenen Courage bekommen. Nun also zwang sie
den Präsidenten womöglich ein zweites Mal, die Hosen herun-
terzulassen – zum Zwecke der öffentlichen Kastration.

Den Frauen, die zu den klügeren des Landes gehören, wird
mittlerweile schon bei dem Gedanken an die rechtliche Teufels-
erfindung der «sexuellen Belästigung» mulmig – als Einladung
an die Neurotikerinnen und Goldgräberinnen dieser Welt.

Die Kolumnistin des *New Yorker*, Larissa MacFarquhar,
nennt den Paragraphen eine Unverschämtheit gegenüber den
Frauen. Er «unterstelle, daß Frauen ewige Kinder seien, die geschützt werden müßten», und daß «Sex zwischen zwei Menschen, die unterschiedliche Machtfülle haben, von vornherein
etwas Dubioses sei».

Der Paragraph muß übrigens keine einzige Frau schützen.
Schon die bestehenden Gesetze stellen Gewalt unter Strafe. Al-
les, was der Paragraph erreicht, ist, daß er den sexuellen Bereich
zur Ausplünderung freigibt und daß er Denunziation belohnt.
Er stattet jede Frau nur aufgrund ihres Geschlechts mit einer
Machtfülle aus, mit der selbst der Präsident der Vereinigten
Staaten nur schwer konkurrieren kann.

Wer ist wohl mächtiger, fragt die Kolumnistin des *New Yorker*: die junge Frau, die den Präsidenten verführt, oder der mächtigste Mann der Welt, der mit heruntergelassenen Unterhosen vor ihr steht? Die Praktikantin Monica Lewinsky etwa riskierte bei ihrem Liebesverhältnis im Büro – sollte es das gegeben haben – nicht mehr, als daß es zu Ende gehen könnte. Für ihren Liebhaber allerdings steht die Präsidentschaft auf dem Spiel. Wer nutzt da welche Macht?

Vielleicht wird der Charakter des Paragraphen wegen «sexueller Belästigung» deutlicher, wenn wir uns dem Charakter derjenigen zuwenden, die ihn im Falle der Monica Lewinsky für sich zu nutzen suchten. Zunächst sind da einige Frauen: Lewinsky selbst, eine junge, selbstbewußte Studentin, die gerne flirtet und durchaus weiß, was sie tut. Sie kennt die Chemie eines Seitensprungs, die Logistik einer Affäre, denn sie ist nicht gestern erst aus dem Busch getrommelt worden, sondern ganz von dieser Welt. Sie hat «ihr Leben lang gelernt zu lügen», sagt sie, das Scheidungskind reicher Eltern.

Da ist ihre Mutter, die ihr entsprechende Tips gibt: eine Autorin, die berüchtigt ist für die heißen Sexszenen in ihren Romanen und die, wie ein Lektor sagt, «in jedem und allem einen sexuellen Kitzel entdeckt». Sie hat einen Sinn für Marketing, wie die Kunst des Lügens in der Verlagssprache heißt. Sie weiß genau, wie man etwa das Interesse über einen amourösen Schlüsselroman mit Startenor Placido Domingo anheizt. «Indem man lautstark dementiert, daß die Autorin eine Affäre mit ihm hatte.» Sie weiß über die Erpressungswaffe Sex genau Bescheid.

Ferner ist da Linda Tripp, eine ehemalige Angestellte im Weißen Haus, berüchtigt für ihre Wichtigtuerei, ihre bösartige Klatschsucht, ihren Haß auf die Clinton-Regierung, diesen «Mob aus Arkansas». Sie arbeitete für den Republikaner Georg Bush, eine Übriggebliebene des einstigen politischen Gegners von Clinton. Sie schneidet die Gespräche mit Lewinsky heimlich mit, um sie auszubeuten.

Im Hintergrund operiert die New Yorker Literaturagentin

Lucianne Goldberg, die Tripp die Lauschangriffe vorschlug.
Nicht nur das: Sie erst regte an, daß Lewinsky ihre Affäre mit
dem Präsidenten forcierte. Lewinsky solle Geschenke ins Weiße
Haus schicken – über eine Zustellfirma, die einem Verwandten
Goldbergs gehört, der sie dann prompt mit den Empfangsquit-
tungen versorgte.

Goldberg hat eine Geschichte als Agent provocateur. Von einem Ex-CIA-Beamten hatte sie sich einst anheuern lassen, um im
Wahlkampftroß der Demokraten für das Nixon-Camp zu spio-
nieren. Sie ist eine eingeschworene Clinton-Feindin. «Ich bin
froh, daß es ihn jetzt erwischt hat», sagte sie, als die angebliche
Affäre ruchbar wurde. «Und wenn wir dazu solche Mittel an-
wenden mußten – wunderbar!» Warum sie das alles tue? «Um
die Moral im Weißen Haus wiederherzustellen.» Moral. Der feministische Diskurs liebt dieses Wort.

Lauschangriffe, Lügen, Intrigen – alles im Auftrag der Moral.
Das also sind die Frauen, die von der öffentlichen und juristischen Dynamik profitieren, die mit dem Paragraphen der «sexuellen Belästigung» entstand; denn es war erst dieser Vorwurf,
der die peinlichen Verhöre und möglichen Meineide provozierte.
Keine einzige Frau darunter, die etwa geschützt werden müßte,
sondern alle getrieben von Rachsucht, Neid, Gewinngier und
Haß. Schutz hat nur einer verdient: der Mann, der in diese Falle
getappt ist.

Die übrigen Mitspieler: ein finsterer Sonderstaatsanwalt mit
politischen Zielen und einem Faible für Intrigen sowie das große
weite Pressecorps, das überhaupt keine Probleme hat, mit der
Story die evening news zu füllen. Alle gemeinsam dabei, die
politische Kultur zu zerstören, perfiderweise alle mit der schein-
heiligen Begründung, die politische Kultur retten zu wollen.
Schließlich habe der Präsident gelogen und eine Praktikantin angestiftet, das gleiche zu tun, um ihn zu schützen.

All das pumpt in einem politischen und kulturellen Aorten-
system, das nichts mehr mit der Wirklichkeit zu tun hat und mit
dem, was das Volk für richtig oder falsch hält. Moral, Meineid?

Das Volk ist klüger. Ein paar Wochen nach Beginn der Hexenjagd erreichte Clinton die höchsten Popularitätswerte seiner Amtszeit.

Die Wähler spüren, daß wahrscheinlich der Unschuldigste in dieser Sache der ist, der die Hosen heruntergelassen hat – ja, daß Clinton vor dem Hintergrund dieser Bande aus bigotten Geschäftemachern ziemlich gut dasteht. Die meisten glauben, daß er schwach geworden ist. Die meisten aber auch wünschen sich, daß er im Amt bleibt. Das heißt, sie wünschen, daß er mit seiner Notlüge, wenn es denn eine war, durchkommt und die politische Brut mit ihren Feminismus-Phrasen aufläuft.

Das Volk sieht, daß der feministische Diskurs Mittel geschaffen hat, die an die der Geheimdienste oder der Großinquisition erinnern: Auskundschaften des Privaten, Verleumdung, sozialer Mord. Und es wünscht, daß diese Mittel aus der öffentlichen Diskussion verschwinden.

Dabei haben sich die Reaktionäre in der Washingtoner Arena dieses Instruments nicht als erste bedient. Es waren die Demokraten und die feministischen Lobbys des Landes, die es zunächst gegen die Republikaner einsetzten. Als sie den politisch rechten Bundesrichter Clarence Thomas abschießen wollten, nutzten sie die Aussagen der Angestellten Anita Hill, die ihn der sexuellen Belästigung angezeigt hatte, zu einem monatelangen Schauprozeß.

Der Richter wurde gefragt, ob er anzügliche Bemerkungen über seine Penisgröße gemacht habe und ob er gelegentlich Pornofilme sehe. Gefragt wurde er von opportunistischen Männern, die möglicherweise jedes Callgirl Washingtons im einzelnen kennen und die nun so taten, als sei Lust schmutzig, eine anzügliche Bemerkung ein Verbrechen und die Tatsache, daß es Sex gebe, eine Entwürdigung für jede Frau dieser Welt.

Es waren Männer, denen der feministische Diskurs diese Waffe in die Hand gespielt hatte und die sie nutzten, in einem Land, in dem der Puritanismus traditionell eine Lizenz zum Töten ist.

Ich konnte mich in diesem wundervollen Land, das vieles soviel besser macht als unseres, einige Zeit nach den Anita-Hill-Hearings umtun, besonders an den Schulen und Hochschulen, wo die feministischen Hexenjagden voll entbrannt waren. Gerade hier, im akademischen Milieu, wütete der Diskurs der «sexuellen Belästigung» besonders heftig und vergiftete die freie Rede, freies Denken – und die Liebe.

An der Universität Virginia etwa war 1994 eine neue Verordnung des universitären Frauenbüros erlassen worden, nach der Beziehungen zwischen Professoren und Studentinnen unter Strafe gestellt wurden.

Viele schüttelten den Kopf darüber, doch nur wenige wollten öffentlich protestieren. «Man kann doch Liebe nicht regulieren», murmelte eine schwarze Lyrik-Professorin, die ich nach einer Lesung auf einem herrlichen alten Landsitz traf. Etwas abseits schwärmte ein preisgekrönter Romancier, auch er Hochschullehrer, von längst vergangenen Bacchanalen der sechziger Jahre. Doch als ich beide gemeinsam fragte, was sie von der neuen universitären Verordnung hielten, einigten sie sich mit scheuen Seitenblicken auf eine merkwürdig lustlose Aktensprache: Wahrscheinlich sei sie notwendig. Sie schütze die Frauen vor Zudringlichkeiten. Ach, ja, auch die Männer. Sie sorge für Fairneß.

Eine Art stalinistischer Frost hatte sich auf die bis dahin leichtsinnige Unterhaltung gelegt. Liebe, das war klar, war kein Spiel mehr. Sie war ein Relegationsgrund geworden, ein Fall für Juristen. Der politische Tugendterror hatte endgültig die Erziehungsbürokraten erobert.

In dem Maße, in dem der klassische politische Diskurs aus der amerikanischen Öffentlichkeit verschwunden ist, hat sich das Private politisiert. Eines der letzten Geheimnisse wurde ausgeleuchtet.

Was vor einigen Jahren als begrüßenswerte Sensibilisierung gegenüber sexueller Gewalt begonnen hatte, war zunehmend pervertiert zu einer Karikatur, wie sie sich Chauvinisten bösartiger nicht ausmalen konnten. Nun kontrollieren Politbüros eifernder Lila-Strümpfe Campusgelände und Schlafräume.

An der Universität von Virginia, die Thomas Jefferson 1822 als «Gemeinschaft von Gelehrten» gründete, ging der Schnüffelvorstoß in jenen Tagen nicht ganz so kampflos über die Bühne wie etwa in Harvard. Der Widerstand kam von den Naturwissenschaftlern.

Professor Tom Hutchinson vom Fachbereich «System Engineering» wehrte sich. «Natürlich ist diese Keuschheitsdiskussion im Kern eine Machtfrage», sagte er, während er mich durch seinen Fachbereich führte. «Aber mich konnten sie nicht feuern, weil mein Lehrstuhl an meine Person gebunden ist – ich bringe Geld ein.»

Hutchinson ist mit einer seiner ehemaligen Studentinnen verheiratet, «glücklich», seit dreißig Jahren. «Es begann als das, was Ann Lane vom Frauen-Department als schmutzige kleine Affäre bezeichnen würde.»

Ursprünglich verlangte das Frauenbüro ein campusweites Keuschheitsgebot. Hutchinson mobilisierte den Widerstand. «Nicht weil ich für Orgien wäre, sondern weil es ein Eingriff in die Privatsphäre ist.» Er sammelte Kollegen und Kolleginnen um sich und machte eine Umfrage bei Studenten. «Neunzig Prozent von ihnen waren gegen die Verordnung.»

Nach monatelangem Streit kam eine Kompromißformel zustande. Nun sind nur noch Beziehungen zwischen Professor(in) und Student(in) aus demselben Fachbereich untersagt.

Die Beratungsprotokolle verraten den semantischen Streit um einen der letzten Bereiche in dieser Gesellschaft, der noch nicht digitalisiert und eine irrationale Herausforderung geblieben ist. In einem Entwurf etwa wurde das Wort «romantisch» durchgestrichen und durch «amourös» ersetzt. Was unterscheidet die beiden? Was ist unter einer «Annäherung» zu verstehen? Ist eine Umarmung erlaubt, ein Klaps auf die Schulter, ein Blick in die Augen?

«Das hängt immer auch vom Adressaten und seinen Pathologien ab», sagte Tom Hutchinson, «und das ist das Problem bei diesen Gesetzen.»

Da es beim Tatbestand der «sexuellen Belästigung» genügt, wenn eine Situation auch nur als kränkend *empfunden* wird, ist der Paragraph eine Einladung an die Paranoiker dieser Welt, zu deren Wesen es gehört, daß sie nicht nur überall Verschwörungen wittern, sondern diese scheinbar auch belegen können.

Da fühlte sich eine Studentin «sexuell belästigt», weil der Professor ein Foto seiner Frau im Badeanzug auf dem Schreibtisch stehen hatte. Sie verlangte die Entfernung des Fotos. Ultimativ. Auf einem anderen Campus forderte eine Professorin ihren Kollegen auf, Manets «Olympia» von der Wand zu nehmen, weil es «die Frau als Objekt» darstelle.

Prominentestes Opfer des neuen McCarthyismus, der sich mit den Prüderieattacken der Kirchenkreise verbündet hat, war Hutchinsons Kollege Professor Silva von der Universität New Hampshire.

In einer Literaturklasse erklärte Silva den schreibtechnischen Begriff «Fokus». Es sei wie Sex, sagte er, «du und der Gegenstand werden eins».

Einige Studentinnen fühlten sich durch diese Metapher «erniedrigt». Sie meldeten Silva, der noch drei Jahre zuvor als Pädagoge ausgezeichnet worden war, beim universitären Büro «Prävention für Sexuelle Belästigung und Vergewaltigung». Wenn auch orthographisch nicht ganz auf der Höhe, waren sie in der Sache doch kompromißlos. Der «Proffessor» habe sich noch «fiele» andere derartige «Dinger» erlaubt.

Eines dieser «Dinger» war ein Scherz des Professors, den er in der Bibliothek einem Mädchen zurief. Beide lachten darüber. Womit sie nicht rechnen konnten, war, daß eine vorbeikommende Dritte die Äußerung als «frauenfeindlich und erniedrigend» notierte. Daß die Adressatin des Scherzes später für den Professor aussagte, fiel nicht ins Gewicht.

Das «Vergewaltigungs»-Büro half nicht nur bei der Anklageschrift, sondern auch bei der Auswahl des «unabhängigen»

Richtergremiums. Trotz aller Sympathiebekundungen für den Pädagogen durch Studenten und Professoren beeilte sich der verängstigte Universitätspräsident Dale F. Nitzschke, den Schuldspruch zu exekutieren.

Silva wurde gefeuert, zu einer Geldbuße verdonnert und zu einer Sexualtherapie, deren Kosten er selber zu tragen hatte. «Ein Leben», sagte eine der Entlastungszeuginnen für den Professor, «ist vernichtet.»

«Puritanischer Eifer und Hexenjagden sind in diesem Land verschwistert», seufzte Hutchinson. Kurz darauf traf ich seine Gegenspielerin Anne Lane vom «Department for Women», die ihr Büro am anderen Ende des Campus in einem romantischen, weinüberwucherten Häuschen hatte. Auf dem Honda vor der Tür der Aufkleber: «Mein anderes Auto ist ein Besenstiel.»

Was eigentlich ist gegen romantische Beziehungen einzuwenden, fragte ich sie. «Das ist mir zu verwaschen», sagte sie. «Es geht um Geschlechtsverkehr, ums Vögeln.» Sie sprach diese Worte aus, als hätte sie in einen Hundehaufen getreten.

«Es geht um Professoren, die Sex für gute Noten erpressen wollen.» Aber gibt es gegen solche Fälle nicht bereits Gesetze und universitäre Ethik-Codes? «Die reichen nicht aus.»

Anne Lane – ein schlanker, großer, leicht altjüngferlicher Typ Mitte Fünfzig, im braunen Rock mit gleichfarbiger Seidenbluse. Ihr rechtes Ohr wurde zusammengekniffen von vier schmalen Goldringen. Wie zum Ausgleich trug sie einen goldenen Anhänger um den Hals, eine kleine Hand, die sie bei jeder Bewegung streichelte.

Anne Lane lebte alleine, als ich sie traf. Auch sie hatte den Vater ihrer Tochter auf einem Universitätscampus kennengelernt. Er ging später zur Polizei. Und nun war diese Ehe in die Brüche gegangen. Seit zwei Jahren lebte sie ohne ihn.

In ihrem Büro hing ein Poster der geharnischten Joan of Arc. Daneben ein Plakat mit einer Puppe, durch eine Wäschemangel gequetscht. Sie hatte das gleiche Motiv ihrem Therapeuten zum Abschied geschenkt.

Warum ihrer Ansicht nach in erster Linie die Studenten gegen die neue Verordnung protestiert haben? «Was wissen die schon von den Gefahren», sagte sie bitter, «die ficken früh heutzutage, aber von Liebe haben die doch keine Ahnung. Da geht es doch immer nur um die schmutzige kleine Nummer im Auto.»

Die Studentinnen, sagte sie, müssen «vor sich selber» geschützt werden. «Ich habe früher die Verbote meiner Mutter auch nicht immer verstanden. Später war ich klüger.»

Wie sehr die privaten Säuerlichkeiten und politischen Hysterien verbitterter Frauen das Verhältnis der Geschlechter vergiften, erfuhr ich bald darauf am College in Antioch.

Antioch ist die rosarote Avantgarde des amerikanischen Bildungssystems. Noten werden hier ungern vergeben. In Antioch wird nicht gepaukt. Hier wird der Neue Mensch gemacht.

«Was man hier vor allem lernt, ist der linke politische Dschungelkrieg», erklärte mir der junge Allan. Er und Freunde hatten ein Haus auf dem Campus besetzt. Damit hatten sie einen kleinen Erfolg gegen die Feministinnen errungen, die das Haus gerne für ihren wuchernden Therapiebetrieb übernommen hätten.

Daß amouröse Beziehungen zwischen Professoren und Studenten hier, im Jerusalem der politischen Korrektheit, untersagt sind, versteht sich von selbst. Doch Antioch ist das erste College, das auch die intimen Beziehungen der Teens und Twens untereinander reguliert.

Karen Hall vom «Vergewaltigungsbüro» erläuterte mir die Regeln. Bunte Kissen und Teddybären auf dem Boden. An der Wand ein Plakat, das 100 Möglichkeiten für Frauen erwähnt, das «Patriarchat zu beenden». Eine davon ist: «Liebe eine Frau».

Da nach ihrer Ansicht jedes studentische Rendezvous die Gefahr der Vergewaltigung in sich birgt, hat Antioch Vorschriften des Flirtens entwickelt, die auf dem Campus nur noch «die Politik» genannt werden.

Jeder Vorgang während eines Flirts muß verbalisiert werden. Laut und deutlich. Etwa: «Darf ich meine Hand auf deine Schulter legen?». «Ja, du darfst deine Hand auf meine Schulter legen.» Oder: «Ja, du darfst mich auf die Lippen küssen.» Die jeweilige Erlaubnis muß präzise sein. Eine Erlaubnis unter Alkoholeinfluß ist wertlos. Sollte es dennoch zu Intimitäten kommen, ist der Tatbestand der Vergewaltigung erfüllt.

Neulinge in Antioch können leicht in Panik geraten. An der Tanne gegenüber der Kantine hängen gelbe Bänder, die an die Opfer sexueller Gewalt erinnern. Täglich treffen sich in Antioch Gruppen von «Überlebenden». Männer haben ihre Gruppe, Frauen auch und die «Angehörigen von Überlebenden» ebenfalls eine eigene. In Einführungskursen werden Mädchen beschworen, unters Auto zu sehen, bevor sie einsteigen. Eine Trillerpfeife muß am Schlüsselbund getragen werden. Weitere Trillerpfeifen hängen in den Duschen der Mädchen. Antioch – belagert von Horden saufender Football- und Basketball-Teams? Sport wird in Antioch noch nicht einmal unterrichtet.

Rund 70 Prozent der Antioch-Studenten sind Frauen. Unter den verbleibenden Männern ist der Anteil der bekennenden Schwulen beträchtlich. Wie soll hier überhaupt das frauenschändende Tier, das sich die Feministinnen unter dem Mann vorstellen, zum Täter werden? Die Angst vor Vergewaltigung ist in Antioch offenbar zur Liturgie geworden, zu einem spirituellen System ohne Bezug zur Wirklichkeit.

Ein System allerdings, das ständige Opfergaben verlangt. Allein im letzten Jahr will Karen Hall zwanzig Vergewaltigungen gezählt haben. Warum die Polizei nicht schon längst ermittelt? «Weil die Opfer Angst haben, noch einmal öffentlich gedemütigt zu werden.» Ausgerechnet in Antioch? «Na ja, es kommt wohl darauf an, was man als Vergewaltigung bezeichnet.»

Tatsächlich war nun, zwei Jahre nach Einrichtung der «Politik», der erste Fall aktenkundig geworden. DER FALL. Über den genauen Tathergang gab es verschiedene Versionen. Die einen wollen gesehen haben, wie der Täter beim Samstagstanz in

der Kantine sein Opfer geküßt hat. Die anderen haben beobachtet, daß er «zu dicht tanzte».

Karen Halls Lächeln federte meine erstaunten Einwände ab
wie bedauerliche Rückfälle in eine überwundene Bewußtseins-
stufe. Die «Politik» hatte gesiegt. Ein wichtiger Schritt hin zur
befreiten Gesellschaft, zum Neuen Menschen, war ihrer Ansicht
nach getan.

Ich traf den «Delinquenten» Randy Riess in seiner dunklen
Schlafstube, in der er lag wie ein Gefangener. Er absolvierte in
diesen Tagen eine Pflichttherapie für Sextäter. Zuvor jedoch
hatte er in der Campus-Zeitung seine Selbstkritik veröffentlicht:
«Ich, Randy Reiss, bin schuldig befunden worden ... Das Vergehen ereignete sich beim Tanzen gegen 1 Uhr morgens am
Sonntag.»

Mildernde Umstände ließ der Delinquent für sich nicht gelten:
«Ich war weder betrunken noch high. Es geschah ohne ihre aus-
drückliche verbale Zustimmung. Ich fühle mich schrecklich.»

In diesem Sommer wollte Randy sein Examen machen. Eine
Relegation wegen «sexuellen Angriffs» so kurz vor dem Abschluß würde seine Karriere ruinieren. Mit gequältem Lächeln
beteuerte er, wie dankbar er «der Behörde» sei, daß sie ihn so
glimpflich habe davonkommen lassen. «Das Verrückte ist – ich
habe die Politik selber unterstützt», sagte er zum Abschied. Womit bewiesen wäre, daß der Teufel auch im Heiligen steckt.

Randys Professor Paul Fogarty, der gleichzeitig die geachtete
Literaturzeitschrift *Antioch Review* herausgibt, äußerte sich
deutlicher: «Randys Selbstentleibung hat den Charme der Mos-
kauer Schauprozesse.»

Fogarty kam 1968 ans College. In den letzten Jahren, meinte
er, sei die Campus-Gesellschaft tribalisiert und trivialisiert. Das
akademische Niveau sei gesunken. Keiner lese mehr. «Früher
war der Diskurs politischer, intelligenter. Heute geht es nur noch
darum, den jeweils eigenen Totem zu umtanzen.»

Auf dem College habe sich eine neue «Studentenbürokratie»
entwickelt. «Es gibt mittlerweile mehr Therapie- und Unter-

stützergruppen als Studenten.» Vor allem aber sei, im Klima der politisch korrekten Verdächtigungshysterie, die «Angst vor Prozessen» gestiegen.

Jede Interessengruppe hat ihre Spezial-Agenda. Aus Angst vor dem Diskriminierungsvorwurf durch die Schwulengruppen werden in Stellenausschreibungen schwule Professoren ausdrücklich bevorzugt. Schwarze Studenten protestierten gegen einen Professor der afro-amerikanischen Studien. Sein Hauptfehler: Er ist Weißer. Er wurde gefeuert.

Wenn auch das intellektuelle Niveau gesunken ist und die Bibliothek vorwiegend überalterte Bestände aufweist, das politisch-korrekte Esperanto beherrscht in Antioch jeder. An jenem Nachmittag etwa traf sich die Gruppe «Frauen mit dem Privileg weißer Hautfarbe kämpfen gegen den Rassismus».

Wer aber befolgt denn eigentlich die Regeln der neuen Keuschheitspolitik? Fogarty zuckte mit den Achseln. «Ich weiß es wirklich nicht.»

Fogartys Verwirrung wurde auf dem Campus geteilt. «Hoffentlich keiner», sagte Sarah, die gerade damit beschäftigt war, ihren Bauchnabelring zu reinigen. Als sie einmal von einem Jungen gefragt wurde «Habe ich dein Einverständnis?», hatte sie einen Lachanfall bekommen. Dorte, eine Austauschstudentin aus Tübingen, sagte mir, sie fände es «entwürdigend, einem Jungen dauernd zu erklären, was er zu tun hat».

Dennis dagegen war vorsichtiger geworden. Randys Beispiel hatte ihn alarmiert. «Ich lasse jetzt die Frau die ersten fünfzehn Schritte machen. Einfach, um auf Nummer Sicher zu gehen.» Wieder andere nutzten den politisch korrekten Jargon für eine erotische Metasprache. Die neue Anmache auf dem Campus lautet: «Hast du Lust, die ‹Politik› mit mir zu vollziehen?»

Nicht nur Universitäten und Colleges, auch Oberschulen und Grundschulen wurden damals vom Harrassment-Fieber gepackt. In einer nationalen Erhebung gaben 85 Prozent der Mädchen und 76 Prozent der Jungen an, sexuell belästigt worden zu sein. Die Knuffereien auf dem Schulhof werden seither in der politisch korrekten Amtssprache «Geschlechter-Terrorismus» genannt.

«Wir müssen diesen Schmutz stoppen, bevor er auf die nächste Generation übergeht», sagte Sue Sattel, die ich in ihrem kleinen Büro in Minnesotas Hauptstadt St. Paul traf, gleich gegenüber vom Capitol. Sie wirkte sanft, aber entschlossen.

Sue Sattel, eine christliche Fundamentalistin? I wo. Sie wurde bereits 1968 beim Marsch der 5000 Frauen in New York zur Feministin. Später lebte sie in einer Kommune und versuchte, als alternative Pädagogin in Oregon das «System von innen zu verändern». Seit 15 Jahren arbeitet sie in Minnesotas oberster Schulbehörde. Dort begann sie, «Sexual Harrassment»-Workshops durchzuführen, und ermunterte dazu, Harrassment-Fälle anzuzeigen.

Ihre Arbeit trug Früchte. Da war die achtzehnjährige Katie Lyle, die ihren Schuldistrikt verklagte, weil sie auf einem obszönen Graffito auftauchte. Schadenersatz: 20 000 Dollar. Die sechzehnjährige Jill Olson, deren Name auf einer Liste von 25 «most fuckable women» in der Highschool kursierte, erhielt 15 000 Dollar. «Den anderen 24 Mädchen war die Schmiererei offenbar egal», sagte Sue Sattel kopfschüttelnd.

Mit ihrem jüngsten Fall jedoch, den sie vor die Menschenrechtsbehörde brachte, hatte Sue Sattel die Feministinnen des «National Women's Law Center» gegen sich aufgebracht. Zum ersten Mal klagte nun ein Junge, Jonathan Harms aus dem Flekken Rice, gegen andere Jungen. Die Feministinnen waren empört. Sexuelle Belästigung könne überhaupt nur gegen Frauen ausgeübt werden. Männliche Opfer könne es also gar nicht geben. Sue Sattel war anderer Meinung.

Ich besuchte die Harms. Die Eltern berichteten mir von den Schikanen gegen ihren Jungen. Ein Problemkind. Unbeweglich, ein wenig dicklich und schwabblig am Oberkörper, so daß es aussah, als hätte er kleine Brüste. Grund genug für Hänseleien.

«Wenn er doch wenigstens mal zugeschlagen hätte», sagte der

Vater. «Dann hätten wir uns den ganzen Rummel ersparen können.» «Vagina-Lecker haben sie ihn genannt», rief die Mutter
gleichzeitig entsetzt und triumphierend. Das qualifizierte allemal für eine Klage und Schmerzensgeld.

Als der Schuldirektor sagte, ihm fehlten die Beweise für «sexuelle Belästigung», kaufte Sam Harms seinem Sohn ein Ton-
bandgerät. «Wir haben zu Hause geübt, wie man es heimlich
einschaltet», sagte er.

Das Tonband, das ich zu hören bekam, war ein grausiges Do-
kument. Nicht, weil es obszön war, sondern weil es die infantile
Lust von Pennälern dokumentierte, ein Opfer auszusuchen und
zu quälen – eine Studie über die Entstehung faschistischer Strukturen.

Ein kleiner Junge zog da los, um Schmutz zu sammeln. Er war
sein eigener Köder. Er ließ sich prügeln und demütigen, um die
Täter zu überführen. Seine Rache bestand darin, daß er sich
nicht wehrte, sondern aufnahm. Verbale Kränkungen, die den
Tatbestand der «sexuellen Belästigung» erfüllten.

«Warum hast du mich gerade geschlagen, Dennis», hörte man
Jonathans Stimme. «Weil ich Lust dazu hatte, du Knalltüte.» Jo-
nathan weiß, daß so etwas zwar weh tut, aber unbrauchbar ist.
Unter Tränen fragte er: «Wie hast du mich vorher genannt?»
«Pißloch», hört man eine höhnische Jungenstimme. «Nein, da-
vor». «Altes Pißloch. Schwanzlecker.»

Eine Woche lang sammelte Jonathan Schmutz. Dabei ließ er
sich schlagen, treten, mit Stöcken bearbeiten. Nebenprodukte,
für die sich keine Eltern, kein Lehrer, kein Richter interessierte.
Er ließ sich verhöhnen, verlachen, von Mädchen und Jungen beschimpfen, um jene einzigen Worte zu sammeln, die neuerdings
in der Erwachsenenwelt eine Rolle spielen.

Jonathan denunzierte nicht. Er kämpfte gegen ein Rudel kleiner Blockwarte um seine Existenz. Er sammelte Regelverletzun-
gen auf jenem einzigen Gebiet, wo das puritanische und das feministische Amerika gemeinsam zum Durchgreifen entschlossen
sind. Gegen Baseballschläger, Waffen und Drogen haben die

Schulbürokratien den Kampf verloren. Doch im Kampf gegen Schmutzwörter sind sie seit neuestem zu jeder Sanktion bereit.

Als dem Direktor die Abschrift vorgelegt wurde, suspendierte er fünf Schüler für einen Tag von der Schule. Erwartungsgemäß eskalierte danach der Krieg gegen Jonathan. Ein halbes Jahr später steckten die Harms ihren Sohn in eine andere Schule, eine religiöse. Seither sind seine Leistungen zufriedenstellend.

Der Distrikt und die Eltern der beschuldigten Kinder hatten sich Anwälte genommen. Auch die Harms wurden von großen Kanzleien bis aus New York umworben. Harms winkte ab. «Ich brauche keinen dieser Typen, der mir sagt, was ich tun soll», meinte er. Im übrigen habe er einen tüchtigen Bündnispartner – die Feministin Sue Sattel. Sattel klagte.

Die Schule ließ sich vertreten durch die prominente Kanzlei «Knutsen, Flynn und Partner», die in einem der oberen Stockwerke des mondänen World Trade Center in Minneapolis residiert.

Joe Flynn wollte sich zum Fall Harms nicht äußern, da die Daten der Beteiligten geschützt sind. Doch am Ende eines langen Arbeitstages war der Anwalt zum Philosophieren aufgelegt. «Der Paragraph der ‹Sexuellen Belästigung› ist eine Goldmine für uns», sinnierte er. «Wir haben Tonnen von Fällen.»

Genauer: Über 700. Grundsätzlich sind es Frauen, die klagen. Doch auch Männer entdecken allmählich die Harrassment-Klage als Karrierewerkzeug und Geldmaschine.

Flynn erzählte von den letzten, prominenten Fällen aus Minneapolis. Zum Beispiel Paula Mackabee vom City-Council, die ihren männlichen Angestellten feuerte. Der verklagte sie daraufhin wegen sexueller Diskriminierung in Tateinheit mit Belästigung. «Die Anwälte haben an dem Prozeß eine halbe Million verdient», sagte Flynn lächelnd. «Man hat sich schließlich bei 150000 Dollar verglichen.»

Mit besonderem Vergnügen berichtete er vom Fall des Richters Alberto Miera, der seinen jungen Stenografen küßte und dafür 150000 Dollar Schmerzensgeld bezahlen mußte. «Dafür würde ich mich auch küssen lassen», sagte Flynn lächelnd. Nach einer kurzen Pause: «Na ja, kommt drauf an wie intensiv.»

Der Richter, mittlerweile als Anwalt tätig, verklagte gerade das Kaufhaus Dayton, weil es sich dem Wunsch eines männlichen Angestellten widersetzte, der in der Abteilung für Damenwäsche arbeiten wollte. Anklagepunkt: Diskriminierung aufgrund des Geschlechts.

«Falls Sie mal belästigt werden», sagte Flynn zum Abschluß, «lassen Sie es mich wissen – hier ist meine Karte.»

Möglichkeiten gibt es in der gegenwärtigen amerikanischen Harrassment-Hysterie reichlich. Auf dem Flughafen von Minneapolis erklärte mir der Sicherheitsbeamte hinter der Schleuse förmlich: «Ich informiere Sie hiermit, daß ich Sie abtaste.» Aber das, erwiderte ich verdutzt, gehöre doch wohl zu seinem Job. Der Beamte zuckte resigniert mit den Schultern. Es sei eine neue Verordnung. Gerade fünf Stunden alt. «Sie kommt von ganz oben.»

Was geschehen war? Eine Frau hatte sich über die Routineuntersuchung beschwert. Sie war «schockiert» und «traumatisiert» durch die «unerwartete» Körperberührung – die Frau war eine Stewardeß.

Das amerikanische Beispiel belegt, wie absurd und unselig es ist, wenn feministische Bürokratien Gesetze erlassen. Mit Hilfe der Verordnungen zu sexueller Belästigung haben sie Mißtrauen und Haß in die zwischengeschlechtlichen Beziehungen gesenkt und vor allem den akademischen Diskurs mit Zensur und politischer Intrige belastet.

Längst gibt es erste spektakuläre Fälle von «sexueller Belästigung» auch in Deutschland. Jeder Großbetrieb, jede Verwaltung, vor allem aber jede Universität hat mittlerweile Frauenbüros und Gleichstellungsbeauftragte, die ihren Schnüffeljob ernst nehmen.

In seinem Roman «Der Campus» beschreibt der Hamburger Anglistik-Professor Dietrich Schwanitz die Hexenjagd gegen einen Universitätslehrer, der eine Affäre mit einer Studentin hat. Eisige Bürokraten, dogmatische studentische Hilfssheriffs und ehrgeizige Mitkonkurrenten booten ihn aus. Romanheld Hanno Hackmann resümiert: Aus der «kleinen, komplizierten, privaten Wahrheit einer Studentin ist eine große, öffentliche, simple Lüge geworden».

Doch Hackmann, entwürdigt, beschmutzt und davongejagt, sagt auch: «Wenn Sie einem Menschen alles nehmen, dann wird er gefährlich – denn dann ist er frei, die Wahrheit zu sagen.»

IV. Zwei Fälle

Kohlhaas heute

Kleists «Michael Kohlhaas» läßt sich auf vielerlei Weise lesen. Ein rechtschaffener Mann, der betrogen wird. Ein Aufrührer, der sich gegen die Willkür auflehnt. Ein Terrorist, der zivile Opfer in Kauf nimmt, um das schuldige System zu bekämpfen und dabei auch das eigene Leben nicht schont. Verbohrter Verbrecher oder sensibler Idealist, mörderisch konsequent bis hin zur Selbstaufopferung, all das trifft zu. Besonders aber ist er ein Mann, der das Recht ernst nimmt wie kein zweiter.

Alles beginnt mit zwei Pferden. Dem historischen Hans Kohlhasen, einem Kaufmann aus Cölln an der Spree, werden am 1. 10. 1532 auf Anordnung des Junkers von Zaschwitz zwischen Wittenberg und Leipzig zwei Pferde gestohlen. Nach verlorenem Rechtsstreit gegen den Junker bildet er eine Privatarmee, legt Wittenberg in Brand, läßt sich auch durch Martin Luthers Appelle nicht von seinem Rachefeldzug abbringen, wird schließlich nach Berlin gelockt und dort am 22. 3. 1540 hingerichtet. Seine Pferde hatte man ihm zuvor zurückgebracht.

Ein Kampf über sieben Jahre, der mit dem Tode endet. Ein Vernichtungskampf um die Gerechtigkeit, der erst mit der Selbstzerstörung seinen Abschluß findet. Und all das wegen zweier Pferde. Doch im Kampf um diese Pferde wird die ganze Welt bewegt. Im Kampf um die Pferde geht es um das Gesetz schlechthin, um den Staat, um den einzelnen und die Willkür der Macht und letztlich um Erlösung – und die Verklärung des Rechts.

In der Sache des Herrmann Tronk ging es um mehr. Um viel mehr. Ihm wurde die Tochter aus dem Leben gerissen, gestohlen von einer Mutter, für die sie eine Art naturrechtlicher Besitz darstellte. Gleichzeitig ging es um weniger, nämlich um die Ausweitung eines spärlich zugemessenen Besuchsrechts. Die Tochter wollte mittwochs von ihrem Papa zu Bett gebracht werden.

Mittlerweile liegt der Fall vor dem Bundesverfassungsgericht und wird, sobald er abgelehnt werden sollte, vor den Europäischen Gerichtshof kommen.

Da ihn, wegen der Aussichtslosigkeit seines Verfahrens, kein Anwalt mehr vertreten möchte, präsentiert der Bremer Kaufmann seinen Fall selber. Er zeigte den Bundesverfassungsrichtern unter anderem an:

- Verletzung meiner Elternrechte aus Art. 6 Abs. 2 Satz 1 GG
- Verweigerung des rechtlichen Gehörs aus Art. 103 Abs. 1 GG
- Mißachtung des Art. 33 GG (gleiche Rechte/Pflichten in allen Bundesländern)
- unangemessen lange Verfahrensdauer gemäß Europäischer Menschenrechts-Kommission (EMRK) Art. 6
- Verweigerung des Rechtes auf faires Verfahren gemäß EMRK Art. 6
- Mißachtung der Achtung des Familienlebens gemäß EMRK Art. 88
- Verletzung des Art. 3 der EMRK (Verbot der Folter)

Natürlich pocht da einer, der fast wahnsinnig wird im Unrecht, mit einer wahnsinnigen Insistenz aufs Recht. Einem Wahnsinn von der heiligen Art. Da will einer so sehr Recht bekommen, daß er sich über die Jahre zum Fachmann gemacht und sein Leben auf diese Aufgabe verengt hat. Tronk streitet nicht. Er hat eine Mission, der alle anderen Anstrengungen seines Lebens untergeordnet wurden. Er will seine Tochter wiederhaben.

Es begann vor acht Jahren, im April 1990. Da war Tronk von seiner älteren Tochter angerufen worden: «Papa, ich glaube Mama und Marie sind weg.» Tronk, Einkäufer bei einem großen Möbelkonzern, eilte nach Hause und sah die Vermutung bestätigt. Maries Spielzimmer war leer geräumt, persönliche Gegenstände und Kleidung seiner Frau fehlten.

Seine Frau war ins Frauenhaus gezogen. Sie war nicht etwa von ihm geschlagen worden. Es hatte keinen dramatischen Streit gegeben, nur eine schleichende Entfremdung über Jahre hinweg. Seine Frau, so Tronk, habe sich mit diesem Schritt «selbst realisieren wollen».

Tronks Frau hatte sich nach dem Tod ihres Vaters verändert. Sie wurde merkwürdig antriebslos und depressiv, saß zu Hause herum, schränkte ihre Aktivitäten ein. Die Eheleute waren zur Partnertherapie gegangen, eine Familientherapie mit beiden Töchtern schloß sich an.

Der überraschende Auszug sollte sich später aufklären. Frau Tronk hatte sich mit einem Anwalt beraten, der ihr das entsprechende Drehbuch vorgab. Die Mitnahme der gemeinsamen Tochter ins Frauenhaus, strenggenommen Kinderentziehung und damit ein strafbares Delikt nach § 235 StGB, war das, was in solchen Fällen üblich ist. Man verbessert damit schließlich die Chancen bei der gerichtlich geregelten Sorgerechtsvergabe.

Nach ihrem Auszug einigten sich die Eheleute schnell über den Unterhalt und über die Umgangsmodalitäten. Jeden Mittwoch von 15 Uhr 45 bis 19 Uhr sowie jedes zweite Wochenende von Freitag 15 Uhr 45 bis Sonntag 19 Uhr durfte die damals vierjährige Marie mit ihrem Papa zusammensein. «Wobei Marie», so Tronk in seiner Verfassungsbeschwerde, «mich stets sehnsüchtig erwartete und auch versuchte, den Umgang auszudehnen.»

Zwei Jahre später wurde die Ehe auf Antrag von Frau Tronk geschieden. Bald gab es die ersten Probleme mit der Besuchsregelung.

«Ich sah mich daher gezwungen, das Familiengericht anzurufen. Dieses hat unter der Geschäfts-Nr.: 63 F 115/91 vom 20. 7. 1992 die bisherige Umgangsregelung bestätigt (die auch um 3 Wochen Sommerferien erweitert worden war) und den Umgang um jeweils die Hälfte der Oster- und Weihnachtsferien und auf Mittwoch bis 19.30 Uhr verlängert.»

Noch verrät die Schilderung gelassenes Vertrauen auf den Gesetzgeber, der nicht duldet, daß ein liebender Vater ausgegrenzt wird. Tronk und das Recht scheinen Komplizen. Tronk «sah sich gezwungen», Beistand durch die Rechtsprechung zu suchen. So schreibt einer, der sich sicher ist, daß er ihn bekommt.

Vor allem hat er einen verläßlichen Bündnispartner: die Tochter. Sie liebt ihren Vater, er liebt sie. Da seine Frau den Umgang weiterhin einschränkt oder boykottiert, läßt sich Tronk gut zwei Jahre später ein weiteres Mal recht geben, ein weiteres Mal durch das Familiengericht bestätigen, was er ohnehin weiß: Er hat recht.

Die Lage spitzt sich zu, als Marie ihren Mittwochsbesuch ausdehnen und eine Übernachtung bei Papa anhängen möchte. Da ihre Mutter das kategorisch ablehnt, ruft Tronk das Gericht ein weiteres Mal an. Diesmal beauftragt das Gericht einen Gutachter, der die Übernachtung ablehnt. Tronk holt bei dem international bekannten Professor K. ein Gegengutachten ein.

Es kommt zu einer erneuten Verhandlung. Die Tochter wird befragt und erklärt ihren ausdrücklichen Wunsch nach Übernachtung beim Papa.

«Meine geschiedene Ehefrau blieb ausdrücklich bei ihrem ‹Nein›, ohne jedoch Gründe zu benennen», schreibt Tronk an die Verfassungsrichter. Und das «Nein» wird «in Kopie als Anlage 5 beigefügt».

Das Protokoll der nicht-öffentlichen Sitzung des Amtsgerichts liest sich wie eine einzige, standhafte Liebeserklärung an den Vater:

«Marie wurde allein gehört.
Auf Befragen, ob Marie ‹Papa› oder ‹Vati› sage, antwortete sie: ‹Papa.› Dabei huscht ein Lächeln über ihr Gesicht. Zunehmend verstärkt sich das Lächeln in ein freundliches Lachen.

Der Richter gibt Marie zu verstehen, daß er es eigentlich am liebsten gesehen hätte, wenn sich ihre Eltern über diese Frage verständigt hätten. Er sei bereit, sich jetzt mit ihnen zu unterhalten, wenn sie dies möchte. Wenn sie aber sage, sie wolle selbst sagen, was sie wünsche, dann bräuchte er ihre Eltern nicht mehr vorher anzuhören. Auf die Äußerung des Richters, ‹jetzt hast du das Wort›, ‹ich will bei Papa übernachten›.

Dabei huschte wieder ein Lächeln über ihr Gesicht, welches sich in ein freundliches Lachen entfaltete.

Die Kindeseltern, Frau P. und der Verfahrensbevollmächtigte der Kindesmutter wurden mit der Anhörung vertraut gemacht bzw. Maries Erklärung wurde verlesen.

Auf Befragen erklärte die Kindesmutter:

Ich bin nicht damit einverstanden, daß meine Tochter bei ihrem Vater übernachtet.

Auf Vorhalt des Schreibens vom 08. 11. 1994 (Bl. 3223 d. A.) *erklärte Frau P.:*

Es ist richtig, daß Marie damals, als sie mit ihrem Vater bei uns im Amt war, den Wunsch geäußert hat, auch bei ihrem Vater zu übernachten. Sie hat mir auch gesagt, daß sie diesen Wunsch gegenüber dem Richter nun auch äußern wolle. Ob Herr Tronk bei diesem Gespräch anwesend war oder nicht, weiß ich nicht mehr.

Marie erklärte: Es ist richtig, daß ich mich damals Frau P. gegenüber so geäußert habe.

Die Kindesmutter erklärte auf Befragen, ob sie bei ihrem ‹Nein› bleibe: ‹Ja!›

Beschluß verkündet: Eine Entscheidung wird den Parteien zugehen.

Marie erklärte:

Wenn mein Papa mich am Donnerstag zur Schule bringt, dazu möchte ich sagen, daß der Unterricht erst um 10.00 Uhr beginnt.

Der Kindesvater erklärte:

Ich bin bereit, in diesem Fall meiner Tochter eine Buskarte zu geben, damit sie sicher zur Schule kommt.

Marie erklärte:

Nach dem Unterricht kann ich von der Schule zu Fuß zur Wohnung von Mama gehen ...»

Zu diesem Zeitpunkt kann Tronk bereits drei Erfolge vor Gericht verbuchen. Doch schon jetzt öffnet sich die Schere zwischen Rechtsanspruch und Vollzug. Tronk hat recht, doch er kann es nicht durchsetzen. Was nützen ihm die Triumphe, wenn sie nicht realisierbar sind.

Der Mutter wird nicht etwa – wie in anderen europäischen Ländern – bei weiteren Boykotten mit dem Entzug des Sorgerechts gedroht. Im Gegenteil. Da sie die Ohnmacht der Richter spürt, fühlt sie sich erst richtig gestärkt.

«Am 11. 5. 1995 hat das Familiengericht unter der Geschäfts-Nr.: 63 F 908/93 auf Mittwochsübernachtung entschieden. Der Familienrichter fand das Verhalten der Kindesmutter so ungewöhnlich, daß er dieses ausdrücklich in den Beschluß übernommen hat. In Kopie als Anlage 6 beigefügt.»

Lakonisch erstattet Tronk den Verfassungsrichtern von seinen Erfolgen Meldung. Er hat gelernt, seine Emotionen zu unterdrücken, und das in einem Verfahren, in dem es um nichts anderes geht als um Gefühle. Nämlich: um die Liebe zu seinem Kind, Wut auf die Mutter, Trauer über eine zerbrochene Familie, die Verletztheit über ungerechtfertigte Anschuldigungen, vor allem um die nervlichen und seelischen Strapazen eines Kampfes gegen die Bürokratie.

Das Verfahren um die Mittwochsübernachtung hat sich mittlerweile zwei Jahre lang hingezogen. Zwei Jahre lang haben sich Anwälte, Richter, Gutachter, Psychologen, Jugendamtsangestellte mit der Frage beschäftigt, ob ein kleines Mädchen, das mittlerweile sechs Jahre alt ist, einmal in der Woche von ihrem Papa zu Bett gebracht werden darf.

Am 23. 8. 1995 kommt es zum Eklat. Tronk hatte mit der Tochter drei Wochen Sommerurlaub verbracht. Als er sie kurz darauf zum Mittwochsbesuch abholen möchte, erscheint, was ungewöhnlich ist, seine Exfrau mit ihr in der Tür. Tronk hat sie über ein Jahr lang nicht gesehen. Normalerweise klingelt er, und die Tochter kommt allein herunter.

Diesmal wird sie von ihrer Mutter bis zur Straße begleitet, wo Tronk sein Auto geparkt hat. Sie teilt Tronk mit, daß er Marie noch am selben Abend zurückzubringen habe. Tronk protestiert. Wütend verweist er auf den Gerichtsbeschluß, der die Übernachtung der Tochter ausdrücklich zu seinen Gunsten geregelt hat.

Wie kann sie ihm dieses Recht kündigen? Wie kann sie, ohne Verfahren, ohne Gutachter, ohne Richter, einen eindeutigen Spruch revidieren? Steht sie über dem Gesetz? Kommt gar nicht in Frage, sagt er.

Die Eheleute beschimpfen sich, während die Tochter bereits auf dem Beifahrersitz Platz genommen hat. Plötzlich schreit die Mutter: «Marie, lauf.» Die Tochter klettert zögernd aus dem Wagen. Die Mutter stellt sich Tronk in den Weg, als müsse sie ihre Tochter vor einem Ungeheuer beschützen. Marie bleibt verwundert neben dem Auto stehen und beobachtet die Szene.

Tronk explodiert. Als seine geschiedene Frau ihn mit Fäusten bearbeitet, schlägt er zurück. Sie zerren sich und treten sich. Marie sieht zu. Die Mutter ist eine durchtrainierte Hobby-Karatekämpferin, Papa ein stattlicher Kerl, wenn auch schon an die Fünfzig.

Schließlich wendet sich Marie ab und läuft zum Haus zurück. Die Mutter folgt ihr. Tronk setzt sich in sein Auto, fährt nach Hause und benachrichtigt die ältere Tochter. Sie macht sich auf den Weg, spricht mit der Mutter, ruft den Vater an und gibt Entwarnung. Mama sei wohl wieder durchgedreht. Dem Routinewochenende mit Marie stünde nichts im Wege.

Doch als Tronk am Freitag vor der Tür steht, öffnet niemand. Er telefoniert. Am anderen Ende ist nur der Anrufbeantworter. Frau Tronk und Marie seien nicht da. Seit diesem Tag vor fast drei Jahren hat Tronk seine Tochter nur noch bei Gerichtsverhandlungen gesehen.

«Nach Aussage von Marie (gemäß Polizeiprotokoll) gab es

ein Gerangel zwischen den Eltern», schreibt Tronk den Richtern. Nach Aussage der betreuenden Jugendamtsmitarbeiterin,
Frau P., beim Strafrichter des Amtsgerichts K. am 20. 6. 1997
«war das eine von Frau Tronk geplante gezielte Aktion, um den
Umgang auf Dauer zu verhindern».

Nach wie vor hat Tronk recht. Aber alles hat sich geändert.
Maries Mutter hat die Daumenschrauben fest angezogen.

«Seit dem 23. 8. 1995 hat es zwischen mir und Marie keinen
Umgang mehr gegeben. Alle vorgenannten gerichtlichen Entscheidungen zum Umgang haben zwar weiter Gültigkeit, sind
aber wertloses Papier, weil der Umgang konsequent durch die
Kindesmutter vereitelt wird.»

Nun klingt die Akte anders. Nun wirken weitere kleine
Rechtstriumphe wie Rückzugsgefechte, wie ein schaler Ersatz
für die Siege, auf die es ihm ankäme, und nun werden sie insgesamt seltener. Tronk spürt, daß er endgültig auf die Verlierer-
straße geraten ist. Die Waffe Recht ist stumpf geworden. Das
liest sich dann so:

«Ich sah mich aus zwingender Notwendigkeit veranlaßt, es
gab den gerichtlich festgesetzten Umgang nicht mehr, dieser
wurde ‹auf kaltem Wege› durch die Kindesmutter ausgeschlossen, einen Antrag auf Zwangsgeld zu stellen. Dieses ist
mit Schriftsatz vom 23. 8. 1995 erfolgt.

– in Kopie als Anlage 8 beigefügt –

Ich sah mich aus zwingender Notwendigkeit veranlaßt, einen
weiteren Antrag auf Zwangsgeld am 27. 8. 1995 zu stellen. Zu
Einzelheiten erlaube ich mir auf diesen Antrag zu verweisen.

– in Kopie als Anlage 9 beigefügt –

Da der rechtswidrige Umgangsausschluß durch die Kindesmutter fortgesetzt wurde, stellte ich am 31. 8. 1995 einen weiteren Antrag auf Zwangsgeld. Zu Einzelheiten erlaube ich
mir, auf diesen Antrag zu verweisen.

– in Kopie als Anlage 10 beigefügt –

Zwei Wochen später kommt es zu einer Wiederbegegnung zwischen Tochter und Vater auf dem Jugendamt. Auf Tronk macht sie einen völlig «verstörten» Eindruck. Er spürt, daß sie ihm entgleitet, daß ihre Mutter sie manipuliert hat. Er spürt, wie Panik in ihm aufsteigt. So schnell wie möglich muß die Umgangsblockade aufgehoben werden.

Und er verleiht dieser Unruhe mit dem einzigen Mittel Nachdruck, das ihm das deutsche Recht gibt: Er stellt einen weiteren hilflosen Antrag auf Zwangsgeld. Er hat diesen Antrag «in Kopie als Anlage 11» an die Verfassungsrichter gesandt.

Tronk hat längst gelernt, sich selbst zu versachlichen. Er nennt sich, wie das im Amtsdeutsch so üblich ist, den «Kindesvater». Doch der Tonfall wird hilfloser, schriller, und in jedem zweiten Satz spricht sich ein entsetzliches Gefühl von Ohnmacht und Demütigung aus. Rechtschreibung und Kommasetzung werden erratisch, das grausame Ganze und das erniedrigende Detail stürzen ineinander, die Sprache pendelt zwischen mühsam erzwungener Objektivierung und der Lust am Fluch, an der extremen Formulierung. Wie lassen sich aufwühlende Seelendramen wie dieses im Amtsdeutsch ausdrücken?

Kleists Kohlhaas verläßt den nüchternen Berichtston des Chronisten selten, verläßt sich ganz auf das Material, auf die Beweislage, die doch für ihn spricht. Doch an den Rändern seiner Erzählung brennt es. Immer wieder schießen Flammen auflodernden Zorns durch die Textur hindurch, da ist größte Kälte und Folgerichtigkeit, aber dann ein Rasen und Wüten und Morden. Denn Kohlhaas ist «einer der rechtschaffensten zugleich und entsetzlichsten Menschen seiner Zeit».

Kleists Kohlhaas wurden zwei Rappen gestohlen. Richtiger: Sie wurden einbehalten vom Junker Wenzel von Tronka. In Dresden bekommt er recht gegen den Burgvogt. Doch als er die Rappen heimführen will, sieht er, daß sie in seiner Abwesenheit abgemagert und durch Feldarbeit heruntergeschunden sind. Er war abwesend. Er konnte nicht für sie sorgen.

«Der Kindesvater fand ein total verstörtes Kind vor, in genau der gleichen Verfassung, wie er es am 23. 8. 1995 angetroffen hat, d. h) die Kindsmutter hat die intensive Gehirnwäsche von Marie am 23. 8. 1995 nicht beendet, sondern setzt sie zielstrebig weiter fort, und offenbar in höheren Dosierungen.

Marie war vollkommen stumm, sie antwortete auf keine Frage. Auch wenn sie durch Frau P. gefragt wurde, antwortete sie nicht, wenn überhaupt, dann nur mit zaghaftem Kopfschütteln oder Nicken.»

Kohlhaas verläßt sich auf die Instanzen. «Ein richtiges, mit der gebrechlichen Einrichtung der Welt schon bekanntes Gefühl» trägt ihn auf diesem Weg: Er weiß, wie fehlbar die Menschen sind und wie schlecht die Welt eingerichtet ist, doch das Recht, am Ende, ist der sichere Hort höherer Ordnung, der Irrtümer korrigiert, Hochmütige in die Schranken weist, die Schwachen aufhebt, endlich der Gerechtigkeit zum Siege verhilft und die, die ihn verhöhnt haben, bestraft.

Tronk schreibt an die obersten Verfassungsrichter:

«Daneben saß die höhnisch grinsende und kaugummikauende Kindesmutter, ihres Sieges sicher, den sie nun meint erreicht zu haben. Denn sie ist der Meinung, sie hat bisher den Umgang erfolgreich verhindert. Sie wird das auch zukünftig ungestraft dürfen, denn wie eine gemeinsame Bekannte berichtete, war sie beim zuständigen Richter, der hat gesagt, das wäre schon in Ordnung, ihr würde nichts geschehen.»

Tronk führt seine Sache vor, und er zeigt den Verfassungsrichtern, wie höhnisch sich sein Burgvogt über die heilige Institution des Rechts erhebt. Und er demonstriert, wie sehr er doch aus anderem Holze geschnitten ist und Langmut zeigt wie einer, der durchaus vertraut ist «mit der gebrechlichen Einrichtung der Welt».

«Um Marie nicht zu quälen, hat der Kindesvater nicht auf der Durchsetzung des Umgangsrechts am 6. 9. 1995, gemäß richterlicher Entscheidung und einstweiliger Anordnung, bestanden.

Andererseits war die Kindesmutter jedoch nicht zur Herausgabe des Kindes bereit. Das ist nun ein eindeutiger Verstoß gegen die einstweilige Anordnung des Familiengerichts K., zu der Geschäfts-Nr.: 63 F 908/93 vom 28. 11. 1994, sowie den Beschluß vom 11. 5. 1995 wie auch gegen Art. 6 GG.

Damit verstößt die Kindesmutter vorsätzlich gegen Ziffer 3. des vorgenannten Beschlusses, und damit wird Ziffer 4. wirksam. Danach ist gegen die Kindesmutter ein Zwangsgeld von mindestens DM 1000,– festzusetzen.

Der Kindesvater beantragt hiermit die Festsetzung eines Zwangsgeldes von DM 1000,– gegen die Kindesmutter, weil sie die Durchführung des Umgangsrechtes am 6. 9. 1995 verhindert hat.

Am 8. 9. 1995 versuchte der Kindsvater Marie für den Umgang am Wochenende abzuholen. Um 15.50 Uhr klingelt er an der Tür XY-Straße 7. Es meldet sich niemand.»

Als Kohlhaas mit seiner Petition beim Kurfürsten scheitert und seine Frau den Verletzungen durch dessen Wachsoldaten erliegt, steigt er aus. Mit sieben Knechten äschert er die Burg des Feudalherren ein. Der Hausherr flüchtet nach Wittenberg. Um Kohlhaas versammelt sich eine immer größere Kriegsschar. Nun ist er «Statthalter Michaels, des Erzengels».

Tronk ist noch längst nicht ausgestiegen, aber sein Kampf hat aufgehört, nur seine Privatsache zu sein. Auch er kämpft stellvertretend für eine höhere Ordnung, für ein gerechtes System. Er treibt diesen Prozeß auf die Spitze, um herauszubekommen, ob es Gerechtigkeit gibt – vom Amtsgericht über das Oberlandesgericht bis zum Bundesverfassungsgericht, und womöglich weiter vor den Europäischen Gerichtshof. Danach kommen nur noch die UNO und Gott.

Irgendwann hat der Fall Kohlhaas den Hof des Kaisers erreicht, und dort entscheidet man gegen den Aufwiegler und zugunsten der Staatsräson. In der Sache hat er recht. Doch man wird ihn enthaupten. Zuvor darf er noch die inzwischen gutgenährten Rappen begutachten und zu seiner Genugtuung erfahren, daß seiner Klage gegen den Junker stattgegeben worden ist. Der Kurfürst selber erweist dem rechtschaffenen Verbrecher seine Reverenz. Er schlägt seine Söhne zu Rittern.

Schon jetzt ist ziemlich klar, daß das Bundesverfassungsgericht gegen Tronk entscheiden wird, zugunsten der Räson, der Routine, der bestehenden Rechtsprechung. Auch Tronk weiß es. Er ist kein Rebell. Vielleicht neigt er sogar Kleists Widersacher Adam Müller zu, der das Recht nicht als verklärtes und verklärendes Absolutum versteht, sondern pragmatischer als Konsens zwischen streitenden Parteien definiert.

Tronk steht irgendwo dazwischen. Er ist nicht Kohlhaas, der Outlaw, sondern Kohlhaas, der Rechtsgläubige. Er kämpft innerhalb der bestehenden Ordnung. Doch seine Proteste werden verzweifelter und ingrimmiger. Er kann Wittenberg nicht einäschern – er beantragt Zwangsgelder.

Ist es das, was die Familienrichterin Margot von Renesse, Rechtsexpertin der SPD und Mitautorin des neuen Kindschaftsrechts, als «Brutalisierung der Väter» versteht? Kopfschüttelnd hatte sie im Bundestag von einem Vater berichtet, der sein Kind per einstweiliger Verfügung unter den Weihnachtsbaum holen wollte. Ausgerechnet am Heiligabend hatte die Mutter sein Umgangsrecht verhindert. Doch das Kopfschütteln der SPD-Rechtsexpertin galt nicht der Ranküne der Mutter, sondern der ohnmächtigen Reaktion des Vaters.

Ein armer Hund wie Kohlhaas, ein armer Hund wie Tronk und so viele Väter, die in die juristische Mühle geraten sind und am Ende als sichere Verlierer dastehen.

Wir sind immer noch in der Anlage 11:

«Um 16.00 Uhr versuchte der Kindesvater die Kindesmutter telefonisch zu erreichen. Nunmehr meldete sich der Anrufbeantworter mit der Ansage, ‹die Kindesmutter und Marie wären nicht zu Hause›. D. h. offenbar verläßt die Kindesmutter mit Marie die Wohnung, um den Einsatz eines Gerichtsvollziehers oder der Polizei zu verhindern.

Das kann nun überhaupt nicht so hingenommen werden, denn damit unterläuft sie sämtliche gerichtlichen Entscheidungen und auch die entsprechenden Gesetze.

Es wird daher beantragt gegen die Kindesmutter, für diesen Vorgang, ein Zwangsgeld von mindestens DM 2000,– festzusetzen.»

Es kann nicht hingenommen werden. Und dann wird doch wieder nur ein Zwangsgeld beantragt. Wahrscheinlich ist es diese ohnmächtige Zurücknahme der Wut in einen Verwaltungsvorgang, was den Fall Tronk so exemplarisch macht. Es gibt Väter, die Amok laufen. Dieser hier läuft durch die Instanzen, und er zwingt sich zu Spielregeln, die ihn chancenlos lassen.

Selbst seine Gefühle darf er nicht aufrichtig äußern. Er muß sublimieren, darf sich keine Blößen geben, muß die Sprache des Rechtsstaates sprechen, an den er längst nicht mehr glaubt, um nicht den letzten Rest einer Chance auf Umgang mit seiner Tochter zu verspielen. Seine Epistel schließt mit der Bemerkung:

«Um Mißverständnisse auszuschließen: Dem Kindesvater geht es nicht vorrangig um eine Bestrafung der Kindesmutter. Dem Kindesvater geht es darum, das Umgangsrecht mit Marie wieder schnellstmöglich ausüben zu können, wie es Art. 6 GG vorschreibt und wie es durch das Bundesverfassungsgericht unter 1 BvR 6992/92 vom 18. 2. 1993 festgeschrieben wurde.

Der Kindesvater:

Tronk»

Natürlich geht es Tronk um Bestrafung der Frau, die ihm seine Tochter entzieht, und er wäre ein Gefühlsartist, wenn dem nicht

so wäre. Doch das darf als Motiv nicht gelten. Das wäre Rechtsmißbrauch und damit eine Schwächung seiner Position. So muß
er einen vernünftigen, sachlichen Grund angeben, einen, der
ganz sicher alles überwiegt für ihn und für die Gerichte: seine
Tochter.

Kein vorgeschobener Grund, beileibe nicht. Tronks Panik
wird größer. Und sie hat ihren ganz realen Grund. Während der
langen Kontaktsperre mit seiner Tochter, das weiß er, wird sie
sich verändern. Sie wird dem Machtmonopol der Mutter nach-
geben, wird sich beeinflussen lassen gegen den Vater, der immer
Ärger macht und schuld hat, daß Mutter so oft schlecht gelaunt
ist. Er ahnt, daß er dabei ist, den Kampf um seine Tochter endgültig zu verlieren. Den Kampf gegen die Mutter aber gibt er
noch nicht auf, und erst recht nicht den gegen das System.

Seine Klage wird umfassender, gewaltiger, erbitterter. Er beschwert sich über die Richter in seinem Fall, die die Mutter nicht
zwingen, den Umgangsboykott aufzugeben. «Für das Familiengericht ist es aber wohl nicht ungewöhnlich, daß Kinder gequält
werden, d. h., das Familiengericht akzeptiert und fördert die seelische Folter eines Kindes, obwohl dieses nach Art. 3 der EMRK
verboten ist. Wobei offenbar die EMRK, obwohl Recht der
BRD, durch die Familiengerichte grundsätzlich mißachtet wird.
Ein solches Verhalten kann auch nur zwingend als menschlich
und moralisch verwerflich bezeichnet werden. Dies ändert aber
nichts an der Situation.»

Nun werden zwei gewichtige und richtige Argumente geäußert:
die Anklage gegen seelische Folter, die auch Tronks eigenen Zustand wiedergibt; und die Anklage, die besonders in unseren
Breitengraden vertraut klingt – Passivität. Das Unrecht sehen
und nichts dagegen tun. Mitschuld durch Wegsehen, Wegratio-
nalisieren, Wegschweigen.

Natürlich hat er in der Sache recht. Ein Kind von einem liebenden Elternteil zu trennen ist seelische Pein für beide. Und

selbstverständlich machen sich all jene mitschuldig, die nichts dagegen unternehmen.

Wohlgemerkt, wir befinden uns in einem Fall, bei dem es ursprünglich nur um die Mittwochsübernachtung der Tochter bei ihrem Papa ging. Ein Kopfschütteln, einige Tricks und Nervenstärke der Mutter genügten, um Richterbeschlüsse unwirksam zu machen, den rechtsstaatlichen Vollzug zu vereiteln, Gutachter zu beschäftigen, Anwälte zu besolden, Sitzungen abzuhalten, Akten anzulegen. Schon bei einem Ticket wegen Falschparkens zeigt sich der Staat entschlossener. Wovon kann Tronks Sprache anders handeln als vom pathetischen Aufruhr gegen die gesamte Verfassung?

Für die Karlsruher Richter druckt er es fett in seinem Schreiben: **«Die Kindesmutter entscheidet Umgangsausschluß, u. U. bis zur Volljährigkeit des Kindes, einfach durch Umgangsvereitelung und Mißachtung gerichtlicher Entscheidungen. Das Familiengericht akzeptiert dieses nicht nur, sondern unterstützt dieses ausdrücklich.»**

Eine Wiederholung? Sicher. Es ist die Wiederholung eines Stammlers, der auf die Katastrophe hinweist, die kein anderer wahrzunehmen scheint. Der Sprachgestus ist: Das darf doch nicht wahr sein. Seht her. Tut etwas. Sofort. Es kann nur ein Irrtum sein. Gleichzeitig erlaubt er sich und den Richtern einen Blick in die düstere Zukunft: «Bis zur Volljährigkeit des Kindes».

Er hat recht. Die Weichen sind gestellt. Zwei Leben werden anders verlaufen, werden irreparable Schäden bekommen und Verluste erleiden – nur weil eine Mutter den Kopf schüttelt und die Behörden tatenlos bleiben.

Nun wird Tronks Klage spezifischer. Er zitiert Gutachter, Wissenschaftler wie Prof. Dr. Klenner, der über «Rituale der Umgangsvereitelung bei getrenntlebenden oder geschiedenen Eltern» gearbeitet hat. Er zitiert den Präsidenten des Verbandes

Deutscher Psychologen. Er zitiert das Grundgesetz, besonders den Artikel über das Verbot von Folter. Er gibt sich Blößen, zeigt Wirkung: «Die Nichtdurchführbarkeit des Umganges ist für mich und auch für Marie eine seelische Folter, die z. B. bei mir dazu geführt hat, daß ich wegen Erschöpfungsdepression, hervorgerufen durch diese Situation, mich in der ständigen Behandlung eines Facharztes für Psychiatrie befinde.»

Das alles ist in dem Schriftsatz an die Richter unterstrichen und damit herausgehoben. Ein Ruf nach Hilfe und der – natürlich untaugliche – Versuch, diese mit dem eigenen mangelhaften Gesundheitszustand zu erpressen. Die bisher nur behauptete seelische Schädigung wird materiell, wird sichtbar gemacht. Hier opfert sich einer, kämpft einer, nicht wie Erzengel Michael, wie Kohlhaas, mit Feuer und Lanze, sondern mit dem Eklat der eigenen Ohnmacht.

Als einziges, in Ausnahmen praktiziertes Sanktionsmittel gegen eine Mutter, die den Umgang hintertreibt, sieht das deutsche Recht nur das Zwangsgeld vor. Als Tronks Anträge auf Zwangsgeld nach Monaten abgelehnt werden, ist bei ihm die Hoffnung auf einen Fortschritt im eigenen Fall dahin.

Tronk legt Beschwerde ein. Ein neuer, brillanter Anwalt begründet sie. Die Beschwerde wird abgewiesen. Doch Tronk gibt nicht auf.

Mittlerweile hat sich Marie verändert. Tronk hat seinen mächtigsten Verbündeten verloren. Schlimmer noch: Dieser ist zum Feind übergelaufen. Wie auch immer der es angestellt hat – die Tochter wird zur Kronzeugin der Gegenseite. Bei einer erneuten Vorladung gibt sie vor, ihren Vater nicht mehr sehen zu wollen. Sie, die bei früherer Gelegenheit auf erweiterte Besuchserlaubnisse beim Vater drängte, zeigt sich nun kühl, verschlossen. Sie redet ihren Vater mit dem Nachnamen an. Erst als sie ermahnt wird, kehrt sie, wie von einem Druck befreit, zum gewohnten, vertrauten «Papa» zurück.

Das Tauziehen um Marie hat nun fast ein Jahr gedauert. Ein Jahr ohne Kontakt. Ein Jahr, in dem Tronk gegen Windmühlen angerannt ist, Schriftsätze verfaßt und mit Anwälten konferiert hat, während seine Tochter sich an den vaterlosen Alltag gewöhnte. Tronk ist nur noch ein Schatten außerhalb ihres Lebenshorizonts, während sie für ihn alles ist. Sein ganzer Lebensinhalt, seine Energie, seine Träume drehen sich um die Tochter.

Ohnmächtig stellt er weitere Zwangsgeldforderungen. Die Mutter reagiert, indem sie Maries Umgang mit der Großmutter nun ebenfalls verbietet.

Tronk wütet gegen Richter und stellt Befangenheitsanträge und leitet Dienstaufsichtsbeschwerden ein. Die Sache schleppt sich dahin. Er schreibt Bearbeitungsmahnungen. Er stellt weiter Zwangsgeldanträge, nimmt Akteneinsicht und zitiert einen Justizbeamten: «Durch die Akte kann sich niemand mehr durchfinden.»

Mittlerweile hat sich Tronk, der Kaufmann, im Streit um seine Tochter zum Rechts- und Verfassungsexperten ausgebildet, und er weiß so gut wie alles über «Gehirnwäsche», das «Stockholm-Syndrom» und «Menschenrechtsverletzungen».

Marie wird zum Spielball, aber gleichzeitig genießt sie ihre Machtstellung zwischen den Eltern. Tronk erfährt durch Freunde, daß sie ihrer Mutter droht. «Wenn du mich nicht bis Mitternacht fernsehen läßt, gehe ich zu Papa.»

In einer weiteren Verhandlung erklärt ein Richter der Mutter, daß er Marie unter den «Bedingungen, die sie bei der Kindesmutter vorfindet, mit 14 Jahren auf dem Drogenstrich und anschließend auf seiner Anklagebank sitzen» sieht.

Ende 1996 erhält Tronk die lapidare Mitteilung, daß seine Akte geschlossen wurde. Tronk stellt weitere Umgangsersuche, weitere Zwangsgeldanträge, und er schreibt Leserbriefe in der lokalen Presse.

Aus heiterem Himmel erhält er einen positiven Bescheid. Die Zwangsgeldanträge, die er nach dem Beginn des rigiden Umgangsboykotts gestellt hatte, sind nun fast zwei Jahre später, als begründet erklärt worden. Er hatte sie gestellt, um auf die Mutter akuten Druck auszuüben. Jetzt sind sie wirkungslos. Das Recht, das er bekommen hat, ist sinnlos geworden.

Erneut wird Marie vorgeladen. Dem Protokoll ihrer Anhörung kann Tronk entnehmen, daß die Tochter von der Richterin darüber instruiert wurde, wie sie zu antworten habe, um eine Zwangsgeldfestsetzung gegen die Mutter zu vermeiden.

Längst ist Tronks Kampf ein Schattenboxen. Der Anlaß, Maries Übernachtungswunsch mittwochs, er ist eine ferne Erinnerung an goldene Zeiten. Tronk kämpft im Gestrüpp von Dienstaufsichtsbeschwerden, Befangenheitsanträgen, Rechtsphilosophie. Paragraphen-Hardcore. Die Tochter ist weit weg.

In all diesen Gefechten blieb ihre Mutter nicht untätig. Seit ihrer Trennung hat sie 61 Gerichtsverfahren gegen Tronk angestrengt, von denen sie 56 verloren hat, wie Tronk mit mattem Triumph anführt. Und er zitiert den Staatsanwalt aus einem der letzten Verfahren: «Wenn alles zutreffen würde, was an Behauptungen von der Kindesmutter gegen mich vorgebracht würde, dann brauchte man mich nur noch auf Dauer einsperren, dann würde die Kriminalitätsrate in K. schlagartig um 50 Prozent reduziert.»

Was Tronk ahnt, aber immer wieder verdrängt: Alle seine Siege sind im Grunde Niederlagen, und bei allen Verfahren kommt es nicht darauf an, ob er sie gewinnt. Sondern nur darauf, daß es sie gibt. Denn damit kann Maries Mutter «Feindseligkeit zwischen den Elternteilen» dokumentieren. Und Feindseligkeit ist dem «Kindeswohl abträglich».

So klingt es verständlich, wenn ihm ein Strafrichter die Frage stellt, ob Tronk denn «unter diesen Bedingungen noch ruhig bleiben» könnte, wenn er seine Frau «auf der anderen Straßenseite» sehen würde. Er könne sich das «nicht vorstellen». Es ist ein vergiftetes Verständnis. Denn gleichzeitig sagt der Richter: Ein elterliches Miteinander der Ex-Eheleute ist nicht möglich.

Jede Akte, die im Umgangsstreit angelegt wurde, ist so etwas wie ein Grabstein für die Beziehung zwischen Vater und Tochter.

Das weiß nicht nur Maries Mutter. Das wissen alle Mütter in ähnlichen Lagen. Die Prozeßlawine überrollt die Liebe der Väter, überrollt ihren Anspruch. Als Tronk zu einer seiner Verhandlungen mit einem Aktenordner unter dem Arm erschien, meinte der Richter: Daran könne man erkennen, daß es Tronk nicht um Einigung gehe.

Je mehr Tronk um seine Tochter kämpfte, desto mehr verlor er sie. In der Moral der »Kreidekreis«-Parabel gibt der wahrhaft Liebende nach. Aber vielleicht ist diese Parabel auch die größte Lüge, die je über Elternliebe erzählt wurde.

Zum Abschluß seiner Beschwerde bittet er die Verfassungsrichter, diese «möglichst umgehend abzuweisen» und nicht in die Schublade zu stecken. «Denn dort liegen nach meinem Kenntnisstand noch Verfassungsbeschwerden aus dem Jahre 1988».

Tronk möchte den Weg frei haben, um eine Entscheidung des Europäischen Gerichtshofes zu erreichen. «Diese erfolgt schneller und ist wirkungsvoller. Denn bekanntermaßen nehmen deutsche Richter und auch deutsche Politiker Entscheidungen des Bundesverfassungsgerichtes nur noch lächelnd zur Kenntnis. Bei Völkerrechtsverträgen ist man da noch etwas vorsichtiger, auch weil das u. U. in die Öffentlichkeit kommen könnte, damit Material z. B. für die Chinesen wäre, wenn man denen Menschenrechtsverletzungen vorwerfen will.»

Kapitulieren wird er nicht. Nicht so schnell jedenfalls.

«Mir ist überdeutlich klar, ich befinde mich in der ersten Phase ‹des Sterbens›, das bekanntlich in fünf Phasen erfolgt. Noch bin ich nicht bereit in ‹Phase zwei› überzugehen, weil das aus meiner Sicht ein ‹zu bequemer Ausweg› wäre.

Ich bin auch nicht bereit, den Empfehlungen des ehemaligen Amtsrichters des Amtsgerichts K. zu folgen: ‹Wem das nicht gefällt, der kann ja auswandern.›»

Sofias Welt

Orfeu Adlers Lithographien sind magische Labyrinthe aus Sternzeichen und Götterbildern, aus alchimistischen Rechnungen und Voodoo-Zauber, jedes Blatt ein farbiges Chaos, das in einer heimlichen Ordnung gebändigt ist. Es ist eine strahlende Gegenwelt, die ihn an die brasilianische Heimat erinnert, die er mit seinen Eltern als Kind verließ, als sie vor dreißig Jahren nach Deutschland übersiedelten. Seine Bilder sind jedoch keine geographischen, sondern phantastische Sehnsuchtsorte, und dieser Tage sind sie geradezu lebensrettend für ihn.

Denn Adler ist immer öfter gezwungen, seinen Alltag in einem anderen Dschungel zu verbringen, einem tristen und menschenfeindlichen, der jeden töten muß, der noch Leben in sich spürt. Es ist der Dschungel der deutschen Sozial- und Wohlfahrtsbürokratie.

Er besteht aus Amtszimmern und langen Korridoren, die nach Lebensangst und Bohnerwachs riechen, eine gemeine, schielende Welt aus schlurfenden Haltungsschäden und wächsernen Topfpalmen, aus Betriebsrat, Besoldungsplan und Abrißkalendern, ein Spießerbiotop aus dumpfen Vorurteilen und politischem Opportunismus.

Nie im Leben hätte sich Adler ausgemalt, diese Schattenreiche freiwillig zu betreten. Er liebt die Sonne und kräftige Farben, ein bärtiger Kerl, aus dessen ultramarinblauen Metallskulpturen und bizarr geschmückten Obelisken pure Lebenslust spricht. Daß er seit zwei Jahren immer wieder diese Korridore betritt wie Orpheus den Hades, hängt damit zusammen, daß er vor fünf Jahren Vater geworden ist und seine Tochter liebt. Hier ist der Ort, wo er sie noch ab und zu treffen darf.

Sie heißt Sofia. Adler hatte während der Schwangerschaft seiner Freundin Jostein Gaarders «Sofies Welt» gelesen, und so träumte er sich seine Vaterschaft: Reiseführer und Philosoph wollte er für seine Tochter sein, ein Komplize bei der Erkundung des Lebens und der menschlichen Weisheit.

Er wollte ihre Fragen beantworten, und wollte ihr vor allem eines beibringen: daß es immer auf das Fragen ankommt, das ein Weiser der kleinen Sofie als «die Frömmigkeit des Denkens» beschreibt.

Er wollte ihr beibringen, daß nichts so ist, wie es aussieht, und daß man sich nie mit der schnellen Gewißheit zufriedengeben solle. Abstempeln und Besiegeln – das ist die lebensfeindliche Welt der Ämter. Adler hat nie aufgehört zu fragen. Und das macht ihn in dieser Welt unbequem und unbeliebt.

Sie war gerade zehn Monate alt, als seine Freundin sie mit sich nahm. Es geschah in Granada. Er hatte gemalt, sie hatten anschließend einen Abend mit Freunden verbracht, und sie fühlte sich wieder einmal übergangen. Das kam öfter vor. Als siebzehn Jahre Jüngere hatte sie es schwer mit ihm, diesem Brocken an Erfahrung und Lebenshunger.

Sie schnappte sich also ihre Tochter und fuhr mit ihr zurück in seine Freiburger Atelierwohnung. Sie wollte Abstand, sagte sie, wollte Ruhe vor ihm. Er sollte drei Wochen später nachkommen.

Er rief sie an, schlug Aussprachen vor und Partnertherapie, doch sie hatte sich verändert. Sie wolle nicht länger ihr Leben mit ihm vergeuden, schrie sie ins Telefon. «Wir leben nicht mehr im Patriarchat» oder «Jetzt tanzt du mal nach meiner Pfeife».

Als Adler schließlich heimkam, war die Wohnung geputzt, akribisch aufgeräumt – und verlassen. Die Freundin war nach Norden gezogen, weit weg, nach E., zur Oma. Adler schlug ihr eine getrennte Wohnung in Freiburg vor, damit er nahe bei seiner Tochter sein könne. Sie lehnte ab.

Ihren Job hatte sie aufgegeben. Sie war Versicherungsangestellte. «Wir haben nicht zueinander gepaßt», sagt er. Von seiner Kunst hielt sie nicht viel. Als Versicherungsangestellte verdiente sie gut, sie liebte ihre geregelten Arbeitszeiten und die ewige Ordnung auf ihrem Schreibtisch, eine überraschungslose, gedämpfte, ruhige Umgebung, und wenn sie nach Hause kam, pflegte sie als erstes sein Atelier aufzuräumen.

Nun lebte sie mit der kleinen Sofia in E. Sie hatte ihren Job gekündigt und ließ sich vom Sozialamt ausstatten und zusätzlich von Adlers Schecks finanzieren. Sie fühlte sich jetzt geborgen in einem Leben, das zum fürsorgenden Aktenvorgang wurde, einer anonymen, wohltuend entmündigenden Staatlichkeit.

Nun war sie Alleinerziehende, und sie wurde bemitleidet von den Frauen im Amt. Sie war ohne alle Schuld. Die hatte Adler. «Du hast Schuld, daß ich nun von Sozialhilfe leben muß», sagte sie ihm am Telefon. «Du wirst sehen, was du davon hast. Du wirst schon noch Demut zeigen.»

Sie sorgte für diese Demut. Sie sorgte dafür, daß Adler sich krümmen und um Besuchstermine flehen mußte und daß er seine kleine Tochter nur noch in großen Abständen sehen konnte. Wenn sie gut gelaunt war, in ihrer Wohnung. Wenn sie schlecht gelaunt war, und das war sie meistens, stundenweise außerhalb unter entwürdigenden Umständen, vor Pommesbuden, auf Parkplätzen.

Adler bat ihre Schwester, eine Justizbeamtin, um Vermittlung. Von ihr hörte er dann einen Satz, der ihm rätselhaft war und doch erfahrungsgesättigt klang, wie das Echo eines ganz anderen Lebensdramas, mit dem er überhaupt nichts zu tun hatte. Sie sagte: «Lieber gar keinen Vater als einen schlechten Vater.»

Wonach bemißt sich ein guter Vater? Daß er ohne Farbkleckse auf dem Overall ist und um acht Uhr morgens das Haus verläßt, um zur Arbeit zu gehen? Legen Töchter auf so was wert?

Er wandte sich an die Mutter seiner Freundin, die Oma seiner Tochter. Die wurde präziser, und was sie sagte, verschlug ihm, der in einer Großfamilie aufgewachsen war, die Sprache: «Wir hatten alle keinen Vater, also braucht Sofia auch keinen.»

Adler ahnte nun, daß er Territorien betreten hatte, über denen ein Fluch lag. Ein Fluch, so gewaltig, daß er imstande war, das Leben über Generationen hinweg zu bestimmen und zu konditionieren wie in einer griechischen Tragödie: der Fluch der Vaterlosigkeit. Und ganz am Ende dieser schicksalhaften Genealogie sah er, wie ihm seine eigene Tochter entglitt.

immer alles mit dem Geld zu regeln (Staat springt finanziell für Alleinerziehende ein)

In «Sofies Welt» erhält die Titelheldin rätselhafte Briefe eines UNO-Majors, die der eigentlich für seine Tochter Hilde bestimmt hatte. Diese Briefe, diese verrückte, asynchrone Korrespondenz stürzt Sofie in aufregenden Schnitzeljagden, an Erwachsenen und grauen Ahnungslosen vorbei hinein in ein Labyrinth, das aus Botschaften in Geheimtinte besteht und Zauberspiegeln, die jede Verwandlung ermöglichen.

Zu Sofias Welt dagegen, der realen, hat Adler keine Kontakte außer denen, die die Mutter und die Ämter diktieren. Er sieht die Tochter auf Parkplätzen als flüchtiger Besucher, auf Straßen, stundenweise. Es sind kostbare Stunden, die ihm in großen Abständen gewährt werden und für die er lange Fahrten aus Freiburg in Kauf nimmt. Auch das ein Labyrinth der Mißverständnisse und geheimen Zeichen und plötzlicher Berührungen voller Glück – allerdings ein überwiegend düsteres, das ihm und seiner Tochter ohne jeden Grund aufgezwungen wird.

Im Laufe der Jahre wird er über 40000 Kilometer zurücklegen, nur um seine Tochter zu sehen. Oft fährt er die 429 Kilometer nach E. umsonst. An solchen Tagen hat die Mutter kurzfristig umdisponiert.

Ja, sie hält ihr Versprechen: Sie demütigt ihn. Und sie hat mächtige Verbündete. Das Jugendamt, und die Arbeiterwohlfahrt, die gleichzeitig das Frauenhaus betreibt, und ihren Anwalt. Herr N. von der Elternberatungsstelle, der ihr rät, dem «Verband alleinerziehender Mütter und Väter» beizutreten, dem fast ausnahmslos Frauen angehören.

Für eine Weile beruhigt sie sich. Da darf Adler alle vierzehn Tage zu Besuch kommen und darf die Kleine übers Wochenende betreuen. Er malt mit ihr. Er phantasiert sich mit ihr in Abenteuer. Er spielt mit ihr und bringt ihr bei, mit geschlossenen Augen zu sehen. Alle vierzehn Tage ist Sofies Welt.

Doch plötzlich beschließt die Mutter, daß Adler seine Tochter nur noch auf der Straße sehen darf. Auch die Dachwohnung in ihrem Haus, die ihm der Vermieter zur Verfügung stellen will, wird von ihr als Treffpunkt nicht akzeptiert. Auf der Straße also, von 10–12 Uhr und von 16–18 Uhr. Zur gleichen Zeit verfaßt die Mutter ihr Testament. Solle ihr etwas zustoßen, solle das Kind zur Oma oder der Schwester. Nicht zum Vater.

Spürt sie, wie sehr sie Sofias Vater reizt? Hat sie Angst, daß sie mit ihrer Tortur zu weit geht und ihn einem Kurzschluß entgegentreibt? Sie kennt ihn, kennt seine Liebe zur Tochter, kennt auch seinen Jähzorn. Oder ist ihr eingeflüstert worden, daß eine Vaterliebe, die solche Strapazen in Kauf nimmt, nicht normal sei? Wir leben in Zeiten, in denen staatliche Kreuzzügler schon einen Gutenachtkuß für sexuellen Mißbrauch halten.

Adler ist ratlos. Er wendet sich erneut an die Elternberatungsstelle. Deren Leiter Herr N., ein hagerer Beamter kurz vor der Pensionierung, spricht Fraktur. N. ist der Typ des späten Kavaliers, des schütteren Beschützers, dem Stempelkissen und Funktionsmacht die schmale Brust wölben. N. macht deutlich, was er unter Elternberatung versteht: Adler solle sich mit den zwei Stunden zufriedengeben. Für diese zwei Stunden solle er aus Freiburg anreisen. Als nichtehelicher Vater habe er überhaupt keine Ansprüche. Er könne sich ja an die Gerichte wenden.

Ein paar Monate später bricht Adlers Freundin den Kontakt ganz ab. Sie legt sich eine Geheimnummer zu. Adlers Briefe werden nicht beantwortet. Anwälte konferieren wochenlang. Es sind schwierige Verhandlungen, wie die zwischen Regierungsbevollmächtigten und Kidnappern, bis ein weiterer Termin zustande kommt. Adler darf nun seine Tochter vom Kindergarten abholen und für ein paar Stunden mit ihr zusammensein.

Für Adler und seine Geschichte interessiert sich der Süddeutsche Rundfunk. Titel des Films: «Das Verschwinden der Väter». Kurze Zeit später rückt der WDR aus. Als die stellvertretende Leiterin des Jugendamtes davon Wind bekommt, wird ein verabredeter Besuchstermin abgesagt.

«Wer bestimmt das denn», ruft Adler aufgebracht. «Ich», sagt die Leiterin. «Wenn wir nicht wollen, sehen Sie Ihr Kind nie wieder.» Einer Familientherapeutin, an die sich Adler in seiner *ich auch nicht*

Not gewandt hat, vertraut derselben Frau an, was sie von Künstlern im allgemeinen und Vätern im besonderen hält. Nicht viel: «Herr Adler soll seinen Pinsel schwingen und malen. Was will der denn mit einem Kind machen?»

Freiheit ist ein relativer Begriff, das lernt Gaarders Sofie schnell. Von alters her fühlen sich Menschen beherrscht: von Mythen und Orakeln, von Göttern, der Natur, den Gestirnen. Auch Adler, der in seinem Kampf um Sofia längst zum Lernenden geworden ist, glaubt an Vorsehung und Sternkonstellationen. Doch daß ein Leben von Bürokraten beherrscht wird, wie seines und das seiner Tochter, mag er nicht hinnehmen.

Natürlich könnte Adler aufgeben, wie viele Väter schließlich, zermürbt, für ein Leben verwundet – mit der vagen Hoffnung, daß sich die Wunde irgendwann einmal schließen wird. Darauf übrigens hoffen auch die Ämter. «Spielen Sie sich nicht so auf, fahren Sie nach Freiburg zurück und lassen sich Ihren Schmerz wegtherapieren», rät ihm der Leiter der Arbeiterwohlfahrt irgendwann.

Jeder der Behördenvertreter, mit dem Adler zu tun hat, sorgt sich nur vorgeblich für den Fall Adler und das, was er für die beste Lösung hält. Im Grunde aber agiert jeder das aus, was ihm seine Vorstellungen über das Leben, über Männer und Frauen, über Vaterschaft und Konkurrenten, über Kinder nahelegen. Von wem aber stammen die Vorstellungen? Adler, der Außenseiter, stellt Fragen wie die kleine Sofie.

Die Sofie in Gaarders Roman bricht zusammen, als sie mit den Gedankengebäuden des irischen Bischofs Berkeley vertraut gemacht wird: Unsere Freiheit ist Fiktion, wir alle sind gelenkt von einem größeren, göttlichen Willen, der mit uns macht, was ihm gefällt.

Plötzlich erkennt Sofie, daß sie nur eine Erfindung ist, eine Figur in dem Buch, das ein norwegischer UNO-Major für seine Tochter geschrieben hat. Sie und ihr Philosophielehrer sind nur Traumbilder. Doch sie befreien sich, als sie Freud kennenlernen

– seine Theorie vom Unbewußten hilft ihnen, den Diktaten des
Majors zu entkommen und schließlich das Tor zur grenzenlosen
Freiheit der Existentialisten aufzustoßen: Der Mensch muß sich
selbst erschaffen.

Adler gibt nicht auf. Er kommt zu sich selbst. Er behauptet sich
gegen Behörden und Mutterwillkür. Er sucht Verbündete, die er
bei der Organisation «Dialog» findet, gegründet von einem anderen Vater, dem die Tochter weggenommen wurde. Er trifft auf
entsorgte Väter, auf die Geschichten anderer.

So auf die des Polizisten R., dem die geschiedene Frau den
Umgang mit den Kindern streitig machte. Sein Sohn war zu ihm
geflüchtet, lebte mit ihm und drohte mit Selbstmord, wenn er
wieder zur Mutter zurück müsse. Die Mutter versuchte daraufhin, seine Lehrerin zu bestechen und sie zu bewegen, ihm
schlechtere Zensuren zu geben. Damit sollte die Erziehungstaug-
lichkeit R.s in Zweifel gezogen und den Behörden ein Grund gegeben werden, das Kind auch gegen seinen Willen zurückzufüh-
ren. Der Schwindel flog auf. R. bekam das Sorgerecht für den
Sohn zugesprochen.

In der Geschichte des Polizisten erkennt Adler die Namen alter Gegner wieder. Die kaltblütigen Trennungsberater für R.s
Frau sind die gleichen, mit denen auch er immer wieder zu tun
hatte. Selbst die Anwaltskanzlei, von der Behörde Adlers Frau
empfohlen, ist die gleiche, die R.s Frau vertrat. Ein eingespieltes,
sattsam bekanntes Team. Solche Teams können Biographien am
Fließband zerstören.

Adler gefiel, daß R. nicht zurücksteckte. Besonders gefiel ihm
R.s Einsatz für einen anderen Vater, dessen Kinder von der Mutter nach Holland entführt worden waren. Polizist R. hatte sie,
einem Tip folgend, dort aufgespürt und die Kollegen in E. um
Hilfe gebeten. Die Entführung der Mutter war schließlich straf-
bar, und aufgrund des Schengener Abkommens wäre Verhaf-
tung und Rückführung geboten gewesen.

Pech zunächst für R. und den Vater der Kinder. In der Einsatzzentrale saß eine Kollegin, eine Frau, die es ablehnte, sich um den Fall zu kümmern. Ein Kind, sagte sie, gehöre zur Mutter. Mütter können ihre Kinder gar nicht entführen.

Die holländischen Kollegen dagegen sahen die Sache anders. In Holland herrsche Gleichberechtigung. Ein Vater habe die gleichen Rechte wie die Mutter. Man könne einem Vater deshalb nicht ohne dessen Einverständnis die Kinder wegnehmen. Sie sperrten die Mutter ein.

Von R. und M. erfuhr Adler, daß es im Wirkungsbereich der Trennungs- und Mütterspezialisten des Sozial- und Jugendamts in E. eine Grundschulklasse gibt, in der nur ein einziges Kind mit seinen Eltern in einer intakten Familie lebt. Die übrigen 25 Kinder wachsen mit alleinerziehenden Müttern auf. In anderen Klassen ist die Quote nicht wesentlich besser, und viele dieser Problemfamilien haben Kontakt mit der Behörde.

Als er das hörte, war Adler zugleich befreit und alarmiert. Er wußte nun, daß er nicht alleine dasteht. Aber er wußte auch, daß er es mit einem Gegner zu tun hatte, der gefährlich war. Deshalb achtete er von nun an darauf, daß er bei den Kontakten mit dem Amt in Begleitung war.

Mittlerweile hatte sich der Umgang mit Sofia auf dürftige Stunden in großen Abständen reduziert. Die Mutter bestand darauf, daß ihr Kind in der Behörde übergeben wurde. Sie fühle sich «bedroht» von Adler. Sie hatte ihre «Angst» als wirksame Wunderwaffe entdeckt, die den Vater zu geradezu grotesken Höflichkeiten zwang. Er lernte, seine Wut hinunterzuschlucken und zu akzeptieren, was immer sie ihm anbot.

Die Übergabe von Sofia erfolgte von nun an so dramatisch wie ein Agentenaustausch auf der Berliner Glienicker Brücke während des Kalten Krieges. Am einen Ende eines langen Korridors baute sich Adlers ehemalige Freundin mit Sofia auf, geschützt von dem schütteren, hageren Herrn N. Am anderen Ende Adler.

Daraufhin ergriff der Leiter des Elternamtes mit protokollarischem Ernst die kleine Sofia, die regelmäßig anfing zu schreien.

Er trug das strampelnde, weinende Kind hinüber zu Adler, der es in seine Arme schloß.

Kein Mensch kam während dieser hysterischen Inszenierungen je auf die Idee, die Mutter zu schütteln und zu rufen: Halt! Aufwachen. Hier will nur ein Vater seine Tochter sehen. Mehr nicht. Was tust du dem Kind an!

Im Gegenteil. Der Elternberater redete auf Adler ein, er solle doch nicht weiter auf den Umgang drängen. Und dann plauderte er aus seinem eigenen Leben als Vater. Er hätte seine Kinder auch kaum gesehen, weil er doch immer arbeiten mußte. Es sei doch nur Einbildung, wenn Adler glaube, er liebe seine Tochter. Nein, einem Umgang in Adlers Freiburger Wohnung könne er auf keinen Fall zustimmen.

Adler, der seine Tochter nie mit der eigenen bunten Atelierwelt vertraut machen konnte, hatte darum gebeten, daß er seine Tochter alle fünf Wochen für ein paar Tage zu sich nehmen dürfe. Als seine Familientherapeutin noch einmal mit dem Elternberater darüber sprechen wollte, wurde sie von dem ritterlichen Hagestolz brachial aus dem Amtszimmer befördert. Seine beide Mitarbeiterinnen, sonst hoch sensibilisiert für Gewalt an Frauen, sahen dieser handgreiflichen Demütigung offenbar nicht ohne Genugtuung zu.

Immer wieder rennt er gegen diese Mauer an. Er solle endlich Ruhe geben, sagt man ihm gönnerhaft, damit «Sofia eine schöne Kindheit verbringen kann». Er solle sich einfach das Mädchen aus dem Kopf schlagen. Oder: «Machen Sie doch ein neues Kind, wenn Sie unbedingt eines wollen.» Oder aber: «Sind Sie eigentlich nicht viel zu alt für Kinder?»

Seit der Trennung hat Adler seine Tochter 38mal gesehen, für wenige Stunden, manchmal nur Minuten. Er hat dafür genau 41 000 Kilometer zurückgelegt. Seit einem knappen Jahr ist Sofia nun völlig aus seinem Leben verschwunden. Sie ist für ihn nur noch als Aktenvorgang vorhanden, und der Aktenlindwurm wächst, Ordner um Ordner, über Borde und Regale in seinem Atelier, und nachts frißt er sich durch seine Träume.

Oft muß er wochenlang warten, bis auf Eingaben oder Briefe reagiert wird. Doch als er eines Tages die Unterhaltsüberweisung nicht einhalten konnte – er hatte schlechte Monate hinter sich und wenig verkauft –, dauerte es nur 24 Stunden, bis die Mahnung vorlag. Adlers Rolle als Vater ist reduziert auf die Tätigkeit, den Scheck auszuschreiben.

Er hat sich eine Anwältin genommen. Einen Teil seines monatlichen Budgets hat er nur dafür abgezweigt. Ein Ausstellungsmacher hatte ihn nach New York eingeladen. Er freute sich auf den Tapetenwechsel. Raus aus dem Alptraum, sagte er sich. Sofies Welt ist das ohnehin nicht. «Andere Bilder, andere Menschen», sagte er, «ich muß meinen Kopf wieder freibekommen.»

Adler durfte auch endlich erleben, daß er nicht allein kämpfen muß. Seine neue Lebensgefährtin, eine Grundschullehrerin, schrieb nach E. Ein für ihn liebevoller Brief im Gutachterton, der nur deshalb absurd ist, weil eine absurde Situation ihn erforderte.

In dem Brief schrieb sie, wie rührend sich Adler um seine Tochter Sofia kümmere. Wie er sie, wenn immer es möglich war, auch mit anderen Kindern zusammenbrachte, Kinder von Künstlerkollegen und Freunden in einer aufregenden, bunten, behüteten Welt – Sofies Welt.

Auch Karin Jäckel hat sich für Adler verwandt. Sie schrieb an den Leiter der Sozialdienste, und sie schrieb grundsätzlicher; denn die Autorin hat über Väter wie Adler gearbeitet und vereint gesunden Menschenverstand mit immensem Sachwissen. Ein Brief, der es wert ist, länger zitiert zu werden, weil er im Einzelfall das Allgemeine erkennt:

«Will man dem Aufschrei der ‹Frauen-Power› im Lande und dem Beifall der einschlägigen Behörden glauben, sind es Väter wie Orfeu Adler, nach denen dringend verlangt wird. Bücher wie «Sagt uns wo die Väter sind» (Benard/Schlaffer) sind zum Leitbild der Forderung nach aktiven «neuen» Vätern geworden. Sie machen uns glauben, daß Frauen Lebensgefährten vorrangig deshalb verlassen, weil diese durchweg lieblos und desinteres-

siert an ihnen selbst sowie den gemeinsamen Kindern und abwesende Väter sind.

Die Wahrheit, sehr geehrter Herr P., ist anders. Dieser Vater
will seinem Kind präsent und greifbar sein. Er kämpft darum,
sein Kind erleben zu dürfen und wenigstens Brosamen von der
Lebenszeit seiner Tochter mit dieser gemeinsam verbringen zu
dürfen ...

Als Mann wissen Sie, daß Männer nicht zwangsläufig lieb-
loser und desinteressierter an ihrer Frau und gemeinsamen Kindern sind als diese selbst. Und die Lebenserfahrung wird Ihnen
sagen, daß immer mehr Frauen ihre Gefährten verlassen, weil sie
auf diese Weise stellvertretend Rache an einem Mann nehmen,
der in ihnen Erinnerungen an die eigene Kindheit und die ohnmächtige Hilflosigkeit dem Vater gegenüber weckt ...

Orfeu Adler ist ohne Zweifel ein starker, ‹männlicher› Partner. Für eine Frau, die Schwierigkeiten mit ihrer Individualität
hat und das Gefühl des ‹Besserseins› braucht, vermutlich der falsche Partner. Dennoch, und das ist der entscheidende Punkt,
kann der falsche Lebenspartner für die Mutter der allerbeste Vater für ein gemeinsames Kind sein. Und jedes Kind braucht seinen Vater.

Eine Mutter, die ihrem Kind den Vater nimmt, verletzt die na-
türlichen Rechte und inneren Grenzen ihres Kindes. Sie verkehrt
das Kind zum Teil ihrer selbst und handelt über das Kind hinweg ...

Vielleicht fragen Sie sich an dieser Stelle, wie ich überhaupt
dazu komme, mich in diese Angelegenheit einzumischen. Es
hängt mit meiner Lebensphilosophie zusammen. Wir alle sind in
diesem Leben miteinander verzahnt; wir alle gehen einer den anderen an. Keiner von uns sollte sich scheuen, die berühmte ‹Par-
zival›-Frage zu stellen. Wer schweigt, macht sich mitschuldig.
Und haben wir Nachkriegsler/innen nicht immer unsere Eltern
gefragt: ‹Warum hast du nichts dagegen unternommen?›»

Karin Jäckels Brief, der verrät, daß sich die Autorin in Sofies
Welt ebensogut auskennt wie in der Sofias, blieb unbeantwortet.

Ihr Ton ist ruhig, doch das Pathos ist nicht von ungefähr das von Bürgerrechtlern. Es ist ein Brief zum Fall Adler, der sich gleichzeitig gegen das große Ganze richtet, das er als großes Unrecht erkennt.

Tatsächlich hat der Kampf diese Dimension mittlerweile erreicht, und es wird in Zukunft weitere Schritte geben, die an die Strategien der Bürgerrechtler erinnern.

Seit über drei Jahren nun kämpft Adler. Mittlerweile beschäftigt der Fall die Landesregierung. Der dortige Kinderbeauftragte, Dr. M., räumt Adler keine großen Chancen ein, je in menschenwürdiger Form Vater sein zu dürfen. Nach einem «Gespräch mit der Oma» der kleinen Sofia, offenbar einer der Landesregierung übergeordneten Instanz, sehe er keine Anhaltspunkte für eine Verbesserung des Kontaktes zwischen Vater und Kind. Dem Vernehmen nach hätten die «Partnerschaftsprobleme tiefgreifende Verletzungen» hinterlassen.

So also kniet die Landesregierung vor einer Oma, knien Richter und sogenannte Sachverständige vor einer Mutter und nehmen ihr «Nein» wie ein in Marmor gemeißeltes Gebot. Ein aufgewecktes Mädchen wie Gaarders Sofie würde den Kopf schütteln und fragen und würde sich lange nicht mit den Antworten zufriedengeben.

Die kleine Sofia dagegen lebt in der wirklichen Welt der Sozialstaatsbehörden und weiß nicht, wie ihr geschieht. Sie sieht einfach ihren Papa nicht und wird sich irgendwann nur noch blaß an ihn erinnern.

Dr. M., ein ehemaliger Richter, nennt die Verweigerung der Mutter «Partnerschaftsprobleme» und legitimiert mit diesen Problemen wiederum die Umgangsverweigerung. Sofie würde die Augen verdrehen über diesen Zirkelschluß. Sofia indes kann sich nur fragen, warum Papa nicht mehr vorbeikommt.

Sie hat das Pech, daß sie nicht in den Einzugsbereichen jener wenigen Familienrichter wohnt, die ihr Wohl ernster nehmen würden als die Rachegelüste ihrer Mutter. In Waldshut etwa. Hier sprach das Landgericht im vergangenen Jahr gegen den

Willen der Mutter dem Vater eines zweieinhalbjährigen Sohnes
das Umgangsrecht zu, weil es für die Weiterentwicklung des
Kindes «von großer Bedeutung ist, unvoreingenommen auf seinen Vater zuzugehen und durch den persönlichen Umgang sich
ein eigenes Bild machen zu können». Und es sorgte dafür, daß
das Recht vollzogen wurde.

Der für Männer wie Adler relevante Teil der richterlichen
Begründung: Daß die Mutter den Kindsvater nach einer ver-
unglückten Beziehung «aus ihrem Leben streichen» wolle, sei
«unerheblich» und gebe ihr «keinerlei Recht», über das gemeinsame Kind «nach Gutdünken zu verfügen».

Vielleicht hätte Sofia auch mehr Glück gehabt, wenn ihre
Mutter sie statt nach E. nach Osnabrück verschleppt hätte. Wiederum wurde hier ein großzügiges Umgangsrecht gegen eine alleinerziehende Mutter verfügt. Es sei irrelevant, so das Gericht,
«welche Beziehung die auseinandergegangenen Eltern zueinander haben». Es gehe ausschließlich darum, «ob die persönliche
Beziehung des Kindes zu dem Vater für das Kindeswohl und damit für dessen gedeihliche Entwicklung notwendig ist».

Man kann Sofia nur wünschen, daß die Weisheit auch in E.
siegt. Denn eines ist zweifelsfrei: Eine gedeihliche Entwicklung
garantieren weder die Korridore der Sozialbürokratie noch ein
Trio vaterlos aufgewachsener Glucken, die ihre Neurosen auf
das kleinste, schwächste Glied der Kette abwälzen.

Am Jahresanfang rief ein überglücklicher Orfeu Adler bei mir
an. Zwei Tage vor seinem Abflug nach New York solle es nun
doch zu einem kurzen Wiedersehen zwischen ihm und seiner
Tochter kommen. Gerade habe ihm seine Anwältin davon Mitteilung gemacht. Da läge eine richterliche Verfügung vor, und
selbst die Arbeiterwohlfahrt, die als Vermittler eingeschaltet
worden war, hätte dringend empfohlen, nun endlich zu einem
Neuanfang zwischen Vater und Tochter zu kommen.

Einen Tag später rief Adler erneut an. Deprimiert. Seine
Freundin werde sich wieder einmal über den Gerichtsbeschluß
hinwegsetzen. Sie sei nicht einverstanden. Basta.

Ich sprach mit der Anwältin von Adlers ehemaliger Freundin und fragte sie, warum man seinen Kontakt mit der Tochter weiterhin verhindere, ausgerechnet jetzt, wo er doch ohnehin auf längere Zeit wegfahre. Sie erklärte, daß sich Adler in der Vergangenheit «extrem feindselig» gezeigt habe. Ob sie ein Beispiel nennen könne? Vor einigen Jahren, antwortete sie, als es noch zu Besuchskontakten in der Wohnung ihrer Mandantin gekommen sei, habe er in ihrer Abwesenheit einmal ihre «Schränke geöffnet».

Diese Gefahr sei ja nun nicht gegeben, warf ich ein. Adler sollte das Kind in den Räumen der Arbeiterwohlfahrt in Empfang nehmen und es dort einige Stunden später wieder abliefern. Und überhaupt: Könne man denn verantworten, der Tochter den Vater wegen einer solchen Lappalie über so lange Zeit vorzuenthalten?

Darauf entgegnete die Anwältin, sie habe schon viel zu lange mit mir gesprochen, und hängte ein.

Adler fuhr nach New York, ohne seine Tochter gesehen zu haben. Doch er hat sie bei sich. Sie ist einer von 300 Fällen, die er der UNO übergeben will. 300 Kinder, die am Umgang mit ihren Vätern gehindert werden.

Dort, in New York, ermunterte man ihn. «Klagen Sie», sagten sie ihm. Deutschland sei berüchtigt für Problemfälle – «we know about it».

Er sieht Sofia überall. Er sieht sie in seinem Loft unter der Manhattan-Bridge auf seinen Leinwänden, auf die er seine farbigen Labyrinthe aufträgt.

Er sieht sie, wenn andere Kinder auf dem Hinterhof Softball spielen, und er hört sie lachen, und manchmal sieht er sie in seinen Träumen.

Und er hofft. Er hofft, daß seine Sofia, wenn sie in Sofies Alter kommt, beginnen wird, ihrer Mutter Fragen zu stellen. Und dann wird sie Stück um Stück das Labyrinth enträtseln, in dem sie gefangen gehalten wurde, und dann wird sie ihn wiederfinden, wie er am Ausgang des Labyrinths auf sie wartet.

Und dann wird sie wütend sein über diejenigen, die ihr den Vater vorenthalten haben, und staunen und, wie Sofie, den Kopf schütteln über soviel menschliche Brutalität und Dummheit.

V. Kampfbrevier

Was tun?

Es ist evident. Unsere Gesellschaft ist familienpolitisch havariert. Die Fälle, die in diesem Buch geschildert werden, sind politische Fälle, da sie auf Mängel des Systems verweisen.

Längst müßte ein dichtes Netz von Mediatoren etabliert sein, das, wie in den USA, in Großbritannien, in Frankreich, in den skandinavischen Ländern, elterliche Einigungen außerhalb von Gerichtssälen möglich macht. Längst müßte es, wie in den USA, auch bei uns Vorbereitungskurse für Teenager auf ein Leben in der Scheidungsgesellschaft geben. Längst müßte ihnen klargemacht werden, was Politik, Behörden und Justiz nur schwer einleuchtet: daß Liebe vergeht, daß die elterliche Verantwortung für ein Kind aber bleibt.

Es ist klar, daß es zu Radikalisierungen der Väterszene kommen wird. Väter werden massiver als bisher Unterhaltszahlungen boykottieren. Sie werden Ämter besetzen, und sicher wird es vermehrt zu Verzweiflungstaten kommen. Schließlich gibt es wenig Grund zur Hoffnung. Auch die jüngsten Reformen wie das neue Kindschaftsrecht werden den weiblichen Mißbrauch nicht abstellen. Im Gegenteil. Einige Passagen – etwa die Möglichkeit, die gemeinsame Sorge durch einen einseitigen Antrag der Mutter aufzukündigen – lassen sich geradezu als Ermunterung zu einer neuen Klage- und Beschuldigungswelle verstehen.

Doch selbst das bestehende Recht könnte, wenn es ernst genommen würde, Unrecht vermindern. Allein wenn das Grundgesetz, das bekanntlich das Recht des Kindes auf beide Elternteile garantiert und Benachteiligungen aufgrund des Geschlechts verbietet, ernst genommen würde, wäre dieses Buch wahrscheinlich unnötig gewesen.

Das Recht besteht. Es wird nur nicht umgesetzt. Natürlich gibt es auch jetzt schon die Strafandrohung für Kindesentzug oder Verleumdung. Sie wird nur nicht angewandt. Der feministische Diskurs hat Justiz und ihren Vollzug lahmgelegt oder, noch schlimmer, von innen pervertiert.

Väter werden sich weiter organisieren. Nach französischem und Schweizer Vorbild hat sich in Schleswig-Holstein eine «Väterliste» zur Kommunalwahl gestellt. Zur Bundestagswahl haben sich bereits die «Väter für Deutschland» mit einem Wahlprogramm zu Wort gemeldet. (Wahlprogramm unter http:/www.paPPa.com/vater/vaet lie.htm.)

Vor allem werden Väter genau darauf achten, was die großen Parteien in ihren familienpolitischen Programmen zu sagen haben. Ein Scheidungsvater etwa, der noch immer die Grünen wählt oder frauenbewegte Kandidatinnen der anderen Parteien, ist entweder begriffsstutzig oder selbstmordgefährdet.

Um auch nur die gröbsten Benachteiligungen von Vätern in der vaterlosen Gesellschaft abzuschalten, müßten folgende Vorschläge umgesetzt werden:

Umgangsboykott
Wer anerkennt, daß Umgangsboykott eine Form der Gewalt gegen Kinder ist, muß strafrechtliche Sanktionen vollziehen. Auf Umgangsboykott muß – wie etwa in Frankreich – in Extremfällen Gefängnis folgen; denn ein hohes Strafmaß soll immer auch zur Abschreckung einer Straftat dienen, und Umgangsboykott ist eine Straftat. Selbstverständlich verliert der Elternteil, der boykottiert, sein Sorgerecht.

Verlassen des gemeinsamen Haushalts
Wer den gemeinsamen Haushalt verläßt, hat sämtliche daraus resultierenden Konsequenzen selber zu tragen und sollte keinerlei Ansprüche an den Partner stellen können. Nachteilen, die dem anderen entstehen, sollten Regreßansprüche folgen und wirksam durchgesetzt werden können. Was für eine Partner-

schaft im Wirtschaftsleben gilt, sollte auch für die private Partnerschaft zutreffen.

Wer behauptet, aus einer Not heraus den Haushalt verlassen zu haben, ist beweispflichtig. Sollten unzutreffende Anschuldigungen gegen den Partner erhoben werden, müßten die falschen Vorwürfe strafrechtlich scharf geahndet werden.

Anschuldigungen des sexuellen Mißbrauchs werden zeitgleich mit Anzeigen der Verleumdung strafrechtlich untersucht und verfolgt. Jedem Verdacht einer falschen Anschuldigung wird mit gleicher Intensität nachgegangen wie der Anschuldigung selbst.

Jeder sollte sich der Konsequenz seines Handelns bewußt sein und sein Handeln danach richten.

Wer den Haushalt mit Kindern ohne Kenntnis und Zustimmung des anderen verläßt, sollte wegen Kindesentführung in vollem Umfang zur Rechenschaft gezogen werden. Die Kinder kommen unverzüglich wieder in ihre gewohnte Umgebung zurück, es sei denn, es liegt eine nachweislich mißbräuchliche Ausübung des Sorgerechts vor. Dann ist gemäß § 1666a (Aufhebung des Sorgerechts wegen Vernachlässigung) zu verfahren. Was im Verhältnis zwischen Staat und Familie gilt, muß auch zwischen Eltern gelten.

Sorgerechtsentzug

Grundsätzlich liegt das Recht und die Pflicht für die elterliche Sorge bei beiden Eltern, gleichgültig ob verheiratet, geschieden oder getrennt. Für die Entziehung des Sorgerechts eines Elternteils gilt das gleiche wie für das Verhältnis zwischen Staat und Familie. Kriterium für den Entzug der Sorge ist die Gefährdung. Siehe § 1666 ff. BGB.

Unterhaltszahlungen

Wer seine Kinder nicht sehen darf, soll auch nicht zu Unterhaltszahlungen verpflichtet sein. Ein Ausgleich durch die Unterhaltsvorschußkasse entfällt.

Unterhaltszahlungen werden grundsätzlich gegeneinander

verrechnet, je nach Aufwand der Pflege und Erziehung auch unter Berücksichtigung der Umgangszeiten des Elternteils, bei dem
die Kinder nicht wohnen.

Loyalitätspflicht
Jeder Elternteil ist zur gegenseitigen Loyalität gegenüber den
Kindern verpflichtet. Wer die Loyalitätspflicht bewußt verletzt,
Kindern gegenüber den anderen Elternteil herabwürdigt, fordert
einen Loyalitätskonflikt der Kinder heraus und tut ihnen Gewalt
an. Auch diese Form der Gewalt muß geahndet werden.

Wohnortwechsel
Der Elternteil, bei dem das Kind seinen Lebensmittelpunkt hat,
kann den Wohnort nur nach Übereinstimmung mit dem anderen
Elternteil und dem Kind wechseln. Gegebenenfalls zieht das
Kind zum anderen Elternteil.
  Soweit die Wahrnehmung des Umgangsrechts durch einen
Wohnortwechsel mit einem erhöhten Aufwand verbunden ist,
müssen die Kosten durch den jeweils anderen Elternteil, der den
Umzug zu verantworten hat, übernommen werden.

Steuer
Steuerrechtlich sind Vater und Mutter gleich einzustufen.
  Sämtliche Kostenanteile für die Pflege und Erziehung können
von beiden Eltern gleichermaßen steuerlich in vollem Umfang
abgesetzt werden.
  Steuerpräferenzen, die auf die Familie abzielen, bleiben erhalten, gleichgültig ob die Familienmitglieder an einem oder an
mehreren Orten wohnen.

Erziehungsgeld
Erziehungsgeld wird nettolohnbezogen gezahlt, orientiert am
Einkommen dessen, der Erziehungsurlaub in Anspruch nimmt.
Dies trifft auch für jeden getrennt lebenden Elternteil zu, bei
dem das Kind seinen überwiegenden Aufenthalt hat.

Inanspruchnahme von Einrichtungen öffentlicher Erziehung
Die Inanspruchnahme von Einrichtungen öffentlicher Erziehung, Kindertagesstätte, Schulart, sämtliche Formen der Hilfe
zur Erziehung, ist nur in Abstimmung beider Eltern möglich.
Grundsätzlich haben beide Eltern dabei die gleichen Rechte.

Melderecht
Kinder getrennt lebender Eltern sind melderechtlich so zu behandeln, als hätten sie an beiden Orten ihren Lebensmittelpunkt. Sämtliche andere ordnungspolitischen Maßnahmen erfolgen in Abstimmung beider Eltern (Paß usw.).

Beratungsstellen
Bei Trennung und Scheidung haben beide Elternteile die Pflicht,
eine Beratungsstelle nach ihrem Wunsch aufzusuchen.
  Beratungspflicht besteht für alle Elternteile, die sich trennen
wollen, ob verheiratet oder nicht. Die Beratungsstellen werden
analog zu freien Facharztpraxen zugelassen.

Kindergeld
Statt Kindergeld zu erhalten, sind grundsätzlich sämtliche öffentlichen Angebote kostenfrei: Kindertagesstätte, Kinder- und
Jugendfreizeiteinrichtungen usw. Eine Kita-Kostenbeteiligung
entfällt ebenfalls.

Schulen
Die Schulen werden grundsätzlich als Ganztagsschulen eingerichtet. Der Unterricht beginnt regelmäßig um 9.00 Uhr und
geht bis 16.30 Uhr. Damit können sich Eltern auf ein kontinu-
ierliches öffentliches Bildungsangebot verlassen, und beide können berufstätig sein. In jeder Schule gibt es Mittagessen und
Zwischenmahlzeiten. Die Schulen werden abends für Elternbil-
dungs- und Freizeitarbeit offengehalten.
  Ein Schwerpunkt-Unterrichtsfach ist «Familie und Gesellschaft».

Gleichstellungsbeauftragte

Frauenbeauftragte werden abgeschafft. Statt dessen werden Gleichstellungsbüros eingerichtet, die paritätisch mit einem Mann und einer Frau besetzt sein müssen. Schwerpunkt der Arbeit dieser Büros ist die Wahrung der Gleichstellung von Mann und Frau in der Wahrnehmung elterlicher Verantwortung, soweit sie Arbeitsplatzprobleme, jugendpolitische und familienpolitische Fragen betrifft.

Das Kind als Rechtssubjekt

Kinder sollten Beratungsstellen aufsuchen und Rechte und Pflichten der Erziehung ihrer Eltern einklagen können. Entsprechend werden die Eltern zu einer Beratung aufgefordert, um die Probleme des Kindes zu lösen.

Nach diesem Ausflug in die soziale Utopie wenden wir uns noch einmal der herben Realität der vaterlosen Gesellschaft zu. Der Frage nämlich, was zu tun ist, um eine Trennung so zu organisieren, daß Eltern weder ihre Kinder verlieren noch ihre wirtschaftliche Existenz.

Versuchen Sie bei Konflikten möglichst früh, gemeinsame Freunde oder Verwandte als Vermittler einzuschalten. Meiden Sie bei einer Trennungsabsicht so lange wie möglich Anwälte, Richter und Behörden. Besuchen Sie Partnertherapeuten, wenn Sie Ihre Beziehung und die Familie retten wollen. Wenn Sie einen Schiedsrichter für Ihren Trennungsprozeß brauchen, gehen Sie mit Ihrer Frau zu einem Mediator. Leider sind Mediatoren immer noch zu selten. Denn es gibt eine üppig subventionierte Streitindustrie. Für Schlichtungen dagegen wird in Deutschland kaum etwas getan.

Vermeiden Sie jede Eskalation. Und wenn Ihnen das gelegentlich ganz besonders schwerfällt, stellen Sie sich ans Bett Ihres Kindes, wenn es schläft. Horchen Sie in sich hinein, und fühlen Sie, was Ihnen Ihr Kind bedeutet. Es leidet genauso wie Sie – es kann sich nur nicht wehren. In Ihren Kindern steckt immer auch ein Anteil der Mutter. Die Mutter schlechtzumachen bedeutet, auch einen Teil des Kindes schlechtzumachen. Die Mutter mag es verdient haben, das Kind hat es nicht.

Wer die Hilfe von Anwälten in Anspruch nimmt, liefert oft Waffen in Spannungsgebiete. Zunächst gibt es nichts, was ein betroffener Vater, beraten von einer Vätergruppe (Adressen im Anhang), nicht womöglich besser könnte. Im übrigen: Falls Sie sich einen Anwalt nehmen, legen Sie Ihrer Frau geradezu nahe, das gleiche zu tun.

Ihre Frau, die sich bis dahin womöglich noch an gewisse Fairneßregeln hält – schließlich waren Sie einmal ineinander verliebt und wollen beide für Ihre Kinder nur das Beste –, vertraut sich mit dem Anwalt auch der Scheidungsindustrie an: der Welt der Jugendämter und Behörden, der feministischen Hilfstruppen und Frauenhäuser und Gutachter. Das heißt: Ihre Frau wird mehr oder minder brutalisiert. Sie werden Sie nicht wiedererkennen. Sie ist eine andere geworden, eine fremde, außengelenkte Person, die rationalen Lösungen nicht mehr zugänglich ist.

Wenn sie bis dahin davor zurückscheute, Sie zu vernichten – hier wird sie erfahren, daß Verstöße gegen die Fairneß «normal» sind; denn der Mann ist schlechthin ein Feind. Sie wird sich zusehends als Opfer begreifen, das in ständiger, alles legitimierender Notwehr handelt.

Ihre Frau wird lernen, alles an Ihnen zu hassen, und selbst einen Gruß von Ihnen noch als Tücke auslegen, hinter der sich in Wahrheit eine Morddrohung verbirgt. Weil sie lernt, schmutzig zu kämpfen, wird sie von Ihnen das gleiche erwarten. Von dem Moment an bekommt alles, was Sie beide tun, einen doppelten Boden, einen versteckten Hintersinn, wird alles zum taktischen Manöver. Ihre Frau wird ermuntert werden, Gewalt- oder Mißbrauchsvorwürfe vorzubringen. Anwälte und Jugendämter sind an Kriegen interessiert – sie leben davon. Und Anwälte und natürlich Anwältinnen, die Frauen vertreten, haben gute Chancen, zu gewinnen. Doch Sie wollen nur eines: Vater Ihres Kindes bleiben.

Im Kriegsfall werden Sie bisweilen selbst ohne eigenen Anwalt in der Regel besser dastehen. Sie werden, da Sie nicht an Standesregeln gebunden sind, handlungsfähiger bleiben – und viel Geld sparen.

Vor allem aber: Delegieren Sie niemals die Verantwortung für wichtige Entscheidungen an ihn. Überprüfen Sie alles, und vergessen Sie nie, daß es Ihnen um die Kinder geht.

Von betroffenen Vätern werden Sie erfahren, daß Ihr Fall nicht so einzigartig ist, wie Sie glauben. Und Sie werden zu Ihrer Ernüchterung zunächst lernen, daß es vollkommen gleichgültig ist, ob Sie im Recht sind oder nicht. Gerichte und Behörden stehen gegen Sie, und das Urteil ist oft getroffen, bevor Sie das Verfahren anstrengen. Ihr Fall und der jedes anderen Vaters, der um sein Kind gegen die mächtige Mütterlobby kämpft, ist zunächst ein politischer Fall.

Sie wollen Ihr Kind nicht verlieren. Mit dem neuen Kindschaftsrecht, das die gemeinsame elterliche Sorge aufwertet, haben sich Ihre Chancen möglicherweise verbessert. Den Beweis kann allerdings nur die Praxis liefern.

Lassen Sie sich unter keinen Umständen das gemeinsame Sorgerecht abschwatzen, auch wenn Ihnen Ihre Frau versichert, sie würde das Umgangsrecht reichlich gewähren und alles «würde dann viel unkomplizierter gehen». Hat Ihre Frau einmal das Sorgerecht alleine, kann sie mit Ihrem Kind tun und lassen, was sie will. Nur mit dem gemeinsamen Sorgerecht sind Sie juristisch ein handlungsfähiger, ernst genommener Elternteil.

Seien Sie darauf gefaßt, daß Sie vor den folgenreichsten Wochen und Monaten Ihres bisherigen Lebens stehen und daß die Entscheidungen, die Sie jetzt treffen, Ihr Leben in den nächsten zwanzig Jahren verändern und möglicherweise überschatten werden.

Sorgen Sie dafür, daß Sie körperlich fit bleiben und jeden seelischen Beistand, den Sie bekommen können, wahrnehmen: bei Freunden, bei Therapeuten, in Ihrer Familie. Wenn Sie gläubig sind, beten Sie.

Machen Sie sich gefaßt auf parteiische Richter, dubiose Anwälte, falsche Mißbrauchsbeschuldigungen, Kidnapping Ihres
Kindes durch die Mutter, unbezahlbare Unterhaltsforderungen
und Honorare, die Sie ruinieren. Der Scheidungskrieg kann Ihre
Karriere vernichten, Ihre Aussichten auf eine Wiederheirat zerstören, und er wird ganz sicher das Verhältnis zu Ihren Kindern
beeinträchtigen.

Erwarten Sie keine Solidarität von Männern, weder am Arbeitsplatz noch in Ihrem größeren Bekanntenkreis. Immer noch
gilt: Eine Frau, die sich scheiden läßt, ist ein Opfer, das alle Unterstützung verdient, oft gerade von sie umgebenden Männern.
Ein Mann dagegen, der geschieden wird, hat «sein Privatleben
nicht im Griff» und ist verwundbar. Irgend etwas von den Anschuldigungen der Frau wird schon stimmen – «einfach so geht
doch keine».

Sie werden staunen, wie viele Kollegen es gibt, die sich insgeheim über Ihre Malaise freuen und sie womöglich zum eigenen
Vorteil nutzen. Ihr Arbeitgeber wird Sie womöglich fallenlassen,
weil er weiß, daß ein Angestellter, der in einen aggressiven Sorgerechtsstreit verwickelt ist, für ihn wenig wert ist. Ihre Frau
kennt die Machtverhältnisse an Ihrem Arbeitsplatz übrigens genau – schließlich haben Sie oft genug abends darüber gesprochen – und wird ihre Kenntnisse gegen Sie nutzen.

Einen Leitfaden mit Erfolgsgarantie kann es nicht geben, da
über Sie nicht nur vor Gericht, sondern in erster Linie im politischen und sozialen Kontext entschieden wird. Viele Väter
tappen siegessicher in die «Gerechtigkeitsfalle» (siehe das entsprechende Kapitel dazu) und verlassen sich ganz auf ihre Anwälte. Der Fall scheint klar. Etwa: Die Mutter hat das Kind
entführt. Sie lebt mit einem arbeitslosen Trinker zusammen. Ja,
das Kind ist schon einige Male zu Ihnen geflüchtet. Trotz allem
wird plötzlich gegen Sie entschieden. Sie fallen aus allen Wol-
ken: Sie sind die Kinder los und Ihr Haus. Sie werden ausgeplündert. Sie sind erledigt, gedemütigt, ausgebrannt.

Begreifen Sie, daß Sie nicht im System gewinnen können, sondern nur gegen das System. Glauben Sie nicht an das System, sonst enden Sie vielleicht wie jener amoklaufende Vater, der nach einem empörenden Urteil in einem Gerichtssaal in Dallas, Texas, zwei Staatsanwälte erschoß und zwei Richter verwundete. Er war selber Anwalt.

Da im Familienbereich zwei analog verlaufende Rechtssysteme existieren, die immer weniger miteinander zu tun haben – das imaginäre, kodifizierte Recht und das reale, mütterliche Faustrecht –, werden Sie sich zunehmend auf das letztere einlassen müssen. Auf das Faustrecht. Erst wenn Sie sich selber helfen, wird auch Ihnen geholfen werden.

Sie werden lernen müssen, etwa Entführungen der Kinder durch ihre Mütter – 20 000 Fälle im Jahr – nicht unbeantwortet zu lassen. Sie sind illegal, ein Verstoß gegen § 235 StGB, und es ist Ihr gutes Recht, ein entführtes Kind zurückzuholen. Bisweilen helfen sogar die Gerichte.

Die *taz* berichtete über eine Mutter, die ihren Sohn gegen den Willen des Vaters aus den USA nach Deutschland entführte. Der Vater ließ sich von einem Gericht in Utah das Sorgerecht zusprechen, das die Rückführung des Kindes – dank des Haagener Abkommens – bei den deutschen Richtern durchsetzte.

Sollte Ihre Frau den Ausgrenzungskampf gegen Sie beginnen, versuchen Sie unter allen Umständen zu erreichen, daß das Kind nach einer Trennung bei Ihnen wohnen bleibt. Richter lassen sich unglückseligerweise immer noch durch das Kontinuitätsprinzip leiten – wer das Kind längere Zeit bei sich hat, soll es behalten, da es schädlich ist, «das Kind aus seiner gewohnten Umgebung herauszureißen». Da die Rechtsprechung so ist, müssen Sie versuchen, sie für sich zu nutzen.

Wenn möglich, machen Sie eine längere Reise mit dem Kind. Ziehen Sie in eine eigene Wohnung – mit den Kindern –, um «Ruhe und Raum für einen vernünftigen Trennungsprozeß zu gewinnen». Nehmen Sie Ihren Jahresurlaub. Betreuen Sie Ihr Kind. Sollten Sie arbeitslos sein oder nur Teilzeit arbeiten und Ihre Frau berufstätig sein, erhöht das Ihre Chancen erheblich.

Denken Sie daran: Sie tanzen ab jetzt auf einem Drahtseil. Sie müssen – im Kriegsfalle – erfindungsreich und kompromißlos sein, flexibel und enorm ausdauernd. Sie kämpfen um Ihr Kind. Und Sie legen sich dabei bisweilen und notgedrungen nicht nur mit der Mutter, sondern mit einer ganzen Industrie an.

Bekommen Sie heraus, wo die wahren Interessen der Mutter liegen. Will sie Geld? Will sie ihren neuen Freund zum alleinigen Papa machen? Strebt sie eine neue berufliche Karriere an? Ist sie Ausländerin und will durch das alleinige Sorgerecht ihren Aufenthaltsstatus sichern? Will sie das gemeinsame Haus für sich – was ihr nur zugesprochen wird, wenn sie die Kinder hat? Will sie sich an Ihnen rächen? Und wenn ja, warum? Oft geht es ihr gar nicht nur um das Kind. Richten Sie Ihre Strategien danach. Machen Sie ihr klar, daß Sie ihr helfen können, ihre Ziele zu verwirklichen, auch ohne daß sie Ihnen die Kinder wegnimmt oder deren Umgang mit Ihnen boykottiert.

Lassen Sie weder Behördenvertreter noch Richter in Ruhe. Es kann durchaus helfen, Anträge mit ausführlichen Begründungen zu stellen. Ihre Anträge, falls Sie sie selber stellen, können formlos sein; sie müssen noch nicht einmal ein Aktenzeichen tragen. Es macht viel Mühe, eine nicht gezeichnete Akte zuzuordnen. Machen Sie den Ämtern Arbeit.

Schicken Sie Ihre Anträge per Fax und gleichzeitig postalisch per Einschreiben und Rückschein. Setzen Sie Fristen, etwa: «Sollte ich binnen einer Woche von Ihnen keine Antwort erhalten, gehe ich davon aus, daß das Kind übers Wochenende bei mir bleiben darf.» Halten Sie Kontakt zu Jugendämtern, vergessen Sie aber nicht, daß diese in den meisten Fällen Mütterämter sind und hinter besänftigenden, vernünftig klingenden Hinhaltefloskeln («das Kind muß zur Ruhe kommen») bewährte Ausgrenzungsstrategien stecken.

Bisweilen kann es sinnvoll sein, Gutachter anzufordern, doch oft ist Mißtrauen angebracht. Mit einem Gutachten will ein Richter die Akte schnell vom Tisch bekommen. Um einen Gutachter, der häufig von der Gegenanwältin beantragt wird, für sich einzunehmen, müßten Sie 500 Prozent besser sein als die Mutter, weil Sie gegen Vorurteile ankämpfen müssen. Das gelingt in den wenigsten Fällen. Gutachter sind Teil dieser Gesellschaft, und jeder Sozialwissenschaftler findet meistens die Eier, die er selber vorher versteckt hat. Mit einer Entweder/Oder-Konstellation wird sich ein seriöser Gutachter, der tatsächlich das Kindeswohl im Auge hat, übrigens gar nicht befassen. Er weiß, daß das Kind beide Elternteile braucht. Sollte die übliche Beweisfrage, wer am besten geeignet ist, Grundlage des Gutachterauftrags sein, erklären Sie den Richter für befangen. (In Wahrheit ist er inkompetent.)

Halten Sie immer Kontakt zu Ihrem Kind. Schicken Sie Postkarten, Briefe, Geschenke, Musikkassetten, Videoaufnahmen. Telefonieren Sie. Lassen Sie unter Umständen Zeugen Ihre Telefonate mithören. Schicken Sie Bilder von sich. Geben Sie dabei nicht auf. Das Kind muß aktiviert bleiben, den Umgang mit Ihnen zu suchen. Viele Väter verlassen sich zu sehr auf den Rechtsweg und warten siegessicher auf den Ausgang des Verfahrens – der sichere Weg in die Entfremdung von den Kindern und in den Ruin.

Sprechen Sie mit den Erziehern in der Kindertagesstätte, den Lehrern und Rektoren der Schule. Zeigen Sie sich dort bewußt als guter, engagierter Vater.

Melden Sie Ihr Kind bei einem Sportverein, Ballett oder sonst wo an, und gehen Sie gemeinsam mit Ihrem Kind dorthin. Drängen Sie auf vermehrte Umgangszeiten vor dem Richter, mit der Begründung, daß diese Vereine für das Kind wichtig sind.

Planen Sie gemeinsame Reisen mit anderen Vätern und deren Kindern. Sollte die Mutter sich dagegen wehren, ist dies wieder ein Antrag und eine Verhandlung wert.

Scheuen Sie sich nicht, hin und wieder den Richter anzurufen, und besuchen Sie ihn in seinem Büro. Tragen Sie immer wieder Ihre erfolglosen Bemühungen um kooperatives Handeln vor. Der Richter muß das Gefühl bekommen, an Ihnen sei kein Vorbeikommen. Mit einer Entscheidung gegen Sie bekommt er die Akte nicht vom Tisch.

Ganz sicher müssen Sie Rückschläge im Streit mit Ihrer Frau hinnehmen. Und doch werden Sie merken, daß Sie einen anderen Kampf gewinnen: einen Kampf, der einen Wert in sich selber hat und der Sie als Mann und als Vater verändern wird. Es ist der Kampf um Ihr Kind. Es ist die Liebe zu Ihrem Kind.

Vaterlose Gesellschaft:

1) nicht ausgetragene Diskussion:

  (a) Vater gestorben

  (b) falsche Scheue

  (c) Krieg war wie Staats-
     dienst

Es geht auch ~~ohne Vater~~ !

2) das fremde als nicht deutsche
eliminieren — oder nicht
latent Denkenkopf

3) die deutsche Eigenschaft alles
~~bis unten~~ wegen des Ding
die Sache an sich? zu tun.
das formale als Notwendige
hinzustellen ∧ verfolgen
bis zum Exzess !

Adressen, Literaturliste

Aktuelle Informationen zu vielen Gebieten der Männer-/Väterbewegung findet man im Internet unter der Adresse:

http:/www.paPPa.com – – paPPa.com e. V. – Eltern im Internet – Informationen: Holger Partikel, Herberger Weg 11, 14167 Berlin, Tel./Fax.: (0 30) 8 15 21 98

Armin Emrich, Berater und Erziehungswissenschaftler, Nassauische Str. 25, 10717 Berlin, Tel.: (0 30) 86 42 12 11, Fax: (0 30) 86 42 12 19, eMail: armin@paPPa.com

Vereinsanschriften:

Bündnis für Kinder und Menschenrechte – Parents FOREVER Germany e. V. Herberger Weg 11, D-14167 Berlin, Tel./Fax: 0 30/8 15 21 98 eMail: buendnis@pappa.com – Internet-Adresse: http:/www.paPPa.com/buendnis-pfg

DIALOG zum Wohle des Kindes e. V. Auf dem Dreisch 1, D-45888 Gelsenkirchen Tel.: 02 09/14 23 00, Fax: 02 09 14 33 18 eMail: ms.dialog@t-online.de – Internet-Adresse: http:/www.paPPa.com/dialogr

Initiativgruppe Jugendamtsgeschädigte Annastr. 9, D-70327 Stuttgart Tel./Fax.: 07 11/33 37 53 Internet-Adresse: http:/www.paPPa.com/ja/jag_adr.htm

ISK Initiative Streitfall Kind e. V. – Beratung bei Trennung und Scheidung – Wörlitzer Straße 39, D-12689 Berlin Tel. 0 30/9 31 60 16

ISUV/VDU e. V. Interessenverband Unterhalt und Familienrecht – Bundes-
geschäftsstelle –
Bauvereinstr. 30, D-90119 Nürnberg
Tel. 09 11 / 56 04 78, Fax.: 09 11 / 53 30 74
eMail: op_continuum_q@kaiserslautern.netsurf.de
Internet-Adresse: http:/privat.schlund.de / isuv

Männerforum für Gleichberechtigung und Menschlichkeit
c/o Völp, Peiffersweg 3, D-22307 Hamburg
Tel.: 0 40 / 6 92 95 85, Fax.: 0 40 / 6 91 55 20
eMail: hartmut.voelp@t-online.de –
Internet-Adresse:
http:/www.cs.tu-berlin.de / ~ralfo / manrun / manrun.htm

paPPa.com e. V. – Eltern im Internet –
Postfach 1105, D-12532 Berlin
Tel.: 0 30 / 86 42 12 11 oder 0 30 / 8 15 21 98
Fax.: 0 30 / 86 42 12 19 oder 0 30 / 8 15 21 98
eMail: webmaster@paPPa.com –
Internet-Adresse: http:/www.paPPa.com

SKIFAS e. V. – Bundesweite Vereinigung zum Schutz des Kindes in seiner
Familie vor sexuellen Mißbrauchsverdächtigungen
Postfach 51 01 38, D-13361 Berlin,
Tel./Fax.: 0 30 / 3 36 30 40
eMail: skifas@paPPa.com –
Internet-Adresse: http:/www.paPPa.com / skifas

Väteraufbruch für Kinder e. V. – Bundesgeschäftsstelle –
c/o Hilmar Stracke, Druffelsweg 21, 48653 Coesfeld / Westfalen –
Tel./Fax.: 0 25 41 / 55 42
eMail: 025415542-0001@t-online.de –
Internet-Adresse: http:/www.paPPa.com / vafk

VfK – Väter für Kinder – Initiative für Kind, Familie, Menschenrechte e. V.
Postfach 38 02 68, 80615 München
eMail: vfk@aol.com –
Internet-Adresse: http:/users.aol.com / VfK

Speziell zur Mediation:

Bundesarbeitsgemeinschaft für Familien-Mediation
Haspelstraße 24, 35037 Marburg (c/o RA und Notar Claus R. Heße)
Tel. 0 64 21/2 50 96, Fax.: 0 64 21/1 59 89
Internet-Adresse: http:/home.t-online.de/home/0642127262–0001/
bafm.htm
(Hier kann eine Liste von speziell ausgebildeten Mediatoren angefordert
werden – Kostenbeitrag DM 10,–).

Zeitschriften:

Männerrundbriefe – Zeitschrift für Gleichberechtigung und Menschlichkeit
c/o Völp, Peiffersweg 3, D-22307 Hamburg
Tel.: 0 40/6 92 95 85, Fax.: 04 06 91 55 20
eMail: hartmut.voelp@t-online.de –
Internet-Adresse:
http:/www.cs.tu-berlin.de/~ralfo/manrun/manrun.htm

Moritz – Zeitschrift für Männer in Bewegung
c/o Thomas Knuf, Adalbertstr. 25, 10179 Berlin
Tel. 0 30/2 79 34 64

PAPS – Zeitung für Väter
Altenbergstr. 17, D-70180 Stuttgart
Tel.: 07 11/60 48 28, Fax.: 07 11/60 48 28
eMail: Red.PAPS@t-online.de –
Internet-Adresse: http:/home.t-online.de/home/red.paps/paps.htm

Literatur:

Dorothea Dieckmann, Unter Müttern, Rowohlt Taschenbuch Verlag,
    Reinbek, 1995, 160 Seiten
Farrell, Warren, Mythos Männermacht (The Myth of Male Power. Why
    Men Are the Disposabel Sex), Verlag Zweitausendeins, 1995
Fischkurt, Eva Julia, Wenn Frauen nicht mehr lieben, Patmos-Verlag, Düs-
    seldorf 1998, 166 S.

Harbour, Pearle, Guerilla «Divorce» Warfare (How To Win), USA Eigenverlag, 1997
(Pearle Harbour, 9838 Old Baymeadows Road, Suite 243, Jacksonville, USA-Florida 32256 –
http:/www.freeyellow.com/members2/heller2/index.html
eMail: wewinluv@jax-inter.net)

Herbort, Bernd, Bis zur letzten Instanz, Bastei Lübbe, 1996

Jäckel, Karin, Der gebrauchte Mann. Abgeliebt und abgezockt – Väter nach der Trennung, 279 Seiten, dtv premium, München, Januar 1997, ISBN 3-423-15103-X

Knibiehler, Yvonne, Geschichte der Väter. Eine kultur- und sozialhistorische Spurensuche, Herder-Verlag, Freiburg, 372 S.

Koeppel, Peter (Hrsg.), Kindschaftsrecht und Völkerrecht im europäischen Kontext, Luchterhand, 1996

Mähler, Georg/Mähler, Gisela/Duss-von Werdt, Josef, Faire Scheidung durch Mediation. Ein neuer Weg bei Trennung und Scheidung, Gräfe und Unzer Verlag, 1994, 96 S.

Marchewka, Bernd (Hrsg.), Weißbuch sexueller Mißbrauch, Holos Verlag, 1996

Napp-Peters, Anneke, Familien nach der Scheidung, Verlag Antje Kunstmann, München 1995

Packheiser, Karsten, Alles über die Scheidung – Unterhalt, Sorgerecht, Umgangsregelung, Steuern, Verlag Ratgeber Ehrenwirth 1995 (Neuauflage in Vorbereitung), 208 Seiten

Petri, Horst, Guter Vater – Böser Vater, Psychologie der männlichen Identität, Scherz-Verlag, Bern, 256 S.

Schmidt, Andreas, (Titel noch nicht bekannt, Autor von «Väter ohne Kinder», Rowohlt Verlag, vergriffen), 1. Aufl. 1998, Beltz-Verlag, Weinheim (ab Juli 1998)

Seidenberg, Robert, The Father's Emergency Guide To Divorce-Custody Battle, A tour through the redatory world of judges, lawyers, psychologists, and social workers in the subculture of divorce, JES Books Inc., Maryland/USA, 1997, US $ 15 (ISBN: 0-9657062-0-6)

SKIFAS-Katalog zum Mißbrauch mit dem Mißbrauch, Loseblattsammlung umfassender Informationen: Initiativen, Literaturverzeichnis, Falldokumentation, fortlaufend, Bezug nur über SKIFAS e.V. Postfach 51 01 38, D-13361 Berlin

Bonn   die Stadt meine
        verlorene Träume
        meine verlorene Gedanke
        meine Vergangenheit
        meine Hoffnungen
        meine Enttäuschungen
        mein Kind
        meine Jugend Erwachsensein
        meine Bezüglichkeit
        mein Widerstand
        gegen das Recht
        gegen das Ungerechtigkeit

Menschen, die die Welt bewegten

Wer waren die wichtigsten Persönlichkeiten, die das 20. Jahrhundert bestimmt haben? Eine neue Reihe bei *rororo handbuch* stellt die «100 des Jahrhunderts» mit Bild und biographischen Porträts in kompakter, präziser Form vor. Die Bücher bieten mehr Information als gewöhnliche Lexikon-Artikel und sind hilfreich für alle, die privat oder beruflich schnelle Informationen benötigen.

Die 100 des Jahrhunderts: Politiker

(rororo handbuch 16450)
Sie haben den Lauf der Welt bestimmt, ihre Namen sind mit Krieg und Frieden, mit politischen Systemen und sozialen Konflikten, mit internationalen Bündnissen und wirtschaftlichem Aufstieg verknüpft.

Die 100 des Jahrhunderts: Naturwissenschaftler

(rororo handbuch 16451)

Die 100 des Jahrhunderts: Fußballer

(rororo handbuch 16458)
Ihre Tore und Paraden begeisterten Millionen, ihre Niederlagen und Schicksale bewegten ganze Völker.

Die 100 des Jahrhunderts: Sportler

(rororo handbuch 16453)
Sie ziehen Millionen Menschen in aller Welt in ihren Bann – mit Höchstleistungen und Rekorden auf Bahnen und Pisten, in Hallen und Stadien.

Die 100 des Jahrhunderts: Filmregisseure

(rororo handbuch 16452)
Ihre Filme entführen in Bildwelten, deren Faszination sich niemand entziehen kann.

Die 100 des Jahrhunderts: Komponisten

(rororo handbuch 16457)

Die 100 des Jahrhunderts: Schriftsteller

(rororo handbuch 16455)

Die 100 des Jahrhunderts: Unternehmer und Ökonomen

(rororo handbuch 16454)

Die 100 des Jahrhunderts: Filmstars

(rororo handbuch 16459)
Hier treten sie auf, die eleganten Divas und die unwiderstehlichen Herzensbrecher, die großen Schauspieler und die einsamen Heroinnen.

Die 100 des Jahrhunderts: Pop-Stars

(rororo handbuch 16460)